세상을
바꾼
질문들

세상을
바꾼
질문들

김경민 지음

을유문화사

세상을
바꾼
질문들

발행일
2015년 8월 25일 초판 1쇄
2017년 4월 30일 초판 5쇄

지은이 | 김경민
펴낸이 | 정무영
펴낸곳 | ㈜을유문화사

창립일 | 1945년 12월 1일
주소 | 서울시 종로구 우정국로 51-4
전화 | 734-3515, 733-8153
팩스 | 732-9154
홈페이지 | www.eulyoo.co.kr
ISBN 978-89-324-7319-2 03900

머리말

2012년 12월, 나는 〈네이버캐스트〉의 '인물과 역사'에서 난생 처음 불특정 다수의 대중을 위한 글을 연재하게 되었다. 학계에 몸담고 있는 학생으로 '전공자들'을 위한 글만 썼던 나에게 네이버에서의 연재는 흥미로운 작업이었지만 독자층이 확연히 달라진다는 점에서 매우 두려운 도전이기도 했다. 첫 연재 글은 '에드워드 사이드'라는 인물이었다. 처음 내 글이 온라인상에 올라왔을 때의 그 기분이란, 한편으로는 신기하고 좋으면서도 또 한편으로는 세상에 내 모든 것이 샅샅이 드러나는 부끄러운 기분이 들었다. 그렇게 대중의 반응을 기다리며 일희일비하던 며칠이 지나고, 네이버 측에서 연락이 왔다. 누군가 내 메일 주소를 알려 달라고 해서 알려 줬다는 것이다. 나는 심장이 덜컥 내려앉았다. 소위 악플에 대해 신경 쓰고 있던 나는 '그 사람이 혹시 내 글에 불만을 품고 본격적으로 따지려고 그러나?', '그렇다면 어떻게 대응해야 하지?' 하는 걱정으로 안절부절못하며 메일이 오길 기다렸다. 그리고 다음날 드디어 그 사람으로부터 메일이 왔고, 나는 정말 떨리는 마음으로 메일을 열었다. 그 메일을 보낸 분이 바로 이 책의 편집 자였다.

편집자 분은 '에드워드 사이드'에 관한 글을 인상 깊게 읽었다는 말로 우선은 나를 안심시켜 주었다. 그리고 이어서 이 글처럼 세상에 많은 영향을 끼친 인물들이 어떤 계기로 그런 업적을 남길 수 있었는지, 그들은 어떤 생각을 가지고 삶을 살았는지에 관한 책을 써 보자고 제안했다. 나는 너무 놀랐다. 사실 〈네이버캐스트〉의 이 첫 글은 집필 기간이 넉넉하지 않아서 개인적으로 어떤 기획 의도나 방향을 생각해서 차분히 쓴 글이 아니었다. 긴장감 속에서 모든 사람에게 공개되는 글이니 만큼 최소한 틀리지는 말아야겠다는 생각만 하며 정신없이 써 내려간 글이었다. 그런데 그런 글에서 편집자의 말에 의해 작가 본인도 생각지 못한 인물의 접근 방식이 생겨나고, 훌륭한 기획 의도를 가진 글이 되어 버린 것이다. 사실 내가 그런 의도를 가지고 잘 썼다기보다 사이드라는 인물의 훌륭함이 그런 글을 만든 것이었기 때문에, 나는 약간의 양심의 가책을 받았다. 그래서일까, 내 글에 대해 좋은 평가를 받고 좋은 제안을 받았지만 그것에 온전히 기뻐할 수가 없었다. 다른 인물들을 쓰게 되고, 더 많은 글을 쓰게 되었을 때 내가 과연 잘할 수 있을까에 대해 자신이 없었기 때문이었다. 물론 아직 학업 중이라는 것도 큰 부담으로 다가왔다.

하지만 수많은 글의 홍수 속에서 나를 발굴해 준 편집자는 이런 나를 끝까지 믿어 주었고, 어떠한 인물의 이야기를 풀어나가는 데 있어 '왜 그(녀)는 그런 생각(질문)을 하게 되었을까?'라는 기획 의도에 확신을 가지고 있었다. 그 결과 약 1년 반이 지난 후 '세상을 바꾼 질문들'이라는 가제로 나는 본격적으로 글을 쓰기 시작했다.

　사실 역사적으로 유명한 인물들에 관해 책을 쓴다는 것은 그다지 새로울 것이 없고, 이 책에 실린 인물들에 대한 훌륭한 책들도 이미 많다. 그렇다면 굳이 이 책을 왜 써야 되고 왜 봐야 되는가에 대한 의문이 든다. 그 답은 역시 기획 의도에 있다. 우리가 어떤 인물에 대해 알고자 할 때는 주로 그 사람의 성공과 업적이라는 결과에 초점을 두게 된다. 상대적으로 그 인물의 업적이 왜, 어떤 계기로, 혹은 어떠한 생각의 단초에서 나왔는가에 대한 의문은 그 사람의 일생을 자세히 들여다보지 않는 이상 지나치기 쉽다. 그런데 이 책은 그 '생각의 단초'에 초점을 맞추고 있다.

　혹자는 이렇게 반박할 수 있다. 그런 기획 의도를 가진 책도 이미 있다고. 그렇다. 나도 알고 있다. 한 사람에 대해 깊이 다룬 책들은 그런 내용을 담고 있기도 하다. 하지만 그럼에도 이 책은 장점이 있다고 말하고 싶다. 바로 한 명이 아닌 무려 열다섯 명의 인물에 대해 간략하지만 충실하게, 다 알고 있지만 더 흥미롭게, 쉽게 읽히지만 묵직한 메시지를 전할 수 있도록 노력했기 때문이다. 공부하는 전공자들에게는 연구와 관련된 인물이나 주제에 대해 깊이 파고드는 책을 읽는 것이 어려운 일이 아니지만, 일반 독자들에게는 쉬운 일이 아니다. 나조차도 내 전공 분야가 아닌 책은 어렵고, 힘들게 읽고 싶지도 않다. 따라서 나는 이 책을 통해 더 많은 사람들이 우리가 사는 세상을 아름답고 윤택하게 만든 인물들에 대해 빠르고 쉽게 접할 수 있기를 바라는 작고도 원대한 꿈을 가지고 있다. 이것은 내가 이 책에 바라는 궁극적 목표이기도 하다. 별 기대 없이 본 독자에게는 친절한 책이지만, 이 책을 본 후 더 많은 궁금증을 가진 독자에게는 친절하지 않은 책이 되었으면 좋겠다. 그래서 누군가에게는 여기에 만족하지 못하고 더 많은 생각과 배움의 욕구가 생기게 하는 그러한 과정에 있는 책이었으면 좋겠다. 그렇게 된다면 나도 이 책 속의 인물들처럼 위대한 사람이 될 누군가의 '생각의 단초'의 티끌이라도 될 수 있지 않을까 하는 분에 넘치는 꿈을 꿔 본다.

끝으로 이 지면을 통해 몇몇 분께 감사의 인사를 드리고 싶다. 먼저 이 책을 기획하고 못난 작가를 끝까지 믿어 주신 (나와 이름이 같은) 김경민 편집자님께 감사드린다. 항상 좋은 책을 만들기 위해 고민하고 노력하시는 모습을 보며 많은 것을 배울 수 있었다. 그리고 나의 스승님이신 설혜심 교수님께 존경과 감사를 보낸다. 네이버 연재 때는 물론이고 이 책을 쓸 때도 인물의 기획과 내용에 대해 아낌없는 가르침과 조언을 주셨다. 청출어람 (靑出於藍)은 고사하고 항상 부족한 제자임에도 늘 넘치는 사랑과 관심을 주시는 선생님께 항상 죄송할 따름이다. 나의 학문적 동지이자 절친한 친구인 김지혜에게도 이 자리를 빌려 정말 고맙다는 말을 하고 싶다. '제 2의 편집자'라고 해도 될 정도로 내 글을 꼬박꼬박 읽어 주며 오탈자를 잡아 주고, 허심탄회한 조언을 해 주었다. 일본에 살며 육아와 학업에 지쳤음에도 한밤중에 내 글을 읽어 주는 모습을 보며 진정한 우정을 느꼈다. 마지막으로 이 모든 과정을 뒤에서 묵묵히 지켜봐 주시고 응원해 주신, 나의 인생의 스승이신 부모님께 진심으로 감사드린다.

2015년 6월
김경민

차례

1.
안드레아스
베살리우스

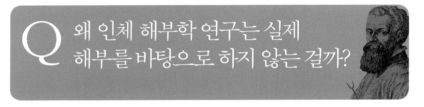

안드레아스 베살리우스(Andreas Vesalius, 1514~1564, 벨기에)

『인체의 구조에 관하여』, 의학사의 전환점이 되다

Q 왜 인체 해부학 연구는 실제
해부를 바탕으로 하지 않는 걸까?

0. 들어가며

1543년은 서양 과학사, 아니 세계 과학사에 한 획을 그은 매우 중요하고
의미 있는 해라고 할 수 있다. 과학에 관심이 있는 사람이라면 1543년을 이
렇게 기억할 것이다. 바로 코페르니쿠스가 1천5백 년이 넘도록 천문학을
지배해 온 천동설을 부정하고 태양을 중심으로 지구를 비롯한 다른 행성들
이 그 주위를 돈다는, 즉 지동설을 주장한『천구의 회전에 관하여(*De Revolu-
tionibus Orbium Coelestium*)』를 출간한 해라고 말이다. 후에 프랑스의 철학
자인 데카르트가 "코페르니쿠스적 전환"이라는 유명한 표현을 만들어 낼
만큼 코페르니쿠스의 지동설은 태양과 지구의 위치를 바꿈으로써 고대
그리스 시대부터 이어져 온 천문학을 뿌리부터 흔들었다.

그렇지만 우리가 이야기할 인물은 코페르니쿠스가 아니다. 1543년은 과
학사에서 두 가지 중요한 발전이 이루어진 해이다. 많은 사람들이 1543년

❚ 베살리우스의 초상을 새긴 판화 작품(1540년 작)

의 위대한 인물로 코페르니쿠스와 지동설은 기억하지만, 일부 전공자들이
나 이 분야에 특별히 관심 있는 사람들을 제외하고는 나머지 한 인물에 대
해서는 잘 알지 못할 것이다. 하지만 어떻게 보면 이 인물은 우리에게 코페
르니쿠스보다 실질적으로 더 중요한 인물일 수 있다. 왜냐하면 우리의 몸,
특히 겉이 아닌 표피의 안쪽을 정확하게 알려 준 인물이기 때문이다. 바로
의학사의 한 획을 그은 『인체의 구조에 관하여(De Humani Corporis Fabrica)』
(이하 줄여서 『파브리카』)를 출간한 안드레아스 베살리우스가 그 주인공이다.
16세기의 과학 발전은 베살리우스의 『파브리카』를 빼고는 논할 수 없을 정
도로 그의 업적은 중요하다. 그는 이 책을 통해 실제 인체의 특징을 정확히
묘사·표현했고, 기존의 학설에 의존하지 않고 직접 대상을 연구하는 방법
의 필요성을 후대에 각인시켰다.

같은 해에 이토록 중대한 학문적 성과가 나온 것은 순전히 우연이지만 우연이 아니기도 하다. 두 사람의 연구 분야나 활동 지역, 사적 관계가 겹치지 않았으니 같은 해에 성과가 나온 것은 우연이지만, 두 사람 다 '르네상스 시대'라는 변혁의 흐름 속에 있었기에 발상의 전환이나 연구 방식의 변화를 통해 성과를 낼 수 있었다는 점에서 이 시기의 과학적 발견의 속출이 우연만은 아닌 것이다. 코페르니쿠스와 베살리우스, 이 두 인물의 업적에 대한 외적 비교도 매우 흥미롭다.

　　코페르니쿠스는 1543년, 생의 마지막 해에 지동설을 발표(『천구의 회전에 관하여』 출간)하고 어떠한 영예도 누리지 못하고 그해에 70세의 나이로 사망한 반면, 베살리우스는 1543년 28세의 젊은 나이에 『파브리카』를 출간하고 큰 명성을 얻어 유럽의 유명한 의사로 활동하다가 약 20년 후 사망했다. 코페르니쿠스와 베살리우스 모두 15세기 가까이 이어져 온 고대 그리스 로마 시대의 학설을 깨뜨렸다는 점에서는 같다. 그러나 코페르니쿠스가 기존의 발상에 정반대의 의문을 품고 반전의 학설을 펼친 반면, 베살리우스는 너무도 당연하고 원래도 해 왔던 연구에 '당연한 의문'을 제기함으로써 의학사에 전환을 가져왔다.

　　그렇다면 베살리우스가 품은 '당연한' 의문은 무엇이었을까? 그리고 그 '당연한' 의문이 어떻게 의학사의 전환점이 되었을까? 그의 의문은 '인체 해부학을 연구하는 의사들은 왜 실제 해부를 통해 연구하지 않는 것일까?'였다. 지금 시각으로 볼 때 이 의문은 너무 당연해서 이상할 정도다. 인체 해부학인데 인체를 해부해서 연구하는 것은 당연한 것이 아닌가? 심지어 베살리우스 시대에도 실제 인체 해부는 이루어지고 있었다. 그렇다면 당시 어떤 문제가 있었기에 베살리우스는 인체 해부를 '실제로' 해야 한다는 문제를 제기했을까? 그것은 1천4백 년 가까이 이어져 온 의학계의 성전과 같은 갈레노스 의학의 지배가 의학 발전을 더디게 만들었기 때문이다.

1. 갈레노스 의학에 도전장을 내밀다 – "갈레노스는 원숭이들에게 속았다."

그리스 출신의 갈레노스(Galenos)는 2세기 로마 시대에 활약했던 의사로, 당시는 물론이고 의학사에서 가장 유명한 의사 중 하나로 히포크라테스에 버금가는 권위를 가진 학자였다. 검투사들의 전담 외과의로서 수많은 외상들을 경험했고, 후에는 로마 황제 아우렐리우스의 주치의로 임명되어 명성을 떨쳤다. 하지만 그가 15세기 가까이 변치 않는 권위를 인정받은 것은 황제의 주치의여서가 아니라, 방대한 양의 의학 저서를 남겼기 때문이다. 그는 해부학, 생리학, 병리학, 치료학 등 의학의 거의 모든 분야에 대해 방대한 양의 책을 썼다. 그리고 이 책들은 15세기 가까이 성경에 버금가는 권위를 얻으면서 16세기 초 베살리우스가 등장할 때까지 누구에게도 도전받지 않은 채 의학의 교과서로 숭상받고 있었다.

따라서 갈레노스는 해부학 분야에서 베살리우스 이전 가장 독보적인 인물이었다. 하지만 갈레노스의 해부학은 주로 원숭이와 같은 동물 해부에 기초를 두고 있었다. 갈레노스는 두 차례 인체를 연구했다고 밝혔지만 그것은 골격에 관해서만 연구했을 뿐이었다. 따라서 갈레노스의 골격에 관한 연구는 상당히 훌륭하지만, 그 외 장기나 혈관에 대해서는 동물과 인간이 다른 부분이 많기 때문에 지금 보면 상당히 많은 오류들이 있다. 그럼에도 불구하고 후대의 많은 의사들은 갈레노스의 연구를 비판적으로 보지 않고 오랜 기간 쌓아 올려진 학문적 권위를 따르면서 갈레노스가 실제 인체 해부를 했고, 그의 인체에 관한 묘사가 다 정확하다고 믿었던 것이다. 그것도 무려 1천4백 년 넘게!

특히 기독교 교리가 사회의 중심이었던 유럽의 중세 시대에는 육체보다 영혼의 중요성이 더 컸고, 갈레노스의 목적론적 세계관도 중세 기독교 교리에 부합했기 때문에 갈레노스의 권위는 확고부동한 것이 되었다. 여기에 해부학을 의학의 중요한 부분으로 보지 않았던 당시 의학계의 분위기도 한몫했다. 당시 의학이 환자에게 해 줄 수 있는 처치는 병세와 통증, 골절과 탈구 같은 일부 신체의 기능 이상에 대한 주관적인 치료가 전부였다. 따라서 몸속을 들여다봐도 당시 의학 기술로는 장기나 혈관 이상을 치료할 수 없었기 때문에 의사들에게 정교한 해부학은 효용성이 없는 것이었다. 몸의 구조(해부학)와 기능 이상(생리학)을 유기적으로 보고 연구하는 의학은 아직 시간이 더 필요했다. 그러한 때에 발전의 초석을 닦게 되는 인물, 베살리우스가 혜성같이 나타나 갈레노스 해부학에 도전장을 던졌다.

대대로 의업(醫業)에 종사하는 가문에서 태어난 베살리우스는 어린 시절부터 이미 해부에 관심이 많았다. 그는 소년 시절부터 주변의 작은 동물들을 잡아 해부했는데, 이로 인해 동네에서 이상한 아이 취급을 받기도 했다. 베살리우스는 14세에 루뱅 대학에 입학해 그리스와 라틴어, 히브리어를 공부하고, 당시 유행했던 인문주의 사상에 심취했다. 그리고 18세가 되자 당시 의학으로 명성이 높았던 파리 대학에 입학한다. 하지만 큰 기대를 안고 입학한 베살리우스는 교육 과정에, 특히 해부학 수업에 실망한다. 당시 해부학은 의과의 필수 과목이기는 했지만 실제 인체 해부는 일 년에 한두 번 있을까 말까였고, 그나마 행해진 해부는 그야말로 한 편의 웃지 못 할 연극 같았다.

당시의 수업은 교수가 직접 해부를 하고 학생들에게 인체 내부를 보여 주고 가르치는 것이 아니었다. 교수는 가장 높은 강단에 권위적으로 앉아 갈레노스의 라틴어판 해부학 책을 읽고, 의학에 전문 지식이 없는 이발사 겸 외과의[1]가 교수의 책 읽는 속도에 맞춰 시체를 해부했다. 그곳에서는 새로운 발견이나 오류 수정과 같은 연구 자세는 전혀 없었고, 그저 갈레노스의 가르침을 권위적으로 답습하는 자리였다. 해부 시연은 소위 '눈 가리고 아웅' 하는 것이었다. 예를 들어 갈레노스가 A라고 한 것은 실제로는 B임에도 불구하고, 해부 내용과 관계없이 교수는 A라고 가르치는 식이었다. 따라서 명성에 걸맞은 선진적인 해부학 강의를 기대했던 젊은 베살리우스에게 파리 대학의 수업은 실망스러운 것이 아닐 수 없었다. 베살리우스는 해부학 교실 풍경에 대해 『파브리카』의 서문에 다음과 같이 썼다.

> "복부 근육 여덟 가지, 그것도 엉망진창으로 난도질되어 뒤죽박죽된 것 말고는 근육이나 골격 그리고 신경, 정맥, 동맥들을 나에게 제대로 보여 준 사람은 아무도 없었다. (…) 누군가는 인체를 해부하고 또 다른 사람은 높은 의자 꼭대기에 앉아 마치 시끄럽게 울어 대는 갈가마귀같이 인체 부위에 대해 터무니없이 거들먹거리며 말도 안 되는 설명을 하는, 그 혐오스럽고 진저리 나는 방식으로는 다른 사람의 책에 들어 있는 기억만을 끄집어낼 수 있을 뿐 결코 아무것도 밝혀낼 수 없다."

베살리우스는 두 번째 참석한 해부학 수업에서 급기야 이발사의 메스를 뺏어 뛰어난 해부 실력과 지식을 직접 선보였다. 전대미문의 일이었다. 이

---

[1] 당시에는 이발사가 외과의 같은 역할을 했고, 외과의도 말이 의사일 뿐 진짜 의사로 대우받지 못하고 내과의보다 낮은 대우를 받았다.

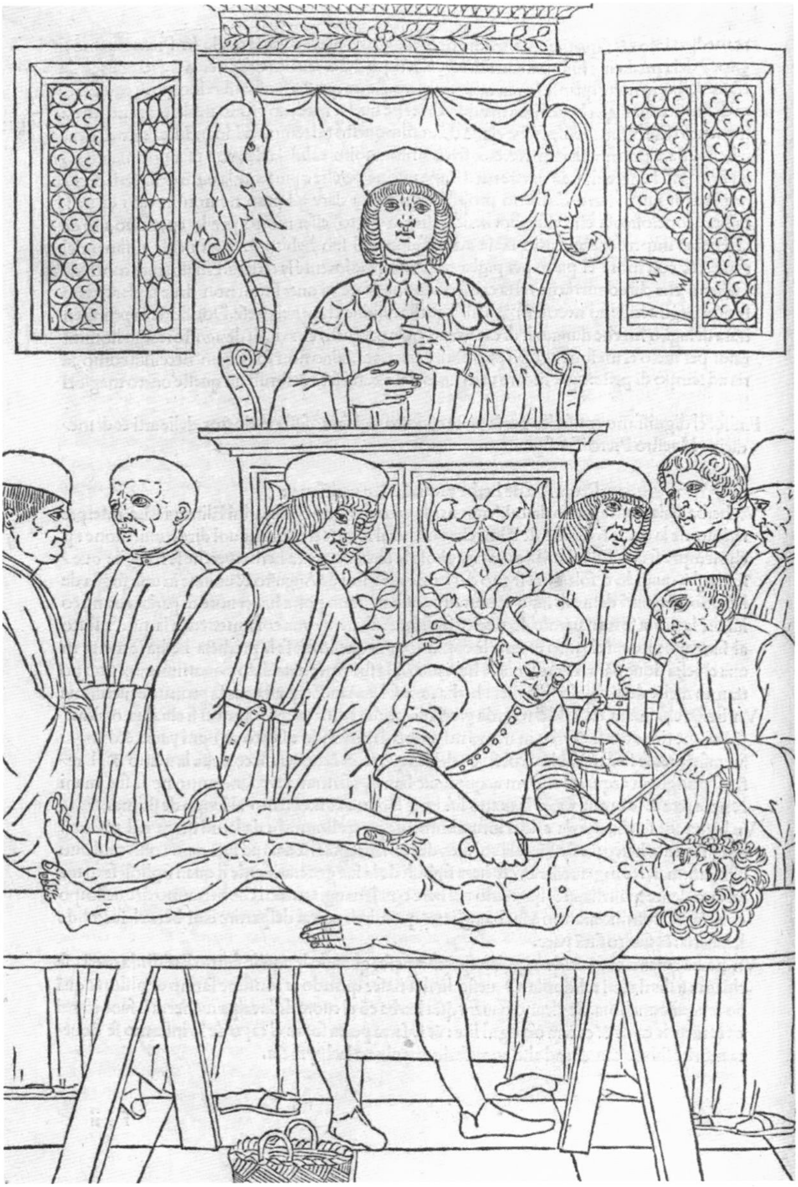

▌베살리우스 이전 갈레노스의 권위를 지키기 위한 해부학 수업의 모습을 잘 보여 주는 삽화. 요하네스 케탐의 『의학소집성』(1495)에 삽입된 그림이다.

외에도 베살리우스는 해부할 수 있는 시체나 연구용 해골을 얻기 위해 친구들과 파리의 묘지와 처형장을 돌아다녔다. 위신과 권위를 중시 여겨 메스를 손에 쥐지 않았던 당시의 교수나 의사들과 베살리우스는 전혀 다른 관점으로 학문을 대했던 것이다.

　다시 루뱅 대학으로 돌아가 졸업한 베살리우스는 1537년에 당시 가장 자유로운 학풍을 가지고 르네상스 중심지에서 사상적 혜택을 받고 있던 이탈리아 베네치아 근교의 파도바 대학에 들어갔다. 그리고 같은 해 12월 의학 박사 시험을 치른 그는 우수한 성적으로 시험을 통과하고, 즉시 외과 및 해부학 교수로 임명되었다. 불과 22세의 나이였다. 16세기의 22세와 21세기의 22세는 확연히 다른 사회적 지위와 의미를 갖지만, 그것을 감안하더라도 22세인 베살리우스의 교수 기용은 꽤나 파격적인 인사였다. 물론 여러 외부적 영향도 있었지만, 어쨌든 베살리우스의 해부 실력과 지식이 당시 선배 학자들에게 깊은 인상을 남기고 인정받았던 것은 틀림없다.

　젊고 자신감 넘치며 직접 해부하며 수업을 진행하는 베살리우스의 강의는 학생들에게 폭발적인 인기를 얻었고, 의사들까지 강의실로 몰려와 그가 직접 근육과 신경, 정맥과 동맥, 거기다 인간의 뇌까지 해부하는 모습을 지켜보았다. 교수가 직접 갈레노스의 책이 아닌 실제 인체 해부를 하며 수업하는 것은 전례 없는 일이었다. 베살리우스 이전까지는 수업에서 단지 의례적 도구에 불과했던 인체 해부가 강의의 직접 연구 대상으로 떠오른 순간이었다. 게다가 이전의 장식적이고 비현실적인 인체 해부도를 버리고 자신이 직접 여섯 장의 큰 해부도를 만들어 출판했다. 이 해부도는 곧 유럽 전역으로 퍼져 그는 큰 명성을 얻었다.

하지만 이때까지만 해도 베살리우스는 갈레노스의 해부학을 존경하고 따르고 있었다. 그가 만든 여섯 장의 해부도를 보면 갈레노스의 오류들이 여전히 반복되고 있었고, 직접 해부하면서 찾아낸 갈레노스 해부학과의 차이점이나 오류들은 단지 실수이거나 갈레노스 저서의 번역 과정에서 생긴 오역이라고 생각했다. 아직 갈레노스 의학에 근본적으로 도전할 생각은 없었던 것이다. 그러다 1540년에 결정적인 계기가 찾아왔다.

그의 명성이 유럽 곳곳에 퍼지자 볼로냐 대학 학생들이 베살리우스를 볼로냐로 초빙하여 해부학 시연을 부탁했다. 여기서도 그의 인상적인 교수법에 사람들은 열광했다. 계단식 강의실은 그의 강의를 들으러 온 학생들과 의사들로 꽉 들어찼다. 하지만 정작 볼로냐 대학의 해부학 교수와 다른 의사들은 그들이 천하게 여긴 메스를 들고 직접 해부하는 베살리우스의 모습에 경악했다. 그들은 해부란 무의미한 일이며 모든 것은 이미 갈레노스의 책에 나와 있다고 생각했다.

갈레노스 신봉자인 볼로냐 대학의 마테오 코르티라는 교수와 연계 강의를 펼친 베살리우스는 그와는 확연히 다른 수업을 펼침으로써 학생들의 기대를 만족시켰다. 이때 강의와 해부를 준비하고 직접 시연하는 과정에서 베살리우스는 갈레노스 해부학에 의구심을 품게 된다. 아마 코르티 교수와 대조적인 강의를 펼치고 있었고, 코르티와 비교하며 자신만의 해부학을 보여 주는 과정에서 갈레노스 의학을 더 객관적으로 바라보게 되었는지도 모른다. 베살리우스는 인간의 골격과 유인원의 골격을 비교하는 과정에서 척추의 구조가 다르다는 사실에 주목했다. 이는 갈레노스 해부학에서 잘 알려진 부분이었기 때문에 베살리우스의 의혹은 짙어졌다. '혹시 갈레노스는 인체를 해부해 본 적이 없는 것이 아닐까?' 그도 그럴 것이 만약 인체를 해

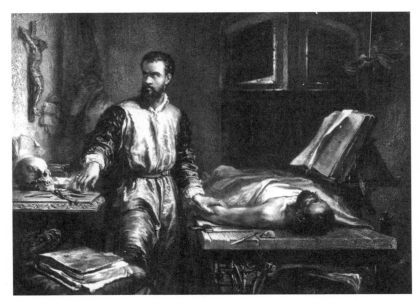

▌ 베살리우스가 인체를 해부하는 모습. 벨기에 화가 에두아르 하만(Edouard Hamman, 1819~1888)의 작품
이다.

부했다면 틀릴 수가 없는 부분이기 때문이었다.

　인간뿐 아니라 동물 해부도 자주 했던 베살리우스는 갈레노스가 지적하
지 않은 인간과 동물의 차이도 이미 알고 있었지만, 갈레노스에 대한 존경과
단순한 실수일 것이라는 생각 때문에 적극적인 주장을 하지 않았다. 하지만
그는 갈레노스가 인체를 해부한 적이 없다는 것을 확신하고, 이제 더 이상
학생들에게 이 오류들을 숨기지 말아야겠다고 결심했다. 베살리우스의 이
결심은 의학사를 넘어 과학사 전체의 진보를 가져온 중대한 한 걸음이었다.
　어느 날 볼로냐 학생들에게 갈레노스 해부학과는 다른 인체의 정확한 복
부 근육의 부착부를 보여 주었을 때 코르티를 비롯한 다른 교수들은 베살
리우스의 주장에 강하게 반박했다. 이때 용감하게도 베살리우스는 자신이

맞고 갈레노스가 틀렸다는 것을 입증할 수 있다고 당당하게 주장했고 그것을 직접 해부 시연으로 보여 준다. 어느 시대에나 젊은이들은 과거의 유물에서 벗어나려고 하고 새로운 사상과 발견에 열광한다. 거기다 변혁의 르네상스 시대였으니 학생들은 젊은 교수 베살리우스의 도전에 더욱 열광했다. 노교수들에게 갈레노스가 틀렸다는 말은 마치 기독교에서 하나님을 거부하는 것과 같았을 것이다. 하지만 이제 베살리우스는 그들과는 완전히 다른 학문의 세상을 살게 되었다. 15세기를 이어 온 갈레노스의 그림자에서 벗어나 독자적인 의학의 길을 걷게 된 것이다.

2. '르네상스'의 선물, 『인체의 구조에 관하여』가 출간되다

볼로냐에서 다시 파도바로 돌아온 베살리우스는 과학사의 위대한 성과가 될 『인체의 구조에 관하여』, 즉 『파브리카』를 만들기 위한 준비 작업에 착수했다. 정확한 해부학 책을 만들기 위해서 무엇보다 중요한 것은 베살리우스의 해부 실력과 지식 그리고 인체를 정확하고 생생하게 묘사해 줄 화가의 존재였다. 베살리우스는 당대 유럽에서 가장 큰 명성을 떨치고 있던 화가 티치아노의 공방에서 일했던 얀 스테벤 판 칼카르(Jan Steven van Calcar, 1499~1546)와 공동 작업을 했다. 베살리우스와 칼카르는 해부하고 그것을 그림으로 옮기면서 갈레노스의 오류들을 분석하고 정리했다. 그 결과 2백 개가 넘는 오류들이 확인되었다. 베살리우스는 갈레노스가 설명한 잘못된 해부학 설명이 인체가 아닌 원숭이, 개, 양에서 나왔다는 것을 알게 되었다. 그리고 몇 년간의 노력 끝에 1543년, 그가 28세가 되던 해에 『파브리카』가 출간된다.

∎ 『인체의 구조에 관하여』의 표지 삽화. 이전과는 다른 베살리우스식 해부학 강의, 즉 직접 시연하는 모습을 보여 주는 상징적인 그림이라고 할 수 있다. 원래 교수가 앉았던 높은 강단에 해골이 앉아 있는 모습을 그림으로써 이전의 해부학이 종말을 고했음을 상징적으로 나타내고 있다.

상세한 인체 해부도를 정확하고도 생생히 그려 낸 『파브리카』는 총 일곱 권의 책으로 인체의 골격, 근육과 힘줄, 동맥과 정맥, 신경계, 복부 기관과 생식기, 신장과 폐, 뇌의 구조가 상세히 기술되어 있다. 그중 주목할 만한 발견은 괴망(怪網)이었다. 학술 용어로는 레테 미라빌레(rete mirabile)라고 불리는 이것은 동물의 뇌에서 발견되는 동맥과 정맥의 망상 조직이다. 갈레노스는 이 괴망을 인간 뇌에 있다고 기술했지만, 사실 괴망은 양이나 발굽이 있는 동물에게만 발견되는 조직이었다. 특히 갈레노스는 이 괴망을 인간의 매우 중요한 부위로 인식했기 때문에 베살리우스의 이 발견은 상징적으로도 매우 중요한 것이었다.

『파브리카』의 출간으로 의학은 결정적인 진보를 이루었다. 베살리우스로 인해 건강과 질병의 치료에 관한 설명이 인체 내부의 정확한 지식을 바탕으로 이루어질 수 있는 토대가 마련된 것이다. 더 근본적으로는 연구 방법론에 있어 직접 관찰과 실험이라는 중대한 유산을 남겼다. 베살리우스가 이러한 근대 과학 연구의 초석을 닦은 유일한 인물은 아니지만 빼 놓을 수 없는 존재임은 확실하다. 또한 고대 학자들의 지식에 대한 맹목적 숭배의 시대를 끝내고 기존의 틀을 깬, 오직 자신이 경험한 것만 믿는 학문의 개척 정신을 일깨웠다.

한 가지 짚고 넘어갈 것은 베살리우스가 그렇다고 갈레노스의 영향력에서 완전히 벗어난 것은 아니며, 『파브리카』가 모두 정확한 것도 아니라는 것이다. 특히 혈관계에 관한 부분이 그러한데, 베살리우스는 심장과 혈액 순환에 관한 갈레노스의 잘못된 이론을 여전히 따르고 있었다. 누군가의 이론 체계를 반박하기 위해서는 대체할 수 있는 그만한 체계를 갖추어야 하는데 베살리우스는 혈관에 관한 작은 오류들만 고쳤을 뿐 갈레노스의 혈

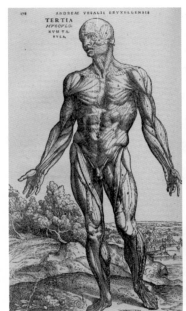
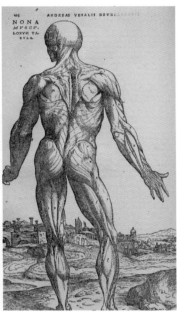

▌『인체의 구조에 관하여』에 삽입된 인체 해부도. 경직된 모습이 아닌 동적인 자세로 그려졌으며, 근육이 섬세하게 표현되어 있다.

관 이론에 맞설 체계적 이론을 찾아내지 못했던 것이다. 따라서 그는 갈레노스의 동물 해부에 기초해 혈관계를 설명했다. 심장과 혈액 순환 원리의 발견은 바로 다음 세대인 영국의 의사 윌리엄 하비(William Harvey, 1578~1657)의 등장을 기다려야 했다.

『파브리카』가 이처럼 베살리우스가 갖춘 강한 문제의식과 도전을 두려워하지 않는 자신감, 그리고 학문적 견고함을 통해 만들어진 작품이라는 점에는 의문의 여지가 없다. 하지만 만약 베살리우스가 100년, 아니 50년만 빨리 태어났어도 의학사의 걸작인 『파브리카』가 탄생했을까 하는 의문이 생긴다. 즉, 베살리우스의 업적은 개인의 역량뿐 아니라 시대 또한 매우 잘 타고난 결과라는 것이다.

"베살리우스는 그의 시대가 낳은 매우 전형적인 산물이었다. (…) 베살리우스의 지적인 아버지는 이미 오래전에 꽃피운 갈레노스의 학문이었다. 그의 어머니는 이제 막 싹이 돋아 꽃망울로 화하려는 새로운 예술(미술)이고 기술이었다. 이 두 가지가 함께 어우러지기 전까지 베살리우스는 어디에도 있을 수 없었다. 이제 이 두 가지가 융합하게 되었을 때 베살리우스의 존재는 필연이었다. 시대의 산물이 천재라면, 베살리우스는 바로 그 천재였던 것이다."

– 영국 과학사가 찰스 싱어(Charles Singer)

이처럼 『파브리카』를 가능하게 만든 것은 르네상스 시대의 역할이 매우 지대하다. 일부 학자들은 그래서 『파브리카』라는 작품의 공로를 베살리우스보다 인체 해부도를 그린 화가와 그 화가를 키워 낸 르네상스 미술의 발달에 돌릴 정도이다. 자, 그러면 그 시대의 어떤 점이 그토록 지대한 역할을 했는지 크게 세 가지 정도로 살펴보자.

첫째, 구텐베르크의 활판 인쇄술의 등장으로 새로운 학설의 출판과 확산, 정착이 용이해졌다. 어느 분야나 새로운 발견이나 학문적 주장은 본인이나 주변의 소수 사람들만 알아서는 '학설'로 인정받거나 정착될 수 없다. 가급적 많은 사람과 넓은 지역으로 퍼져서 수많은 논의와 검증 그리고 동업자들로부터의 인정을 받아야 하나의 이론이나 유효한 발견으로 이어지는 것이다. 활자 인쇄술의 상용화는 책 출판을 용이하게 하고 책값을 내려 주어 많은 사람들이 책을 사서 볼 수 있는 길을 열어 주었다.

다음으로는 종교 개혁으로 인한 사회의 세속화, 그로 인한 새로운 사상에 대한 호기심 증폭과 인문주의라 불리는 학문상의 시각과 방법론의 변화가 베살리우스의 도전을 가능하게 했다. 페스트의 창궐로 인한 무자비한 신의 의지는 신에 대한 불신을 낳았고, 루터로 대표되는 종교 개혁의 물결은 사

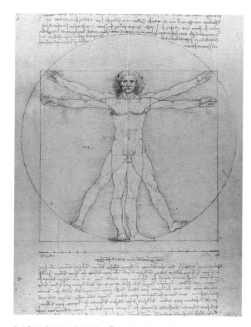

람들로 하여금 중세 시대의 권위적인 교리와 신 중심적 사고에 의심을 품게 했다. 따라서 천국보다는 지상에, 신보다는 인간 자신에 더 관심을 두게 되었고 그동안 억눌려 있던 생각들이 자유롭게 표출되었다. 갈레노스 의학에 대한 베살리우스의 도전도 이러한 분위기 속에서 가능했던 것이다.

마지막으로 르네상스 예술, 특히 미술계의 발달은

▌레오나르도 다 빈치의 「비트루비우스의 인체 비례」. 인체에 대한 다빈치의 열정과 뛰어난 지식을 보여 주는 작품이다.

『파브리카』를 만든 일등 공신이었다. 베살리우스 이전 의사들은 인체 해부에 별 관심이 없었고, 인간을 더 사실적으로 묘사하고자 노력했던 미술가들이 오히려 인체 해부에 더 적극적이었다. 「비트루비우스의 인체 비례」를 비롯해 수많은 해부도를 남긴 레오나르도 다 빈치가 그 대표적인 예다. 예술가들은 원근법과 비율 개념을 도입함으로써 인체를 더 생생하고 사실적으로 묘사했고, 거기에 인체 해부를 통한 지식까지 갖추고 있었기 때문에 오히려 의사들보다 인체 구조에 밝았다.

이처럼 『파브리카』의 출판은 의학계의 발전을 보여 줄 뿐만 아니라, 사실주의 미술의 부활과 활자 인쇄술의 발전, 뛰어난 목판 제작술과 출판 기술 등 여러 분야의 성장을 한 번에 보여 주는 르네상스 시대 발전의 집약체와도 같은 것이었다.

3. 시대를 타고 났지만, 시대를 져 버린 비운의 천재 베살리우스

베살리우스의 『파브리카』는 즉시 베스트셀러가 될 정도로 인기를 끌었고, 의학계의 지대한 관심을 받았지만 모든 새로운 학설이 그렇듯 인정받고 정착되기까지는 길든 짧든 혼란의 시기가 있다. 갈레노스 의학의 오류를 주장한 『파브리카』는 갈레노스를 신봉하는 기성 학자들의 신랄한 비난을 받았다. 특히 가장 심했던 것은 파리 대학 시절의 스승이었던 야코부스 실비우스였는데, 그는 매우 독하게 제자 베살리우스를 비난했다. 게다가 그는 갈레노스가 틀릴 리가 없고, 심지어 실제 해부 결과와 갈레노스 해부학에 차이가 있다면 그것은 고대 이후 인간이 퇴화해서 인체가 변했기 때문이지 갈레노스의 잘못이 아니라고까지 주장했다. 긴 시간 이어져 온 권위에 대한 숭배와 복종의 무시무시함을 보여 주는 대목이다.

하지만 의학계의 존경받는 원로였던 스승의 신랄한 비난은 『파브리카』의 성공과 베살리우스의 반박에도 불구하고 그에게 불리하게 작용했다. 베살리우스의 신봉자도 생겨났지만 그를 헐뜯고 다니는 동료 의사들도 많았다. 결국 베살리우스는 자신에게 쏟아지는 중상과 비난을 참지 못하고 1543년 12월, 자신의 연구 자료들과 기록들을 쌓아서 모조리 불태웠다. 다시는 해부학 연구를 하지 않을 것처럼 그간의 자료를 모두 없애버린 것이다.

혹자는 베살리우스가 분노와 좌절에 휩싸여 해부학자로서의 자신을 없애 버린 것이라고 보고, 또 다른 사람은 그가 해부학 교수 자리를 떠나 임상의로서 또 다른 도전을 하기 위해 나름의 정리를 한 것이라고 보기도 한다. 어떤 것이 진실인지는 베살리우스 본인만이 알겠지만, 그 후 그는 파도바 대학 교수 자리를 버리고 카를 5세의 주치의라는 명예로운 자리로 옮겼다. 그리고 이후 죽을 때까지 그는 궁정의 주치의로서 살아간다. 마치 젊은 시절 해부와 연구에 매진했던 것이 거짓말같이 베살리우스의 삶은 『파브리카』 이후 해부와는 무관한 삶을 산 것이다.

당시 유럽 최고의 권력자였던 신성 로마 제국의 황제 카를 5세의 주치의 자리는 분명 명예와 부가 보장되는 선망의 대상이었을 것이다. 하지만 의사인 베살리우스에게 황제의 주치의 자리는 마냥 좋지만은 않았다. 베살리우스의 재능을 인정하고 데려왔지만 폭식과 폭음을 했던 황제는 건강 악화에도 불구하고 주치의의 말을 듣지 않았다. 방법이 있음에도 말을 듣지 않아 회복되지 않는 환자의 존재가 의사에게 얼마나 스트레스였을까. 게다가 환자는 자신이 맘대로 지시할 수 없는 황제였기 때문에 의사로서 베살리우스의 좌절감은 커졌다. 또한 다른 궁정 의사들은 아직 미신적인 치료술과 중세 시대의 의학에서 조금도 진보하지 못한 의사들로, 왕족의 치료 방식에 있어 베살리우스와 사사건건 충돌했다.

카를 5세의 아들인 스페인 왕 펠리페 2세까지 섬긴 베살리우스는 점점 궁정 생활이 답답해졌다. 자유로운 연구 활동이 가능했고 활기가 넘쳤던 대학 생활을 그리워하게 되었다. 1562년, 베살리우스는 파도바 대학 해부학 교수직을 제안받고 펠리페 2세에게 사직을 청했지만 받아들여지지 않았다. 그리고 얼마 지나지 않아 그는 왕의 허락을 얻어 예루살렘으로 성지 순례를 떠났다. 그리고 1564년, 베네치아로 돌아오는 배를 탔던 베살리우스는 폭풍을 만났고, 정박했던 펠로폰네소스 서쪽 연안의 작은 섬 자킨토스에서 병에 걸려 아무도 모르게 사망하고 만다. 그의 죽음도 그 섬에 들린 베네치아인이 유명한 해부학자가 이 섬에서 죽었다는 이야기를 듣고 퍼뜨려서 겨우 알려진 것이었다.

▌『파브리카』에 수록된 베살리우스의 초상화. 다소 비율이 이상하지만 본인은 이 그림을 좋아했다고 한다.

　한 시대를 풍미했던 의사는 세상에서 인정받았지만 동시에 세상에서 밀려나 결국 뜻하지 않게 외로운 죽음을 맞이했다. 갈레노스 의학에 도전했던 베살리우스가 역작 『파브리카』 이후 놀랍도록 빠르게 그 열정과 대담성을 숨긴 것은 안타까운 일이지만 그의 업적은 결코 가려질 수 없는 것이었다. 우리가 오해하지 말아야 할 것은 갈레노스가 수많은 오류를 남겼다고 해서 그가 실력이 없다거나 훌륭하지 않다는 게 아니라는 것이다. 갈레노스는 2세기의 인물로서 그가 할 수 있는 한 최선·최대의 연구 성과를 남겼고 이후의 의학 발전은 분명 그에게 많은 빚을 졌다. 그는 위대한 의사이자 학자였다. 비난받아야 할 것은 그 수많은 시간 동안 기존의 학문을 아무런 비판 의식 없이 따르고 자신의 머리로 생각하지 않으려 했던 후대 학자들이다. 오히려 갈레노스는 직접 보고, 듣고, 판단한 것을 근거로 결론 내리는 것이 진리를 위한 가장 확실한 길이라고 말했다. 갈레노스가 바란 의학의 미래는 자신의 학문을 맹목적으로 따르는 베살리우스의 비판자들이 아니라 바로 베살리우스였다는 것을 동시대인들은 너무 늦게 깨달았다.

『파브리카』는 출간 즉시 초판이 바로 동나고, 각국의 언어로 번역되어 팔려 나갔다. 이제 해부 도면은 그 정확성과 사실성에 있어 베살리우스 이전으로는 되돌아갈 수 없는 엄청난 진전을 이루었다. 이 책 이후 과학자들은 현상과 더불어 구조에 더 많은 관심을 기울였고, 베살리우스의 작업에 자극을 받은 뛰어난 해부학자들이 이전에는 발견하지 못한 인체 내부의 구조들을 더 상세히 그려 냈다. 정확한 인체 구조의 이해가 의학 수업의 첫걸음이라는 것이 당연하게 여겨지는 지금, 베살리우스는 그 당연한 진리를 가리고 있던 1천4백 년의 어둠을 걷어 내고 이후의 의학 발전을 위한 토대를 닦았던 것이다. 그리고 19세기 정도가 되어서야 과학 기술의 발달로 인체 내부를 살아 있는 상태로 들여다보는 일이 조금씩 가능해지면서 베살리우스가 닦아 놓은 해부학적 지식이 의학의 매우 중요한 부분으로 자리 잡게 된다.

코페르니쿠스의 진리가 저 멀리 무한한 우주를 향한 것이었다면, 베살리우스의 진리는 우리에게 아주 가까운, 몸 안쪽의 또 다른 무한한 세계에 존재하는 것이었다. 하늘의 태양과 별을 보며 코페르니쿠스의 지동설을 떠올리듯, 우리가 우리의 몸속을 들여다볼 때 베살리우스의 열정, 즉 모두가 꺼리는 묘지와 처형장의 시체를 뒤지고, 자신의 연구 자료를 모두 불태울 만큼 컸던 그의 학문적 열정을 떠올린다면 이름도 없는 무덤 속에서 사라져 간 베살리우스에게 조금이라도 위로가 되지 않을까.

2.
니콜로
마키아벨리

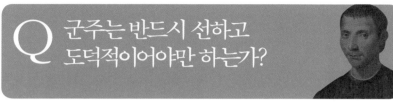

니콜로 마키아벨리(Niccolò Machiavelli, 1469~1527, 이탈리아)
새로운 군주상을 논한『군주론』, 근대 정치 사상의 시작을 알리다

Q 군주는 반드시 선하고
도덕적이어야만 하는가?

0. 들어가며

▌ 마키아벨리 초상화

"저녁이 오면 집으로 돌아가서 서재에 들어가. 문지방에서 진흙과 먼지로 뒤덮인 작업복을 벗고 궁정 예복을 입지. 적절한 복장을 갖추고 나서 고대인들의 유서 깊은 궁정으로 발을 들여놓은 다음, (…) 오직 나를 위한 양식이자 내 삶의 목적인 양식을 섭취하는 거야. 나는 스스럼없이 고대인들과 대화를 나누면서 그들에게 왜 그런 행동을 했는지 물어 보면, 그들은 친절하게도 내게 대답해 줘. 그렇게 네 시간 동안은 지루함도 못 느끼고, 온갖 시름도 잊어버리고, 가난도 걱정하지 않고, 죽음도 두렵지 않아. 완전히 거기에 몰입하는 거지. 그리고 단테가 말하기를, 이해한 것을 간직하지 않는 한 이해한 게 아니라고 했기에, 나는 고대인들과 나눈 대화에서 얻은 바를 적어서 간단한 논문 『군주국에 대하여(De principatibus)』[1]를 썼는데, 여기서는 이러한 주제에 관해 되도록 깊이 생각하면서 군주국의 정의, 군주국의 종류, 어떻게 군주국을 손에 넣는지, 어떻게 유지하는지, 왜 군주국을 잃어버리는지에 대해 논하고 있지."

– 마키아벨리가 친구 프란체스코 베토리에게 쓴 서한 중에서(1513년)

1513년, 피렌체 근교의 어느 시골 마을에서 마흔이 넘은 초로의 남자가 밤만 되면 지저분한 일상복을 벗고 궁정에서 입는 예복을 갖춰 입었다. 그리고 곧 피렌체로 다시 돌아가 나라를 위해, 그리고 메디치 가문을 위해 자신의 경험과 지식을 바치고자 하는 일념으로 과거와 현 정세를 빠르게 분석하며 한 편의 소논문을 썼다. 그리고 부푼 기대를 안고 완성된 책을 메디치 가문의 지도자에게 헌정했다. 하지만 공화정이 무너진 후 복권된 새로운 메디치의 수장들은 이 책과 책을 쓴 이 남자를 거들떠도 보지 않았다. 남자는 계속 기다렸지만 누구도 그를 정계로 불러들이지 않았다. 남자는 실망하고 좌절했다.

이 남자는 바로 피렌체 공화국의 제2 서기국 서기관이자 외교관이었던 니콜로 마키아벨리였고, 메디치가가 거부한 그 책은 이후 수많은 논란과

---

1 『군주론』은 마키아벨리의 이 편지에서도 나타나듯이 원래 제목은 '군주국에 대하여'이다. 하지만 원본이 현존하지 않고, 원본 텍스트가 마키아벨리 사후 여러 차례 수정이 가해져 여러 판본들이 통용되었다. 그러다가 18세기 말에 이르러서야 원본의 중요성이 부각되어, 마키아벨리 전공자들에 의한 엄밀한 판본 작업들이 시도되었다.

찬사를 받은 그 유명한 『군주론』이었다.

'마키아벨리즘(Machiavell-ism)'이라는 단어를 영어 사전에서 찾아보면 다음과 같은 뜻이 검색된다. "마키아벨리주의: 권모술수주의, 정치적 목적을 위해서 때에 따라서는 비윤리적인 수단을 쓰는 것도 어쩔 수 없다는 사상." 이처럼 사전적 의미는 비교적 중립적으로 쓰여 있지만, 사실 '마키아벨리즘'은 뜻에서도 알 수 있듯이 긍정적 의미로 사용되는 단어가 아니다. 오히려 강압적이고 독재적이면서, 목적을 위해서는 어떠한 짓도 서슴지 않는 교활하고 기회주의적인 인물이나 사고방식, 태도 등을 묘사할 때 쓰인다. 그리고 이러한 단어의 의미는 마키아벨리가 쓴 『군주론』에 대한 평가에서 비롯되었다.

일부 독자들은 의아해할 것이다. '마키아벨리는 『군주론』이라는 유명한 책을 쓴 훌륭한 사람 아니었나?' 그렇다. 지금 당장 서점에 가면 마키아벨리와 『군주론』에 관한 책들이 즐비할 것이다. 특히 『군주론』은 2차적, 3차적 저술들을 양산했다. 『군주론』을 학문적으로 분석한 학술 서적부터, 일반인들을 위한 해설서 그리고 기업 경영과 같은 거대 산업 분야에 그의 철학을 적용한 전략서와 리더가 되기 위한 지침서까지. 이처럼 16세기 초 마키아벨리의 정치사상과 그의 대표작인 『군주론』은 21세기인 지금까지 읽어야 하고 배워야 할 것으로 끊임없이 재생산되고 있다. 그렇다면 이처럼 귀감이 되는 책을 쓴 그의 이름에서 나온 '마키아벨리즘'이라는 단어가 왜 그토록 부정적인 의미들을 담게 되었을까? 그 해답은 『군주론』에 대한 극과 극을 달리는 상반된 평가에 있다.

이 글을 읽고 있는 당신은 훌륭한 군주의 자질이 무엇이라고 생각하고 있는가? 혹은 (『군주론』을 읽지 않았다면) 마키아벨리가 『군주론』에 쓴 군주의 자질은 어떠한 것들이라고 추측하고 있는가? 마키아벨리는 이 책에서 다음과 같이 서술하고 있다. "만약 군주가 국가를 유지시키고 싶어 한다면, 때로는 어쩔 수 없이 진실과 자비, 인간애와 종교에 반하여 행동할 필요가 있다." 진실이나 인간애와 반대되게 행동하라고? 정치가의 진정성이나 도덕성에 대한 요구가 점점 높아지고 있고, 또 그것을 정치가의 당연한 자질이라고 생각하고 있는 우리에게 마키아벨리의 이러한 가르침은 의아할 따름이다. 하지만 우리는 이 문장의 앞부분을 잘 보아야 한다. "군주가 국가를 지키고 싶어 한다면", 여기에 마키아벨리가 『군주론』을 쓴 근본적 목적과 우리의 의문점을 풀 열쇠가 있다.

마키아벨리가 가졌던 궁극적 문제의식은 단 하나, 나라에 평화와 부강함을 가져다줄 이탈리아의 통일과 그것을 실현해 줄 새로운 지도자상의 모색이었다. 따라서 우리가 마키아벨리의 문제의식을 정확히 이해하기 위해서는 『군주론』에 대한 이해와 더불어 이탈리아의 당시 상황, 즉 이 책의 탄생 배경에도 반드시 주의를 기울여야 한다. 바로 당대 외세의 침략과 내부 분열로 인한 이탈리아의 혼란과 무력함을 마키아벨리가 온몸으로 체험했기 때문이다.

당시 '르네상스'라는 시대의 혜택을 받은 지식인들은 많았지만 모두가 마키아벨리와 같은 생각을 한 것은 아니었으며, 했어도 그처럼 명료하게 글로 남겨 자신의 생각을 증명한 사람은 없었다. 마키아벨리가 『군주론』을 쓸 수 있었던 내적 기반은 메디치 가문이 추방되고 사보나롤라 정권 또한 무너진 이후 피렌체가 공화국이었던 시기에, 그가 10년이 넘는 외교관 생활을 하면서 여러 도시와 나라를 다니며 수많은 귀족들과 왕들을 만난 경험에 있었다. 이 책은 그 방대한 경험의 결정체였다. 그리고 『군주론』을 쓴 외적 기반, 즉 그에게 집필할 동기와 시간을 준 결정적 계기는 바로 1512년 메디치가의 복권과 자신의 실각, 그리고 내란 혐의로 인한 고문과 추방이었다.

이러한 일련의 과정이 마키아벨리에게는 고통이었겠지만 역사의 아이러니는 그에게도 예외는 아니었다. 그의 실직과 좌절은 후대에 길이 남을 걸작 『군주론』을 탄생시켰던 것이다.

1. 『군주론』, 과거와 결별한 새로운 정치사상의 시작을 알리다

"왜냐하면 논의를 전개하는 과정에서 나는 이전의 논자들이 내세운 원리로부터 철저하게 벗어났기 때문이다. 하지만 주의 깊은 독자에게 무언가 유용한 것을 쓰는 것이 목적이기 때문에, 나는 이 주제에 관해 나의 공허한 상상에 의존하기보다는 실제적인 진술을 기술하는 것이 더욱 효과적이라고 생각한다."

– 마키아벨리, 『군주론』 중에서

마키아벨리와 동시대에 살았던 역사가는 다음과 같이 말했다. "그가 받은 악평은 방탕한 삶뿐 아니라 『군주론』이라는 하찮은 책 때문이었다." 그리고 동시대뿐 아니라 그의 사후부터 근대까지도 『군주론』은 악마의 금서, 폭군의 조언서, 독존(獨存)의 정치학이라는 혹평과 비난의 대상이었다. '마키아벨리즘'의 의미는 이러한 『군주론』의 부정적 해석에서 비롯되었다. 한편 모든 군주들의 훌륭한 조언서, 정치학의 걸작, 근대 정치학의 출발점이라는 찬사의 평 또한 『군주론』의 것이었다. 실제로 현재 마키아벨리의 저작과 그의 사상에 대한 학자들의 분석은 다양하지만 『군주론』에서 드러난 마키아벨리의 정치사상이 이전의 것과는 확연히 다른, 도덕이나 종교와 분리된 논리에 기초하고 있고 따라서 근대적 정치사상의 시작을 알린 역작이라는 점에는 대개 동의하고 있다.

　마키아벨리는 정치를 하는 데 있어서의 핵심 가치와 행위의 가치 기준이 종교적 규율이나 도덕적 가치와는 명확히 구분되어야 함을 주장하면서, 정치의 세속화와 독립성을 『군주론』을 통해 명시적으로 제시했다. 이전까지 정치사상을 지배했던 아리스토텔레스에서부터 중세로 이어지는 도덕적 선이나 종교적 선이라는 정치 철학의 전통에서 벗어나, 당대 이탈리아의 현실을 직시하는 현실주의 정치학을 주창한 것이다. 이러한 마키아벨리의 사상은 '르네상스' 시대라는 인본주의적 변화의 흐름과 그 맥락을 같이 한다. 신과 종교적 규율이 중심이었던 중세적 삶에서 벗어나 '인간'이 중시되고, 내세가 아닌 속세의 삶도 소중히 여기는 '휴머니즘'의 시대가 온 것이다. 이제

▌라파엘로의「아테네 학당」. 이 작품은 르네상스 시대가 지향하는 인본주의적 이상과 고전 시대의 미학을 집대성한 작품으로, 여기에 등장하는 인물들은 모두 고대 그리스 시대의 철학자와 과학자들이다. 소크라테스, 플라톤, 아리스토텔레스, 피타고라스, 유클리드 그리고 조로아스터교의 창시자인 조로아스터(본명: 자라투스트라)도 그려져 있다. 이 작품은 당대 이탈리아의 최고 권력자였던 교황 율리우스 2세의 요청과 후원으로 만들어졌으며, 그는 자신이 시대를 대표하는 예술 후원자이자 인문주의자임을 세상에 알리고 싶어 했다.

마키아벨리에게 중요한 것은 책에서나 나오는 '이상적'인 국가가 아닌 현재 그가 살고 있는 혼돈의 이탈리아였다. 그는 『군주론』에 다음과 같이 썼다.

> 저는 (…) 이론이나 사변보다는 사물의 실제적인 진실에 관심을 기울이는 것
> 이 더 낫다고 생각합니다. 왜냐하면 많은 사람들이 현실 속에 결코 존재한 것으
> 로 알려지거나 목격된 적이 없는 공화국이나 군주국을 상상해 왔기 때문입니다.
> (…) 권력을 유지하고자 하는 군주는 상황의 필요에 따라서 선하지 않는 법을 배
> 워야 합니다.

　여기에 마키아벨리 정치사상의 출발점과 목표가 드러나 있다. 마키아벨리는 상상 속의 유토피아가 아닌 "실제적인 진실"에 대한 추구, 즉 '정당한 권위'나 '도덕적 선'의 문제가 아닌 권력을 획득하고 잘 유지할 수 있는 현실적인 능력을 추구한 것이다. 그리고 군주에게 그 방도를 일러 준 것이 『군주론』이라고 할 수 있다.[2] 그에게 정치사상의 필요성은 도덕(moral)이나 이상(ideal)이 아닌 권력의 획득, 유지, 팽창이라는 목적을 위한 기술(technique)의 문제였다. 마키아벨리는 말했다. "군주가 가장 명심해야 할 것은 좋은 상태로 국가를 유지하는 것이다. 그 일에 성공만 하면, 그가 쓴 수단을 누구나 훌륭하다고 생각할 것이고, 칭찬받게 될 것이다."

　그렇다면 마키아벨리는 어떻게 그러한 생각을 하게 되었을까?

2　물론 마키아벨리는 공화국을 염원하는 공화주의자였고, 『군주론』이 메디치 가문을 돕기 위한 것이 아닌 풍자하는 것이라는 일부 학자들의 주장도 있지만, 그 문제는 이 글의 주제에서 벗어나므로 언급하지 않기로 한다.

2. 마키아벨리는 왜 『군주론』을 썼나? - 그가 본 16세기 이탈리아와 군주의 모델 체사레 보르자

> "이 나라에서 정치적 연줄이 없는 우리 같은 사람들은 나 같은 지위라도 개조
> 차 짓게 할 수 없어."
>
> – 마키아벨리의 희극, 『만드라골라』 중에서

모두가 그런 것은 아니지만 수많은 예술가들과 작가들 그리고 사상가들은 위기의 순간 혹은 좌절과 고통의 순간에 인생의 역작을 남겼다. 마키아벨리도 그런 인물들 중 하나로, 그의 가장 유명한 저작 『군주론』은 그가 내적으로나 외적으로나 가장 낮은 곳에 있을 때 쓴 것이다.

마키아벨리가 살았던 15세기 말, 16세기 초의 이탈리아는 역사에서 말하는 소위 '르네상스 시대'의 절정기였다. 레오나르도 다 빈치, 미켈란젤로, 라파엘로라는 천재 예술가들이 활동했고, 가장 세속적인 교황이었던 알렉산데르 6세와 이탈리아를 통일하고자 하는 야망을 품은 그의 아들 체사레를 배출한 악명 높은 보르자(Borgia) 가문 그리고 유럽 금융의 중심부이자 예술과 문학의 수호자요 피렌체의 군주인 메디치(Medici) 가문의 영향력이 절정에 이른 시기였다. 모두 르네상스 시대의 이탈리아를 이야기할 때 빼놓을 수 없는 요소들이다. 하지만 절정기라고 해서 당시의 이탈리아가 평화와 번영만을 누린 것은 아니었다.

이탈리아가 지금은 하나의 통일된 국가지만 그것은 19세기 후반에 들어서야 이루어진 것으로, 르네상스 시대의 이탈리아는 서로마 제국 멸망 이후 여러 개의 크고 작은 도시국가로 분열되어 외세의 침략에 시달리며 끊임없이 사분오열을 반복하던 곳이었다. 하지만 작은 개개의 도시국가로 성

장했던 만큼 거대한 국가와는 다른 다양성과 자율성 그리고 융통성을 지닌 정치 체제와 사회 문화를 양산했다. 이탈리아 반도가 르네상스의 발원지가 된 것도 이러한 도시국가 체제의 영향을 받았다고 할 수 있다.

확실히 15세기 말 이탈리아 도시국가의 지도자 가문들은 자신들이 가진 부와 예술적 풍요에 자부심과 만족감을 갖고 있었다. 유럽의 금융을 좌지우지하는 메디치와 스트로치 가문이 여전히 번영하고 있었고 보티첼리, 브라만테, 레오나르도 다 빈치 같은 예술가들의 작품은 여타 유럽 국가들에 비해 문화적 우월감을 느끼게 해 주었다. 하지만 시대는 변하고 있었다. 에스파냐, 프랑스, 영국 등 주변 국가들이 중앙집권화된 근대 국가 체제를 확립해 나감에 따라, 잘게 쪼개진 이탈리아 도시국가들의 운명은 풍전등화처럼 위태로워졌다. 이탈리아사를 쓴 역사학자 크리스토퍼 듀건(Christopher Duggan)은 이 상황을 "이탈리아의 도시국가들은 국제적인 세력들이 벌이는 각축전 사이에 놓인 졸개에 불과했다"고까지 표현했다. 실제로 이탈리아 반도의 심장이자 바티칸이 있는 종교적 성지인 로마까지 에스파냐 군대에 의해 처참하게 약탈당하는 일까지 벌어졌다.

1494년 이래로 에스파냐, 프랑스, 신성 로마 제국의 잇따른 이탈리아 침공은 도시국가들의 자부심을 잠식시키고, 대신 그 자리에 불안과 공포감을 심어 주었다. 사실 다른 여타 유럽 국가들에 비해 이탈리아 도시국가들이 경제·문화적으로 발전할 수 있었던 데에는 내적 역량을 가지고 있었다는 점도 이유였지만, 외적으로는 신성 로마 제국의 무능 그리고 주변국들의 내전과 전쟁으로 인해 자신들의 독자적인 운영과 경제 활동이 방해받지 않았기 때문이었다. 대부분의 유럽 국가들이 왕과 봉건 영주들 간의 경쟁으로 취약해져 있었기 때문에 이탈리아 반도가 상대적으로 안정을 누릴 수 있었던 것이다.

┃ 갑옷 입은 카를 5세의 초상화. 그는 선대에게 물려받은 왕위 계승권과 영지 상속으로 에스파냐 왕인 동시에 신성 로마 제국의 황제가 되면서, 거의 전 유럽을 아우르는 최고 권력자로 등극했다. 카를 5세 제국의 영토는 동서로는 에스파냐에서 오스트리아까지, 남북으로는 네덜란드에서 나폴리 왕국까지 걸쳐 있었고, 해외로는 에스파냐령 아메리카에 이르렀다.

하지만 15세기 말이 되자 서유럽에서 소위 역사에서 말하는 '절대 군주정'이 출현하면서 이탈리아의 상황은 급변했다. 우선 아라곤과 카스티야 왕국이 통합되면서 에스파냐 제국의 시작을 알렸다. 16세기 초가 되면 에스파냐의 왕 카를 1세는 부모와 외조부 등으로부터 물려받은 통치권으로 신성 로마 제국 황제에 선출되면서 카를 5세가 되어 19세의 젊은 나이에 유럽의 최고 권력자로 떠오른다. 그의 영토는 동서로는 에스파냐에서 오스트리아까지, 남북으로는 네덜란드에서 나폴리까지 걸쳐 있었고, 신대륙 아메리카까지 그의 영향력 아래 있었다. 한편 잉글랜드에서는 헨리 7세에 의해 튜더왕조가 시작되어 헨리 8세, 엘리자베스 여왕으로 이어지는 영국식 절대 왕정의 기반을 갖춰 나갔고, 프랑스는 당시 유럽에서 가장 중앙집권화된 강력한 군주정을 정착시켜 이후 '태양왕' 루이 14세가 등장할 수 있는 기틀을 마련했다. 이처럼 경제력과 군사력을 갖춘 강력한 군주들의 등장은 이탈리아 도시국가들의 영토를 위협했다. 가문 단위의 부와 도시국가 단위의 군사력 그리고 문화적 역량만으로는 거대한 영토와 강력한 군사력으로 뭉친 중앙집권적 국가를 당해 낼 수 없는 시대가 온 것이다.

그렇다면 이때 마키아벨리는 무엇을 하고 있었을까? 그는 사보나롤라[3]의 실각 이후 다시 재정비된 피렌체 공화국에서 1498년, 29세라는 젊은 나이에 제 2 서기국의 서기관에 임명되었다. 이 자리는 꽤 중요하고 높은 자리여서 마키아벨리가 그렇게 젊은 나이에 임명된 것을 보면 그의 학식과 언변이 얼마나 뛰어났는지를 짐작케 한다. 하지만 그의 운명은 그가 피렌체에서 편히 국내 업무를 보도록 내버려 두지 않았다. 외교 문제를 다루는 '10인의 전쟁위원회' 임무를 맡으면서 10인을 대표해 외국을 돌며 외교 업무를 하고, 국제 정세에 대한 상세한 보고를 본국에 올리는 일을 하게 된 것이다. 1500년 7월, 프랑스 루이 12세 궁전의 사절로 가면서 이후 10년 넘게 이어진 그의 외교관 활동이 본격적으로 시작되었다. 그리고 이것은 어떻게 보면 『군주론』의 시작이었다. 그가 군주의 자질을 분석할 수 있게 된 것은 이렇게 여러 군주들을 직접 만나 본 경험이 뒷받침되었기 때문이다. 이후에도 마키아벨리는 피렌체의 외교관으로서 당대 최고의 권력자들만 만나고 다녔다. 로마에 가서 율리우스 2세를 만났고, 신성 로마 제국의 막시밀리안 황제도 만났다. 이들 모두 『군주론』에 등장한다.

---

3 지롤라모 사보나롤라(Girolamo Savonarola). 페라라 출신의 도미니크회 수도사로, 군주와 성직자들의 부패를 극렬히 비난했다. 특유의 설교 재능과 카리스마로 피렌체 사람들을 감동시켜 자기편으로 끌어들였고, 메디치가와 교황을 비난하는 등 사람들을 선동했다. 1494년 메디치가가 몰락한 후 피렌체의 지도자가 되어 도시를 이끌었다. 하지만 극단적 정책으로 인한 내부의 저항과 교황의 파문 선언에 의해 결국 1498년 실각하여 화형당했다.

▌교황 알렉산데르 6세의 아들인 체사레 보르자. 그는 타고난 재능과 아버지의 권력을 가지고 빠른 기간 안에 이탈리아의 새로운 패자로 떠올랐다. 그의 강력한 군사력과 추진력, 빠른 결단력 등은 새로운 군주상을 모색한 마키아벨리를 사로잡았다.

　마키아벨리는 프랑스 궁정에서 약 6개월간 체류하면서 강한 군사력을 갖춘 중앙집권화된 나라 앞에 피렌체의 힘은 너무나도 보잘것없다는 것을 뼈저리게 깨달았다. 프랑스에 비하면 이탈리아 도시국가들은 분열되어 있고, 군사력을 키우는 일에 게으르고, 정치 체제마저 매우 취약하며, 군주들은 결단력이 없다는 것이 여실히 드러났던 것이다. 그리고 1502년 마키아벨리는 후에 『군주론』의 모델이라고까지 평가되는 교황 알렉산데르 6세의 아들 체사레 보르자(Cesare Borgia, 1475~1507)와 만나게 된다.

　체사레는 보르자 가문이라는 좋은 혈통과 공식적으로는 결혼할 수 없는 '교황'의 아들이라는 모순적인 출생을 동시에 지닌 흥미로운 인물이었지만, 그가 그저 돈 많고 권력 있는 아버지 밑에서 호의호식만 했다면 역사에 그 이름이 등장하지 않았을 것이다. 체사레에게는 힘 있는 아버지가 있다는 태생적 운뿐만 아니라, 아버지의 힘을 유용하게 쓸 수 있는 머리와 능력,

야망까지 갖추고 있었다. 그리고 마키아벨리는 체사레의 그러한 점을 정확하게 꿰뚫어 보고 다음과 같이 평했다. "이런 점에서 보면 새로운 군주는 보르자의 행동보다 더 훌륭한 예를 찾을 수 없을 것이다."

그렇다면 마키아벨리는 체사레의 어떤 점에 깊은 인상을 받은 것일까? 그는 교황인 아버지의 전폭적인 지원과 권력을 기반으로 교회군 총사령관으로서 이탈리아 중부 지역의 로마냐를 장악하고, 피렌체가 있는 토스카나 지방까지 진출하는 등 (마키아벨리가 체사레를 만난 것도 그의 피렌체 정복을 막기 위함이었다) 그 기세를 몰아 이탈리아를 통일하겠다는 야망에 불타는 단연 눈에 띄는 떠오르는 별이었다. 체사레가 군사학적으로 얼마나 뛰어났는가에 대해서는 의문이 있지만, 그가 속임수와 기만, 정보 수집을 통한 상대방의 약점 이용 같은 방식으로 정복 전쟁에 승리한 것은 사실이었다. 그리고 마키아벨리는 이 점을 높이 평가했다. 목적의 빠른 성취를 위한 수단 선택, 필요하다면 잠재적 적과도 동맹하는 현실주의, 공공연히 암살하고 지체 없이 정적을 제거하는 대담함. 이 모든 것은 전통적인 가치와 방식을 따르는 여타의 군주들이나 지식인들에게 기이하고 비도덕적으로 비춰졌지만, 마키아벨리가 보기에 이는 체사레가 아버지의 후광 외에 그토록 빠르게 세력을 키운 독자적 방식이었고 성공의 열쇠라고 보았다. 마키아벨리는 새로 권력을 잡은 군주라면 누구나 체사레에게서 배워야 한다고까지 덧붙였다.

하지만 체사레 보르자의 상승세는 아버지 알렉산데르 6세의 죽음으로 급격한 하강곡선을 타게 된다. 알렉산데르 6세는 그의 아들이 미처 기반을 다 잡기도 전에 죽고 말았으며, 아직 아버지의 힘이 필요했던 체사레에게 이는 치명적인 타격이었다. 설상가상으로 그의 판단 착오로 아버지의 정적이었던 율리우스 2세와 손을 잡았는데, 그가 교황이 되면서 체사레의 입지는 오히려 더욱 불안해졌으며 본인도 병에 걸려 건강이 악화되었다. 1504년에는 급기야 에스파냐에서 포로 생활을 하다가, 1507년 도망쳐 처남의 나라인 나바라 공국에 몸을 의탁하던 중 전쟁터에서 사망하고 만다. 불과 31세의 나이였다.

마키아벨리는 권력의 정점에 있었고 조금만 있으면 곧 이탈리아 전체를 정복할 수도 있을 것 같았던 남자가 한순간에 몰락하는 것을 보게 되었다. 그에게 체사레는 본받을 만한 군주이지만 실패한 군주상이기도 했다. 『군주론』 마지막 장의 한 구절을 살펴보자.

> "비록 지금까지 한줄기 희미한 빛이 이탈리아의 구제를 위해 신이 정해 놓았다고 판단될 누군가에게 비쳐졌지만, 이후 그의 최고 절정기의 활약 중에 운명의 여신에 의해 거절당하는 것을 목도했다."

여기서 이탈리아 해방을 위해 신에게 선택받았지만 운명의 여신으로부터 버림받은 인물이 바로 체사레 보르자다. 마키아벨리는 『군주론』을 통해 군주가 갖추어야 할 자질과 재능을 의미하는 것으로 '비르투(virtu)'⁴라는 단어를 사용했고, 그와 함께 군주는 타고난 운, 즉 '포르투나(fortuna)'도 갖추어야 권력을 획득할 수 있을 뿐 아니라 그것을 잘 유지할 수 있다고 보았다. 이런 점에서 보면 체사레는 비르투는 갖추었지만 "운명의 여신"으로 표현된 포르투나가 부족했던 비운의 인물이었다. 이는 다음의 구절을 보면

---

4 덕(德)으로 번역되지만, 통상적인 덕과 마키아벨리가 의미하는 비르투는 다른 것이므로 원어로 표기한다.

더 명확히 드러난다. 마키아벨리는 군주의 역량만큼이나 개인의 운 또한 중요한 요소로 보았다.

> "자기 아버지가 죽으면 무슨 일이 일어날 것인가를 생각해 보았으며, 또 어떻게 사태를 수습할 것인가도 강구해 놓았노라고 보르자 대공께서는 저에게 말씀하신 바가 있습니다만, 그의 아버지가 죽으면 자기 또한 그 와중에 죽으리라는 것은 미처 생각하지 못했던 모양입니다."

체사레 보르자의 죽음으로 이탈리아의 패권은 주인을 잃고 또다시 혼돈의 소용돌이에 빠지게 된다. 이탈리아는 여전히 주변의 강대국들의 패권 다툼의 희생양 신세를 면할 수 없게 된 것이다.

그리고 1512년, 마키아벨리의 운명을 바꿀 사건이 일어난다. 에스파냐의 침략으로 마키아벨리가 몸담고 있는 공화정부가 와해되고 메디치가가 복권되면서, 겉으로는 아니지만 사실상의 메디치 군주정이 부활한 것이다. 그 결과 마키아벨리는 공직을 박탈당하고, 설상가상으로 메디치가 전복 음모에 연루되어 체포되기까지 했다. 서기관이자 외교관으로 피렌체의 정치 일선에서 활약했던 마키아벨리는 그렇게 메디치 가문의 복귀와 함께 순식간에 나락으로 떨어졌다.

이듬해 혐의를 벗고 풀려나긴 했지만, 그는 피렌체에서 추방되어 근교의 한 시골 마을에 머물러야 했다. 이제 이야기는 이 글의 처음으로 돌아간다. 한 시골 마을에서 밤마다 글을 쓰는 마흔이 넘은 초로의 남자. 바로, 공직에서 쫓겨나 복귀하고자 하는 희망을 가지고 있지만 동시에 좌절의 나날을 보내던 마키아벨리였다. 『군주론』의 근본적 서술 동기와 목적, 메디치가와 책의 연관성에 대해서는 몇 가지 다른 주장이 제시되고 있지만, 현실적으로 그가 이 책을 쓴 것은 다시 정치 일선에 복귀하고자 하는 하나의 방책이었고, 따라서 피렌체의 수장으로 복귀한 메디치가에 헌정하기 위해 책을 썼다는 데에는 모두 동의하고 있다. 이는 『군주론』의 첫머리에 쓴 '메디치 전하께 드리는 헌사'를 봐도 명백히 드러난다. 마키아벨리는 지인들을 통해서 이 책을 메디치가의 수장에게 헌정했고, 끊임없이 관리로서의 자신의 가치와 유용성을 메디치 가문에 어필하려 애썼다. 하지만 그 결과는 좋지 않았다.

『군주론』을 완성시켜 메디치가에 바친 지 3년이 흘렀고 백방으로 노력했지만 메디치는 물론 어느 누구도 마키아벨리를 관직에 불러들이지 않았다. 따라서 1516~1517년은 그에게 무척 괴로운 나날이었을 것이다. 한 예로 1516년 9월 마키아벨리가 자신의 조카에게 보낸 편지를 보면 다음과 같은 내용이 있다. "네 삼촌은 쓰라린 운명의 뜻에 따라 자신에게도, 가족과 친구들에게도 쓸모없는 인간이 되고 말았어." 그가 얼마나 자신감을 잃고 좌절해 있는지를 엿볼 수 있는 대목이다.

하지만 지금의 눈으로 역사의 흐름을 되짚어 보면 참으로 흥미롭다. 생전에 메디치가에 의해 최악의 불행을 경험한 마키아벨리가 메디치가에 바치기 위해 『군주론』을 쓰고, 또 메디치가 무시한 그 책이 그의 사후 그를 최고의 지식인으로 추앙받게 만들었으니 말이다. 그렇다면 대체 『군주론』의 무엇이 마키아벨리를 지금과 같이 평가받게 했을까? 이는 그가 이 책을 쓴 근본적 목적과 맞닿아 있다. 그가 복귀하기 위해 『군주론』을 쓴 것은 맞지만, 그것은 하나의 방법으로 이용한 것일 뿐 근저에는 그가 외교관 일을 하며 온몸으로 체감한 이탈리아의 혼란과 위기 속에 꼭 필요한 군주상을 가르침으로써 위기의 이탈리아와 피렌체를 구하고자 하는 애국심이 있었다. 그가 쫓겨나『군주론』을 쓰는 그 순간에도 피렌체는 외세의 강풍에 곧 꺼질 촛불과 같은 운명이었기 때문이다.

따라서『군주론』에는 피렌체와 이탈리아의 미래를 염려하는 마키아벨리의 진정성과 인간 사회와 정치 세계에 대한 솔직한 통찰이 담겨 있다. 만약 메디치가 1512년 복권되지 않았다면, 마키아벨리가 실직하지 않았다면 우리는『군주론』을 읽을 수 있었을까? 이러한 국가적, 개인적 위기가 마키아벨리의 정치사상을 더 현실적이고, 날카롭고, 절실하게 만든 원동력이 아니었을까?

3. '악덕 정치술'의 주창자? – 선(善)한 개인도 악(惡)한 군주가 되어야 한다

"군주된 자는, 새로 군주가 된 자는 더더욱 그렇지만, 나라를 끝까지 지키기 위해 끝까지 덕을 견지할 수 있는 일은 드물다는 것을 명심할 필요가 있다. 나라를 지키기 위해서는 신의에 어긋나는 행위도 해야 하는 경우가 있고, 자비심을 버려야 할 때도 있다. 인간성을 한쪽에 밀쳐놓고, 깊은 신앙심도 부득이 잊어야 하는 경우가 많은 법이다. (…) 또 가능하면 좋은 덕에서 벗어나지 않도록 하되, 필요하면 악덕을 행하는 것도 피해서는 안 된다."

– 마키아벨리,『군주론』중에서

사실 당시까지 마키아벨리의『군주론』처럼 바람직한 혹은 좋은 군주가 되기 위한 지침서나 권고 형식의 저작물이 없었던 것은 아니다. 하지만 마

| 1550년 판『군주론』

키아벨리의 『군주론』은 여타의 저작들과 근본적인 차이점을 가지고 있다. 첫째, 밑도 끝도 없이 교훈이나 의견만을 늘어놓은 것이 아니라, 고대 로마 시대의 역사적 사례들을 분석하여 당대의 현실과 연결시켰다는 점에 그 차이가 있다. 마키아벨리는 한니발을 비롯해 고대 로마 황제들을 성공한 자와 실패한 자로 분류하여 그들이 왜 성공하고 실패했는지를 분석하면서 군주의 자질을 설명한다. 이는 그가 존재하지도 않는 상상 속의 국가가 아닌 군주가 실제로 활동해야 하는 현실 세계에 대한 지침을 제공하고자 했음을 보여 준다. 그의 이런 의지와 함께, 그 근거를 '역사'로 돌아가 찾고 분석했다는 데에 『군주론』의 의의가 있다. 마키아벨리의 역사에 대한 정통한 지식과 현실에 기반한 실용주의적 가르침이 시대를 뛰어넘은 권위를 만들어 낸 것이다.

두 번째 차이점은 그가 의도적으로 완전히 차별화된 새로운 저작을 쓰려고 했다는 것이다. 『군주론』은 흔히 최초의 근대적 정치 논문이라고 평가된다. 그 이유는 플라톤과 같은 고대 철학자들의 이상적인 국가상을 따르지 않았고, 인간의 속성에 대해서도 어중간한 기대나 희망 없이 냉철한 시각으로 '경험'과 '현실'에 의거해 썼기 때문이다. 그리고 이 점은 마키아벨리 스스로도 『군주론』은 물론 이후에 쓴 작품에도 반복적으로 강조하는 주제 의식이었다. 『군주론』보다 더 자세하고 완벽한 정치 논문인 『로마사 논고(Discorsi sopra la prima deca di Tito Livio)』에서 그는 "새로운 길, 아직 아무도 밟지 않은 길을 찾아내기 위해서" 이 글을 쓴다고 명확히 제시했다. 그리고 이러한 길이 필요하지만 험난하다는 것도 이미 알고 있었다. "새로운 길과 방법을 찾아내는 길은 언제나 새로운 바다와 미지의 땅을 탐구하러 떠나는 만큼이나 위험하다."

그래서일까? 마키아벨리의 군주론은 당대부터 지금까지 숱한 비난을 받았다. 여기서는 그중에서 두 가지 부분을 살펴보고자 한다. 우선 '군주는 잔인해야 한다'고 말한 그의 주장은 어느 시대를 막론하고 지도자의 자질로 요구되는 덕망이나 관대함, 인자함 등과는 거리가 먼, 오히려 반대되는 주장이기 때문에 많은 비난을 받아 왔다. 그렇다면 정말 비난받을 내용인지 『군주론』의 17장 「잔인함과 관대함. 그리고 사랑받는 쪽이 두려움의 대상이 되는 쪽보다 나은가, 아니면 반대인가」의 한 부분을 살펴보자.

"체사레 보르자는 잔인하다고 인식되었다. 그럼에도 잔인함 덕분에[5] 로마냐를 화해시켜 통일하고, 그 평화로움과 충성스러움을 되찾게 했다. 그리고 이를 올바로 판단한다면, 잔인하다는 평을 피하려고 피스토이아가 붕괴되게 내버려둔 피렌체인들보다 그가 훨씬 자비로웠다고 봐야 한다. 따라서 군주는 시민을 하나로 묶고 충성스럽게 하는 한 잔인하다는 비난에 개의치 말아야 한다. 몇 가

---

5 체사레 보르자는 정복한 로마냐 지역 주민들이 자신의 심복이었던 부하를 잔인하다고 싫어하자 단번에 그를 두 동강 내어 광장에 내걸었다.

지 잔인한 사례를 보여 줌으로써, 너무 관대하게 행동하여 사회를 무질서하게 하고, 이에 따라 살인이나 도둑질이 발생하게 하는 군주보다 훨씬 관대해지기 때문이다. 살인이나 도둑질은 시민 전체를 해치기 쉽지만, 군주가 내린 명령에 따른 처형은 몇몇 개인만 해치기 때문이다."

마키아벨리는 이 외에도 몇 가지 역사적 사례를 들어 군주의 어설픈 관대함이 이후 국가 운영에 얼마나 차질을 빚는지, 군주의 잔인하지만 단호하고 빠른 결정이 이후 얼마나 좋은 결과를 낳는지를 설명한다. 그리고 21세기를 사는 우리 또한 이러한 방식이 얼마나 효과적이고 합리적인지를 알고 있다. 동양의 일벌백계(一罰百戒, 한 사람을 벌주어 백 사람을 경계함)의 의미를 여기 마키아벨리에게서 찾을 수 있는 것이다.

여기서 주의해야 할 것은, 마키아벨리가 개개인이 모든 일에 잔인할 필요가 있고 악행도 서슴지 않아야 한다고 말한 것이 아니라는 것이다. 그에게 있어 정치란 종교나 일상생활과는 분리되는 완전히 다른 영역이었고 나라의 부강과 안전을 위해 다른 원리로 운영되어야 하는 것이었다. 즉, '개인'은 도덕적이고 선하면 좋지만, '군주'는 국가와 국민을 책임지는 사람이기 때문에 필요하다면 잔인하고 악해져야 한다는 것이 그의 지론이었다. 그리고 그래야만 군주가 획득한 권력을 안정적으로 유지하고 국가를 좋은 상태로 유지할 수 있다고 보았다. 물론 그럼에도 마키아벨리의 군주론을 비판할 수는 있겠지만, 그가 잔인한 전제 군주정을 옹호하고 악덕 정치술을 폈다는 오해는 풀어야 하지 않을까?

마키아벨리의 『군주론』이 획기적인 것은 인간의 본성과 시민 개개인의 속성에 대한 환상을 여지없이 깨뜨렸다는 것이다. 그는 『군주론』에서 군주는 사랑받는 것보다 두려움의 대상이 되는 게 더 좋다고 하며 그 이유를 다음과 같이 밝혔다. "일반적으로 인간이란 은혜를 모르고 변덕스럽고 가식이 많으며 본심을 드러내지 않으며 위협을 피하고 싶어 하고, 이익이 되는 일에는 걸신이 들려 있기 때문이다." 그의 또 다른 역작 『전술론(Dellarte della guerra)』에서는 "민중은 무리를 지으면 대담한 행동이 나오고 개인일 때는 겁쟁이가 된다"고 썼다. 많은 사람들이 아마 인간에 대한 마키아벨리의 이 평가에 아니라고 확실히 반박하지 못할 것이다. 그리고 속내를 들켜 뜨끔할 수도 있다. 마키아벨리는 이처럼 인간의 본성을 선하다거나 이타적이라거나 하는 식으로 포장하지 않고, 특히 집단이 아닌 개인일 때 인간의 이기적인 속성을 여실히 드러냈다.

마키아벨리는 인간은 강제하지 않는 한 선하기보다 악하게 행동할 것이라고까지 말하면서 인간 스스로의 도덕적 우월성에 대한 허영심을 비판한다. 그렇다고 그가 소위 '성악설'을 주창한 것은 아니다. 그는 단지 그가 본 세상을 있는 그대로 묘사했을 뿐이었다. 인간의 어두운 면을 감추거나 포장하지 않고, 오히려 인정하고 드러냄으로써 그것을 극복하고 더 나은 현실을 만들기 위해서 말이다.

마키아벨리가 보기에 역사상 가장 완전함에 가까웠던 사회와 정치 체제는 카이사르에 의해 제국으로 타락하기 이전의 로마 공화정이었다. 그는 이탈리아의 현실을 비판하고, 고대 로마 공화정을 모델로 한 새로운 이탈리아 공화국이 탄생할 수 있다는 희망을 가지고 『군주론』을 썼다. 그리고 자신이 쓴 이 논문이 새로 피렌체 정계에 복귀한 메디치가에 감명을 줄 수 있을 것이라고 자신했다. 하지만 결과는 그렇지 못했다. 메디치가는 물론이요 당대의 많은 지식인들 또한 지도자가 정직하지 않아도 되고 도덕적이지 않아도 된다고 하는 마키아벨리의 이 너무나도 솔직한 정치사상을 비난하고 꺼려했다.

하지만 우리가 그의 이름을 칭송하게 된 것을 보면 정확함과 진정성이 담긴 진짜의 가치는 언젠가는 인정받게 마련이라는 것을 깨닫게 된다. 마키아벨리 평전을 쓴 마이클 화이트(Michael White)는 다음과 같이 말한다. "『군주론』에 나타난 정치 비전을 어떻게 생각하든지, 그 힘과 명료함을 부인할 수는 없다." 우리는 마키아벨리를 인정함으로써 추악하지만 더 나은 현실을 위해 한 발짝 더 다가서게 된 것이 아닐까.

4. 마키아벨리의 유산

> "군주된 자가 위대한 일을 하고 싶으면, 사람을 농락하는 수법, 곧 권모술수를
> 배울 필요가 있다."
>
> – 마키아벨리, 『전술론』 중에서

군주에게 사람을 농락하는 수법을 배우라고 권하는 사람이라니, 이 얼마나 대담하고 노골적인가. 하지만 이제 마키아벨리의 이 말이 터무니없다고 생각되지는 않을 것이다. 처음과 같은 질문을 해 보자. 군주는 반드시 선하고 도덕적이어야 하는가? 이제는 쉽게 대답할 수 없을 것이다. 물론 마키아벨리 시대의 정치 상황과 현재의 정치 상황은 너무도 다르고, 심지어 우리는 유럽에 살고 있지도 않기 때문에 『군주론』의 가르침을 곧이곧대로 따를 수는 없다. 그럼에도 21세기의 우리는 여전히 마키아벨리를 읽고 있다. 모든 고전이 그렇듯 시대를 초월한 어떠한 교훈과 가치를 담고 있기 때문일

것이다. 그 가치는 위와 같은 질문의 답에서 나오는 것이 아니라, '왜 우리가 지금도 『군주론』을 읽는가?'라는 의문에 그 가치가 있다.

　『군주론』은 인간의 내면과 정치 세계의 냉혹함과 예측 불허성을 가감 없이 분석한 작품이다. 어떻게 보면 마키아벨리는 새로운 정치사상을 만들어 낸 것이 아니라, 그동안 역사가 보여 주었던 정치적 속성을 그대로 말로 풀어내고, 그가 보아 온 도시와 국가들의 부침과 그 한가운데 있는 군주들의 태도와 행동을 있는 그대로 보여 준 것에 불과하다. 단지 그때까지 아무도 그것을 하지 못했을 뿐이다. 마키아벨리는 자신이 높이 평가한 군주인 체사레 보르자가 권력의 정점에 있

다가 순식간에 몰락하는 모습을 가까이에서 지켜보았고, 변화하고 있는 유럽의 과도기에서 자신의 조국이었던 이탈리아의 도시 국가뿐 아니라, 여러 나라의 흥망성쇠와 정치 세계의 변화무쌍한 흐름을 목격했다. 자신의 운명 또한 그러했다. 마키아벨리에게 이 세계는 아름답지만은 않았다. 오히려 추악하고 비정하며 예측 불허의 불안정한 세계였다. 따라서 마키아벨리는 현실을 직시하여 이전의 사상가들이 애써 논하기를 꺼렸던 인간

▌우피치 미술관에 있는 마키아벨리 조각상

의 도덕적이고 선한 부분 이외의 어두운 단면을 정치라는 특정 영역을 통해 과감하게, 그리고 냉정하고 합리적인 방식으로 풀어낸 선구자적 인물이라고 할 수 있다.

군주가 선하지 않아도 된다는 마키아벨리의 역설은 『리바이어던(Leviathan)』을 쓴 토마스 홉스(Thomas Hobbes, 1588~1679)로 이어져 인간 본성에 대한 체계적인 분석과 통찰이 더 확대되었다. "만인의 만인에 대한 투쟁"이라는 말로 유명한 홉스의 사회 분석은 바로 마키아벨리에게서 그 뿌리를 찾을 수 있다. 유명한 사상가인 로크, 흄 등도 모두 마키아벨리의 사상에 빚을 지고 있다고 할 수 있다. 근대 철학의 선구자였던 영국의 프랜시스 베이컨(Francis Bacon, 1561~1626)도 마키아벨리 사상을 자신의 철학에 접목시켰다. "제1원리로 되돌아가면 안정성을 유지하게 된다는 것이 물리의 법칙이다. 정치에서도 마찬가지 규칙이 적용되는데, (마키아벨리가 올바로 관찰했듯이) 국가를 파멸에서 보호하는 데는 고대의 방식으로 되돌리고 개혁하는 일보다 나은 방법이 거의 없기 때문이다."

마키아벨리는 뼛속까지 피렌체와 이탈리아를 사랑하는 애국자였다. 『군주론』이 메디치 가문에 거부당했지만, 말년에 메디치가가 그에게 『피렌체사』 집필을 의뢰하자 적은 급료에도 피렌체를 사랑하는 마음으로 다른 도시의 관직 제의를 물리치고 이 일에 몰두했다. 1527년 에스파냐의 왕이자 신성 로마 제국의 황제인 카를 5세에 의해 로마가 함락되고 메디치가가 또다시 쫓겨나자, 피렌체는 다시 공화정으로 복귀했다. 공화정에 군은 신념을 갖고 있던 마키아벨리에게 이는 더 없이 좋은 순간이었고, 새로운 공화 체제에 복직하기를 원했다. 하지만 시대는 또다시 변했고 마키아벨리는 늙었다. 젊은 공화주의자들에게 마키아벨리는 공화국의 적인 메디치 가문의 늙은 가신에 불과했던 것이다. 마키아벨리는 공화정이 된 피렌체에서 또다시 관직에 오를 수 없다는 사실에 좌절했고, 얼마 안 있어 병에 걸렸다. 그리고 끝내 회복하지 못하고 그해 6월 21일 숨을 거두었다.

어떻게 보면 마키아벨리와 메디치 가문은 참으로 악연이 아닐 수 없다. 메디치가의 복권으로 공화정 관직을 잃고, 메디치가에 헌정한 『군주론』에 의해 악평을 받았으며, 심지어 기용되지도 못하고 메디치가가 몰락한 후에도 전제정에 봉사한 인물이라는 낙인이 찍혀 끝내 관직에 복귀하지 못했으니 말이다. 체사레 보르자에게 부족했던 '포루투나'는 마키아벨리 자신에게도 없었던 것이다. 하지만 그가 자신의 삶을 억울해 하지는 않았을 것 같다. 화이트는 마키아벨리 평전 마지막에 다음과 같이 썼다. "그러나 나는 미래 세상이 자기 이름을 어떻게 생각했을지 알았다면, 니콜로 마키아벨리가 그저 어깨를 으쓱하고서 예의 웃음으로 답했으리라고 생각한다. 그는 세상의 이치를 알았으니까."

3.
막시밀리앙
드
로베스피에르

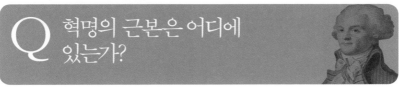

Q 혁명의 근본은 어디에 있는가?

0. 들어가며

▌ 로베스피에르의 초상

1775년 파리. 젊은 국왕 루이 16세와 왕비 마리 앙투아네트는 랭스에서 축성을 받고 파리에 입성했다. 노트르담 대성당을 출발해 또 다른 교회로 향하던 길에 국왕 일행은 루이르그랑(Louis-le-Grand) 콜레주(중등학교)에 잠시 들렀다. 새로 국왕이 된 루이 16세를 위해 이 학교의 가장 우수한 학생이 비가 퍼붓는 궂은 날씨에도 불구하고 바닥에 무릎을 대고 축사를 낭독했다. 형식상 들른 곳에

▎1775년에 그려진 젊은 루이 16세의 초상. 착한 사람이었지만 왕으로서의 자질은 전혀 없는 인물로, 프랑스 혁명으로 처형당한 비운의 왕이다.

▎마리 앙투아네트. 루이 16세의 왕비로, 대관식 날의 모습이다. 남편이 처형당한 다음 해에 처형되었다. 사치와 향락적 생활로 왕실 재정을 파탄시키는 데 한몫했다.

서의 형식상의 축사, 거기다 안 좋은 날씨. 국왕 부부는 별다른 반응을 보이지 않고, 축사를 한 소년에게 어떤 치하의 말도 하지 않은 채 마차를 타고 그곳을 떠났다. 21세의 젊은 국왕과 20세의 더 젊은 왕비는 그들이 별 관심을 두지 않았던, 이 축사를 읽은 학생이 훗날 자신들을 단두대로 보낼 인물이라는 것을 감히 상상이나 했을까? 왕실장학금을 받고 학교를 다니고 있던 이 우수한 17세의 학생은, 바로 프랑스 혁명기의 정치가이자 공포 정치의 주역이 될 막시밀리앙 드 로베스피에르였다.

프랑스 혁명은 유럽사의 매우 중요한 분기점이다. 그 목적과 정신이 현세계의 문제의식에 비추어도 그 유효성과 세련미를 잃지 않을 정도로, 유럽의 '근대성'을 확립시킨 매우 중요한 역사적 사건이었다. 영화 「300」에서 스파르타인들이 그토록 부르짖던 자유를 표방한 고대 그리스 세계의 '민주주의'라는 유럽 정치 체제의 뿌리는 1789년 7월 14일, 파리 민중들의 바스티유 감옥 함락이라는 상징적인 사건으로 그 거대한 막을 올린 프랑스 혁명을 통해 찬란한 꽃을 피웠다. 19세기 이래로 많은 유럽 국가들이 내걸은 자유와 평등의 정신과 공화제와 민주제라는 근대적 정치 체제는, 모두 프랑스 혁명에 엄청난 빚을 지고 있다고 할 수 있다. 프랑스 혁명의 영향을 직접적으로 받지 않은 우리도 20세기 이후 서구의 정치 체제를 받아들이면서 이 혁명의 역사적 중요성을 배우고 있다.

우리는 이 혁명의 중요성을 로베스피에르라는 인물의 질문을 통해 살펴보고자 한다. 혁명에 임하는 그의 자세와 의문 그리고 그 해답은 늘 한결같았다. 로베스피에르는 항상 진정성 있게 혁명의 주체에 대해 생각했고, 그 주체는 늘 프랑스 국민의 대다수를 차지하는 민중이었다. 그리고 자유와 평등이라는 혁명의 정신을 정착시키고, 구체제를 뿌리 뽑아 혁명을 완수하는 유일한 방법은 민중과 손을 잡아 그들의 힘으로 이루는 것이라고 생각했다. 그에게 계급적 차별과 '어리석고 무식한' 민중의 배제는 혁명에 대한 배신이자, 실패의 지름길이었다.

1. 왜 로베스피에르인가?

사실 프랑스 혁명에 대해 정확한 내용은 몰라도, 전후에 전개된 극적이고 드라마틱한 장면들이 소설화되거나 영화화된 덕분에 당시의 역사적 인물들 중 몇몇은 대중에게 많이 알려져 있다. 특히 국내에서도 일본 만화

『베르사이유의 장미』가 공전의 히트를 치면서 프랑스 혁명이라는 역사적 사건이 또 다른 차원에서 대중에게 각인되었다. 혁명의 과정에서 처형당한 루이 16세의 왕비 마리 앙투아네트는 유럽사에서 가장 유명한 왕비로 등극했다. 그리고 혁명을 이끈 유명한 사상가이자 정치가들이 사람들에게 깊은 인상을 남겼다. 귀족이면서도 제3신분의 편에서 초반 혁명 정국을 주도했던 웅변가 미라보 백작(Honoré-Gabriel Riqueti, Comte de Mirabeau, 1749~1791), 혁명 화가이자 후에 나폴레옹의 전속 화가가 된 다비드의 그림 「마라의 죽음」으로 우리에게 더 극적으로 다가오는, 암살당한 혁명의 화신 장 폴 마라(Jean-Paul Marat, 1743~1793), 그리고 대담한 기질을 가지고 혁명을 주도했지만 산악파의 공포 정치에 반대해 사형당한 조르주 자크 당통(Georges Jacques Danton, 1759~1794)까지. 하지만 우리의 주인공은 이들 중 누구도 아닌, 바로 로베스피에르다.

로베스피에르 또한 혁명의 주요 인물이지만 알려진 다른 혁명가들에 비해 그 존재감이 다소 적은 것이 사실이다. 그는 미라보처럼 뛰어난 웅변가도 아니었고, 마라처럼 열정적인 혁명가의 이미지도 아니었으며, 당통처럼 무게감 있는 정치가도 아니었다. 심지어 이들처럼 사람들의 흥미를 끌 만한 개인사도 없었고, 죽음의 순간을 제외하면 인생의 극적인 반전도 없는 인물이었다. 그에겐 공포 정치의 주범으로 수많은 사람들을 단두대로 보낸 냉혹한 정치가이자 자신 또한 그 단두대의 희생물이 된 '실패한' 정치가라는 꼬리표가 붙어 있다.

그렇다면 프랑스 혁명의 수많은 주역들을 놔두고 왜 하필 로베스피에르인가? 1789년 7월의 사건 이후, 초기 단계였던 처음 5년은 혁명의 주체와 성격을 규정하고 향후 정국의 방향을 결정지은 매우 중요한 시기였다. 그리고 위에 언급된 인물들 중 이 중요한 시기를 모두 겪은 사람이 1794년 7월 까지 살아남았던 로베스피에르였다. 미라보도 마라도 당통도 프랑스 혁명 의 주요한 분기점을 보지 못하고 죽었다. 고스란히 초반 5년의 혁명을 겪은 것이 바로 로베스피에르였다. 그리고 그는 그의 반대파에 의해 1794년 7월, 일명 '테르미도르의 반동'이라 불리는 사건으로 처형당해 혁명의 무대에서 퇴장당한다. 혁명이 시작되고 정확히 5년 후의 일이었다.

이 테르미도르의 반동은 로베스피에르와 그 일파를 제거하기 위해 일어 난 사건이었다. 그리고 이 사건을 기점으로 프랑스 혁명의 궤도는 크게 변 경되었다. 이것이 로베스피에르의 질문이 혁명에서 중요한 이유이다. 그의 죽음으로 인해, 과격하고 극단적인 방법들이 동원되긴 했지만 민중들의 진 정한 자유와 정치적 평등 그리고 경제적 기회를 실현하기 위해 노력했던 혁명의 방향성이 급격히 반대로 선회했다. 혁명의 걸출한 지도자들은 로베 스피에르를 마지막으로 모두 사망했고, 남은 것은 호시탐탐 왕정 부활을 노리는 왕당파와 부유한 부르주아 기회주의자들 그리고 대유럽 혁명전쟁 으로 세력이 커진 군부뿐이었다. 따라서 1799년, '브뤼메르 18일'의 쿠데타 로 정권을 잡은 나폴레옹 보나파르트의 등장은 어찌 보면 일어날 일이 결 국 일어난 것이었다. 우리가 알고 있다시피 나폴레옹은 초심을 잃고 혁명 의 시계를 되돌려 무려 '황제'가 되었다. 많은 피를 흘렸던 혁명 초기 5년간 의 정치적 부침들은 로베스피에르의 죽음을 계기로 또다시 5년이 흐른 후 결국 '황제 나폴레옹'으로 귀결된 것이다.

로베스피에르에 대한 무한한 애정을 가지고 그의 평전을 쓴 역사학자이 자 전기 작가 장 마생(Jean Massin)은 다음과 같이 말한다. "로베스피에르의 죽음과 함께 혁명의 기세가 대번에 꺾여 버렸다면 그가 그토록 하찮은 인물이었다고 말할 수 있을까? 차라리 그가 인간 이상의 존재이며 대혁명의 힘이었고, 탄생하고 있던 국민의 전진 자체가 그에게서 구현된 것이나 마찬가지였다고 결론지어야 하지 않을까?"

이처럼 그의 죽음으로 혁명의 기세가 꺾인 것은 로베스피에르만큼 민중을 생각하고 또한 민중의 사랑을 받았던 인물은 없었기 때문이다. 특출한 언변도, 우렁찬 목소리도, 강력한 배경도 없었던 그가 의회의 주요 인물로 떠오른 것은 그가 가장 낮은 자리에 있는 민중의 지지를 얻었기 때문이었다. 마생은 그의 책에서 로베스피에르가 얼마나 민중의 사랑을 받았는지를 수많은 편지들과 증언 그리고 그의 연설에 대한 청중들의 반응을 통해 조금이나마 입증하고자 했다. 일신의 부귀영화는 그의 관심사가 전혀 아니었다. 그는 민중에 의한, 민중을 위한 혁명 정신의 실현만이 혁명을 궁극적으로 성공시킬 수 있다고 믿었다. 반면 그의 반대파들은 봉기와 학살을 주도하는 과격하고 무지한 민중들을 혐오했으며, 자신들의 이익을 그들과 나눠야 한다는 것에 극렬히 반대했다. 따라서 그러한 민중의 정치적 평등과 경제적 기회를 주장했던 로베스피에르를 실각시킬 수밖에 없었고, 그의 죽음 이후 민중은 더 이상 혁명의 주인공이 될 수 없었던 것이다.

보통 선거권으로 대표되는 현대 민주주의 체제 확립에서 증명되듯이, 절대 다수를 차지하는 이 민중의 힘을 누구보다도 잘 알고 있었던 정치가였다는 점에서 로베스피에르가 우리에게 주는 현재적 의의는 결코 빛이 바래지 않았다. 따라서 그의 질문은 여전히 우리에게 유효하다. '혁명의 근본은 어디에 있는가?'

2. 아라스의 변호사, 민중을 위한 정치의 시작

> "나는 특권적 원로원과 독재자의 채찍 아래 굴종하는 타락한 민중보다는 민중을 대표하는 의회와 국왕과 더불어 자유롭고 존경받는 시민들을 더 보고 싶다. 나는 찰스 1세뿐 아니라 크롬웰1도 원치 않는다. 중요한 사회적 문제의 해결책이 공화국이나 군주정과 같은 단어들 안에 있는 것인가?"
>
> — 로베스피에르, 라파예트2 후작의 공화국 요구를 반대하고
> 루이 16세의 재판을 요구하면서

1789년 5월, 루이 16세가 바닥난 국가 재정 문제를 해결하기 위해 제3신분인 평민 대표까지 모이는 삼부회를 소집하면서 프랑스 혁명의 불꽃이 시작되었다. 새로운 시대의 요구에 유연하게 대처하지 못했던, 사람은 좋지만 무능했던 루이 16세와 자신의 기득권을 끝끝내 나눠 갖길 거부한 귀족들의 특권의식과 완고한 태도는 결국 평민 대표들의 강한 개혁 의지를 자극했다. 그리고 국가적 흉년으로 인한 식량난과 수도 파리의 빈곤화는 삼부회에 평민 신분으로 참석한 부르주아나 지식인들뿐 아니라 인구의 대다수인 가난한 민중들의 분노까지 자극했다. 그리고 7월 14일, 더 이상 참지 못한 파리의 시민들은 직접 무기를 들고 바스티유를 함락한다. 이 과정에서 미라보 백작과 라파예트 후작과 같은 일부 귀족들이 제3신분의 편에 서면서 혁명은 그 기세를 더해 갔다. 8월 26일, 그 유명한 '인간과 시민의 권리 선언'이 채택되면서 프랑스 혁명의 정신과 목표가 공식화되었다. 로베스피

---

1 청교도 혁명으로 공화정을 수립한 영국의 군인이며 정치가(1599~1658년).
2 프랑스의 정치가, 혁명가, 군인(1757~1834). 미국의 독립 전쟁이 일어나자 독립군에 참가했고 삼부회 소집의 주창자가 되었다.

▮ 1789년에 국민의회에 의해 발표된 '인간과 시민의 권리 선언문'. 천부인권과 언론의 자유, 법치주의와 같은 근대 시민민주주의의 기틀이 되는 내용이 담긴 선언문으로, 총 17조로 이루어져 있다.

에르가 역사에 등장한 것은 바로 혁명의 싹이 튼 삼부회에 프랑스 북부 아르투아 지역의 제3신분 대표로 참석하면서부터다.

막시밀리앙 드 로베스피에르는 1758년, 아라스(Arras)에서 변호사 집안의 장남으로 태어났다. 귀족은 아니었지만 대대로 법조계에 종사하는 전문직을 가진 평민 집안으로, 로베스피에르의 아버지도 변호사였다. 따라서 그가 태어났을 때 그의 집안 환경은 매우 좋은 편이었다. 전문직을 가진 아버지 덕분에 넉넉한 가정에서 자랐던 것이다. 하지만 얼마 지나지 않아 로베스피에르의 향후 인생의 방향을 바꿀 사건이 일어난다. 바로 어머니의 죽음이었다. 그가 겨우 여섯 살 때, 어머니가 출산 중 사산하면서 세상을 뜬 것이다. 문제는 집안을 책임지는 가장이던 아버지가 아내의 죽음을 받아들이지 못했기 때문이었는지 아이들을 돌보지 않고 방랑을 시작했던 것이다. 4남매의 맏이가 여섯 살인 로베스피에르였으니 아버지가 가출을 반복하며 집에 들어오지 않고 수입원이 끊기자 외조부와 이모들이 아이들을 맡아 키울 수밖에 없었다. 뜻밖의 가난이 시작된 것이었다.

이런 어려운 환경 때문이었는지 로베스피에르는 가장의 책임을 느끼며 어린 나이에 이미 조숙해질 수밖에 없었고, 그만큼 고독하고 조용한 아이가 되었다. 하지만 학업에 소질을 보여 학교에 들어가자마자 뛰어난 성적으로 두각을 나타냈다. 그리고 열한 살이었던 1769년, 장학금을 받고 명문 학교였던 루이르그랑(Louis-le-Grand) 콜레주에 5학년으로 입학했다. 그는 졸업할 때까지 12년간 이 학교에 다니게 되는데, 그가 왕에게 대표로 축사를 낭독할 만큼 우수한 학생이었다는 것을 제외하고는 청소년기에 이렇다 할 일화나 동급생들의 제보가 없다는 것은 조금 의아한 일이라고 할 수 있다. 후에 혁명의 한복판에서 활동한 유명 인사들이 그의 동급생이거나 후배였는데 로베스피에르만큼 유명한 인물의 학창 시절에 대해 아무런 언급이 없었던 것이다.

물론 역사가들은 그 이유를 알고 있다. 그 이유는 단지 로베스피에르가 조용한 학생이어서 눈에 띄지 않은 것이 아니라, 그가 너무 가난했기 때문이었다! 혁명 전 구체제 시기의 이 학교는 한마디로 부유한 부르주아나 귀족의 자제들이 다니는 명문 학교였다. 변호사 집안이라고는 하지만 지방의 이름 없는 가문, 게다가 그마저도 몰락해서 장학금을 받지 않으면 학교에 다닐 수 없는 장학생이었던 로베스피에르는 돈 많고 소위 혈통 좋은 학생들 사이에서 어떤 존재감도 발할 수 없었다. 그때는 그런 시대였다. 그가 겪은 가난이 어느 정도였냐 하면, 말 그대로 '찢어지게 가난한' 학생이었다.

입고 나갈 옷이 없어 외출할 수 없었다고 하니 상상이 되는가? 그나마 그의 학창 시절에 대한 목격담은 '그때부터 뚝심이 있었다'라든지 '날카롭고 리더십이 있었다'라는 등의 우리가 기대하는 이야기가 아닌, 그가 찢어진 옷과 해진 신발을 걸치고 다니는 모습이 여러 차례 목격되었다는 것뿐이다.

로베스피에르가 청소년 시절 겪은 이 같은 극심한 가난은 구체제의 불합리하고 불평등한 사회 문제를 온몸으로 체감하는 계기가 되었을 것이다. 게다가 그는 배우기까지 한 지식인이었으니 그의 머릿속에 얼마나 많은 생각들이 있었는지 추측이 가능하다. 그가 가장 존경한 인물은 계몽사상가인 장 자크 루소였다. 로베스피에르 전기 작가 마생은 다음과 같이 썼다. "그러나 이 부르주아[로베스피에르]는 바지가 없어 방에 갇혀 있어야만 했던 때가 있었다. 미라보 백작도, 라파예트 후작도 결코 이런 경험을 하지 않았으며 바르나브, 롤랑 또는 당통3도 마찬가지였다."

1781년, 법학을 전공한 로베스피에르는 학교를 졸업하고, 고향 아라스로 내려가 아르투아 주(州) 재판소의 변호사가 되었다. 이후 7년간 그가 삼부회 대표로 정계에 진출하기까지 그의 삶은 비교적 평온하고 평범했다. 아마 루이 16세가 삼부회를 소집하지 않고 혁명이 발발하지 않았다면 그는 아라스의 명사 변호사로 평범하게 늙었을지도 모른다. 앞서 로베스피에르가 겪은 가난 때문에 그가 많은 생각을 했을 것이라고 했지만, 공포 정치의 주역이 된 그에게 기대할 수도 있는 왕정과 귀족에 대한 격렬한 반감과 사회에 대한 복수심에 불타는 청년의 모습은 의외로 없었다. 그는 안정된 직업을 갖고 가족들을 부양하고, 지방의 사교계에 나가 문학 클럽에서 활동

---

3 거론한 인물 모두 혁명 초 제 3신분의 편에서 혁명을 주도한 인물들이다.

하는 평범한 부르주아 청년이 되었다. 그가 그 지역의 명사가 된 것은 이러한 사교계와 문학 활동 덕분이었다.

하지만 가난의 부조리를 경험하고 계몽주의자 루소를 존경한 이 젊은 변호사는 그의 본업에서 그의 진보적인 사상의 영향을 보여 준다. 그는 여러 소송에서 종교적 권위를 등에 업은 불합리한 사건들에서 승소하면서 유명 인사가 되었다. 이때부터 로베스피에르가 민심을 중시 여겨 여론을 이용하여 승기를 잡는 모습들이 보인다. 권위나 관습에 굴하지 않고 이성과 논리로 무장한 그의 변호와 대중을 노린 인쇄물로 인해 그의 명성은 날로 높아져 갔다. 그의 명성은 순전히 가난하고 불행한, 즉 사회의 가장 낮은 위치에 있는 사람들을 위해 싸우는 것에서 비롯되었다. 대중 사이에서는 그의 인기가 높아졌지만, 반대로 기득권층에게 그의 행보는 눈엣가시였다. 따라서 법원을 비롯한 소위 높은 분들의 압력에 의해 1788년 그가 맡은 소송은 10건에 불과했다. 아르투아의 재판소장은 의도적으로 로베스피에르를 배제하려고 했다.

1789년 로베스피에르가 발표한 글의 일부를 살펴보자.

"우리 주의 도시와 농촌에 사는 사람들의 절대 다수는 빈곤으로 최악의 비참한 상태로 전락했다. 그 상태에서 인간은 삶을 유지하는 데 필요한 고된 노동으로 완전히 소진해 자신이 처한 불행의 원인을 숙고할 수도, 자연이 그에게 준 권리들을 인식할 수도 없다. (⋯) 민중의 모든 적들이 매우 대담하게 인류를 조롱하는 데 반해, 나는 민중의 권리를 주장하는 데 필요한 용기도 지니고 있지 못하다! 진리의 목소리가 정력적으로 울려 퍼질 수 있는 수백 년 만에 온 절호의 순간[삼부회 개최]에 나는 그들 앞에서 비겁한 미소만 짓고 있다."

가난하고 배우지 못한 민중의 문제점과 그 원인을 정확히 지적하면서, 그런 상황을 타개하기 위한 행동을 하지 못하고 있는 자신을 질책하고 있는 이 글은 로베스피에르가 사람들에게 그렇게 인기 있었던 이유를 알려준다. 그가 말하고 있는 것은 매우 현실적인 문제들이며, 그 해결은 민중 대다수에게 꼭 필요한 것이고, 자신은 그것을 위해 가장 먼저 희생할 준비가 되어 있음을 알 수 있기 때문이다.

그리고 1789년 4월 26일, 로베스피에르는 삼부회를 위한 아르투아 제3신분 대표로 선출되었다. 그는 이제 곧 파리로 가게 될 것이고, 삼부회에 참석하여 혁명의 과정에 첫 발을 내딛게 될 것이며, 7월 14일에는 역사적인 민중 봉기를 코앞에서 보게 될 것이었다. 그의 나이 31세였고, 이제 혁명에 뛰어든 그에게 남은 삶은 고작 5년에 불과했다.

3. 민중에 의한, 민중을 위한, 민중의 혁명을 그리다

제3신분 대표들의 '국민의회' 선언과 바스티유 함락, '인권선언'의 공표와 민중들과 국민방위대의 진격으로 인한 국왕 일가의 베르사이유로부터 튈르리궁으로의 퇴거까지. 1789년의 혁명은 숨 가쁘게 사건을 이어나갔다. 하지만 이때까지 로베스피에르는 그다지 눈에 띄는 인물이 아니었다. 초반 혁명 정국을 주도한 것은 귀족 출신인 미라보와 라파예트였다. 이제 세상은 바뀌었다. 루이 16세의 권위가 땅에 떨어졌고, 이제 '태양왕 루이 14세'로 상징되는 프랑스의 절대왕정은 프랑스 정치에서 다시는 찾아볼 수 없게 되었다. 따라서 구체제와는 다른 방식의 정치 구조가 필요했고, 여기서 혁명 세력들이 몇 개의 분파로 갈리게 된다. 영국처럼 의회와 왕권이 양립하는 입

초기 혁명 정국의 거두였던 미라보 백작. 귀족 출신이지만 제 3신분 대표로 나서 대중의 지지를 받았다. 하지만 갑작스레 사망하였으며, 사후 그가 왕실과 내통하고 있었다는 사실이 밝혀져 그의 혁명가로서의 명성이 퇴색되었다.

헌군주제라는 온건한 개혁에서부터 왕정 폐지와 시민들의 보통 선거권 보장이라는 강경한 개혁안까지, 혁명을 이끈 제 3신분 세력은 각자의 정치 성향과 이념에 따라 갈라졌다. 이제 혁명 안의 또 다른 혁명이 시작된 것이다.

미라보와 라파예트는 이제 확실히 입헌군주제를 추구하는 온건 우파4로서의 위치를 확실히 했고, 이것은 민중들의 권리와는 매우 동떨어진 방향이었다. 이 우파에게 무지몽매한 민중은 개혁의 대상이 아니었고, 그들은 부르주아 계급의 정치·경제 활동의 확대를 보장받고 기존의 신분 질서가 크게 깨지지 않는 것을 원했다. 이들은 자신들의 권리를 위해 개혁의 칼을 빼들기는 했지만 예상 외로 격렬해진 민중의 개혁 의지가 두려웠던 것이

---

4 정치에서 사용하는 우파와 좌파라는 말은 프랑스 혁명 과정에서 나온 말이다. 제헌의회에서 왕의 법제정 거부권을 주느냐 마느냐 하는 문제로 투표했을 때 삼부회 의원들의 수가 너무 많아 좌우로 나누어 찬성과 반대를 구분했는데, 왕의 거부권에 찬성하는 사람이 오른쪽, 반대하는 사람이 왼쪽에 섰다. 이때부터 보수 성향을 우파, 진보와 급진적 개혁 성향을 좌파라고 불렀다. 오늘날 우리나라에서 쓰이는 우파와 좌파는 유사하지만 다른 정치적 의미까지 덧씌워져 원래의 의미와는 조금 달라졌다고 볼 수 있다.

다. 즉, 그들은 세상이 완전히 뒤바뀌는 것은 원치 않았다. 이러한 다소 이기적인 의도는 비슷한 노선을 달린 미라보와 라파예트가 그다지 사이가 좋지 않았고 서로 주도권을 잡기 위해 경쟁했다는 것에서도 알 수 있다.

그러나 로베스피에르는 이 혁명의 힘이 어디에서 나오는지 알고 있었다. 바로 바스티유로 진격하여 혁명의 불꽃을 터뜨린 민중들이라는 것을 말이다. 그는 새로운 프랑스의 헌법을 만들기 위해 모인 제헌의회에서 이미 노선이 갈린 미라보와 격돌하면서 민중의 편에 서 있는 급진적 개혁가라는 자신의 위치를 확고히 했다. 강직하게 옳은 소리를 하며 굽히지 않고, 민중의 이익을 대변하는 로베스피에르의 인기는 날이 갈수록 높아졌고, 미라보도 이런 로베스피에르의 행보를 경계하기 시작했다. 사실 미라보는 이미 왕과 왕당파와 내통하면서 입헌군주제를 위한 보수 노선을 걷고 있었다. 그러나 1791년 4월, 이 희대의 정치가는 갑작스레 사망하며 혁명의 본격적 전개도, 그의 정치적 구상도 완전히 펼치지 못한 채 주요 인물 중 가장 먼저 역사의 무대에서 사라졌다. 하지만 그의 이름은 센 강의 다리 이름으로 지금까지도 불리고 있다. 아폴리네르의 시 제목으로도 유명한 '미라보 다리'는 바로 미라보 백작의 이름에서 따온 것이다.

국민의회에서 이어진 제헌의회는 1791년 9월, 새로운 프랑스를 위한 헌법을 제정했다. 가장 두드러진 것은 프랑스 왕은 더 이상 '신의 은총에 의한 법 위의 왕'이 아니라 '국가의 헌법에 의한 프랑스 국민의 왕'으로 바뀌었다. 봉건적 제도들의 철폐는 물론이고, 루이 14세가 말한 것처럼 "짐이 곧 국가"가 아닌 국가의 주인은 "국민"이 되었다. 왕은 신성불가침이 아닌 헌법에 종속되었으며, 헌법에 선서해야 했다. 입법 기관은 국가 최고 기관이 되었고, 이제 삼부회의 대표들로 이루어진 제헌의회가 물러나고 새로 투표를 통해, 입법의회가 구성되었다. 아직 왕은 존재했지만 프랑스는 더 이상 전제정이 아니었다. 이제 시대의 흐름은 돌이킬 수 없는 단계에 이르렀다.

새로운 의회의 정치적 파벌의 구성은 다음과 같았다. 라파예트가 속한 우익의 푀양파가 264명, 로베스피에르가 속해 있는 좌익의 자코뱅파가 136명 그리고 중립 세력이 345명이었다. 그리고 각 당파 안에서도 성향에 따라 파벌이 갈렸다. 개혁파인 자코뱅 안에서도 온건파와 철저한 개혁을 원하는 민주파로 나뉘었고, 로베스피에르는 후자에 속했다.5 여하튼 입법의회의 정국은 보수 세력인 푀양파가 잡고 있었다. 하지만 이 정부는 정권을 뒤바꿀 거대한 위협과 맞닥뜨렸다. 바로 전쟁이었다.

프랑스 혁명은 프랑스만의 문제가 아니었다. 전제 왕정을 뒤엎고 계급적 특권을 철폐하고, 정치적 평등과 자유를 표방한 프랑스 혁명의 이념과 움직임은 전제정이었던 주변 국가들에게 매우 위협적으로 다가왔다. 실제로 유럽의 많은 지식인들과 젊은 개혁가들은 프랑스 혁명 소식에 들떴고, 새로운 이념과 국가에 대한 생각이 전 유럽에 빠르게 번져 나갔다. 하지만 지배자들에게 이런 상황은 나라의 기본 질서를 뒤흔들고 심지어 자신들의 목숨마저 위협할 수 있는 상황이었다. 따라서 오스트리아와 프로이센 같은 인접 국가들은 망명한 프랑스 왕족과 왕당파와 협력하여 국경 지대에 군대를 집결시켜 혁명 정부를 위협하기에 이르렀다.

프로이센과 마리 앙투아네트의 오빠인 오스트리아의 레오폴트 2세가 사실상의 선전포고까지 한 상태에서, 이제 프랑스도 전쟁을 하느냐 마느냐를 결정해야 했다. 이 논의에서도 각 정당들은 각자의 이해관계를 가지고

---

5 하지만 로베스피에르는 입법의회의 의원은 아니었다. 연임의 폐해를 막기 위해 제헌의회 의원들은 입법의회에 진출할 수 없었다.

격돌하게 된다. 우선 로베스피에르는 초반에는 반혁명을 강요하는 전쟁에 맞서야함을 피력하면서 전쟁 찬성 쪽에 손을 들었다. 이는 소위 파리의 '애국파'들의 열렬한 지지를 얻었지만 그는 곧 자신의 주장을 철회하고 반전론을 주장한다. 그 이유는 전쟁 찬성론자들, 즉 우익의 푀양파와 라파예트와 같은 군인, 루이 16세의 전쟁 찬성에 숨은 함정을 감지했기 때문이었다. 즉, 자코뱅의 소수 로베스피에르파를 제외하고 모두가 전쟁을 찬성했다. 우선 푀양파는 전쟁의 승리를 낙관하여 프랑스가 쳐들어가기만 하면 적국의 국민들이 전제정에 반대하는 봉기를 일으킬 것이라고 예상했고, 같은 우익이지만 군부였던 라파예트는 전쟁을 통해 권력의 중심을 자신에게 이동시키고 싶어 했다. 전쟁이 나면 자신들이 실권을 쥐고, 승리하면 독재권을 행사할 생각이었던 것이다. 반면, 루이 16세는 전쟁을 해서 프랑스가 지는 것이 최고의 시나리오였을 것이다. 그래야만 외국의 무력 간섭을 통해 왕권을 돌려받을 수 있다고 생각했던 것이다.

로베스피에르는 전쟁 찬반 논쟁에서 다음과 같이 말했다.

"자유로운 사람들 또는 자유롭기를 원하는 사람들은 그러한 대의가 제공하는 모든 능력을 언제 발휘할 수 있습니까? 바로 그들이 자기 땅에서, 자기 고향을 위해 동료 시민들, 아내와 아이들 앞에서 싸울 때입니다. 바로 그럴 때 모든 지휘관은 동료 시민들이 보는 앞에서 싸워야 하므로 시민들을 배신할 수 없고, 만약 배신한다면 처벌을 면할 수 없습니다. 그러나 조국의 시선이 미치지 않는 곳에서, 낯선 나라에서 전쟁을 수행하면 이 모든 장점들은 사라질 것이고 가장 자유로운 땅은 가장 불길하고 가장 음험한 술책에 노출될 것입니다. 그때 국가의 운명은 자신을 위해 싸우는 국민 전체가 아니라 하나의 군대, 한 명의 장군의 손아귀에 떨어질 것입니다."

훗날 벌어질 일들을 생각해 보면 로베스피에르의 이 말은 뛰어난 선견지명이 아닐 수 없다. 그는 전쟁을 통해 권력을 잡은 자는 필연적으로 혁명을 실패시킬 것이라고 보았으며, 현 프랑스군의 상태로는 전쟁에서 이길 수도 없다고 보았다. 실제로 전쟁이 일어나고 라파예트가 이끄는 프랑스군은 초반 패배를 거듭했고, 라파예트가 정권을 잡으려다 실패하자 조국을 배신하고 오스트리아로 도망가는 사태가 벌어졌다. 또한 대유럽 전쟁이 지속되면서 군부의 실력자가 등장했고, 그 인물이 바로 그 유명한 나폴레옹이었다. 로베스피에르의 말대로 "국가의 운명"이 "한 명의 장군의 손아귀에 떨어"진 것이다. 하지만 이것은 좀 더 나중의 일이다.

로베스피에르의 반대에도 불구하고 찬성파로 의견이 모아져 프랑스는 오스트리아에 선전포고를 하고 전쟁을 시작했다. 하지만 프랑스군은 반프랑스 연합군에 패퇴를 거듭했고, 그와 더불어 물가 폭등과 식량난이 더해지면서 민심은 더욱 흉흉해졌다. 그리고 오스트리아군이 드디어 프랑스 국경을 넘는 사태가 벌어지면서 푀양 내각은 패전의 책임을 지고 총사퇴하기에 이르렀다. 더불어 루이 16세에 대한 프랑스 국민의 불신과 분노는 갈수록 심해졌다. 한편 로베스피에르는 푀양 내각이 사퇴하자, 그들이 주도했던 입법의회의 해산과 국민공회의 소집을 요구했고, 새 선거에서는 재산의 유무로 선거권을 결정하는 능동 시민과 수동 시민의 구별을 없앨 것을 주장했다. 이처럼 그는 왕과 결탁한 우익 푀양파를 비판하면서, 국민의 정치적 평등을 실현하기 위한, 즉 보통 선거권 확립을 위해 싸웠다. 그리고 1792년 7월 29일, 그는 왕을 폐위하고 보통 선거로 공화정을 수립하자는 내용의 연설을 한다.

그러던 중 루이 16세에게 결정적인 타격을 주는 사건이 일어났다. 프로이센 군사령관 브룬스비크가 루이 16세에 반대하거나 왕에게 해를 입히면 파리를 박살내겠다고 한 성명이 보도된 것이다. 이는 공화주의자들과 급진 개혁파에게 왕의 국가에 대한 적대 행위와 반혁명의 행위를 여실히 드러내 주는 증거였다. 왕의 어떤 변명도 이제는 소용이 없었다. 파리 48개 구의회들이 즉시 왕의 퇴위를 요구하는 진정서를 의회에 보냈고, 8월 9일 자정까지 왕의 폐위를 결정하지 않으면 튈르리 궁을 공격하겠다는 최후통첩을 보냈다. 결국 8월 9일 자정에 무장한 국민방위대와 시민들이 일제히 봉기했고, 10일 튈르리 궁을 습격했다. 봉기한 시민들과 방어한 용병들을 포함해 모두 1천3백 명의 사망자가 나왔다. 루이 16세 일가는 탕플 감옥에 유폐되었다.

이 일로 파리 시의회, 즉 파리코뮌이 실권을 잡게 되었고, 이 파리코뮌의 중심에는 로베스피에르가 있었다. 의회는 이들의 요구대로 왕권의 일시 정지와 보통 선거에 의한 새 국회인 국민공회의 소집을 가결했다. 이제 왕권은 명목상으로는 잠정적 정지였지만 결국 영영 폐지될 운명이었다. 라파예트도 이 8월 10일의 봉기에 반격하려다 실패해 도주했다. 이제 입헌군주 체제로 혁명을 성취하려던 세력은 라파예트를 마지막으로 모두 혁명의 무대에서 사라졌다. 1년 전 바스티유 함락 때와 마찬가지로 이번 봉기의 주역도 부르주아가 아닌 파리의 가난한 민중들이었다. 민중의 요구에 귀 기울이지 않는 혁명은 과격해질 수밖에 없었다. 자코뱅 내의 온건파인 지롱드파가 마라와 같은 과격파나 급진적 개혁가인 로베스피에르의 행보를 경계하고 있는 만큼, 로베스피에르의 싸움은 아직도 진행 중이었으며 반대파를 누르고 민중을 위한 혁명의 길을 완성하기 위한 급진적이고 과격한 행보는 그에게 필연적인 것이었다.

4. 공포 정치 시대, 이상주의자인가 현실주의자인가

8월 10일 봉기 이후에도 프랑스의 전선 상황은 나아지지 않았다. 경제와 식량 사정도 더욱 악화되자 시민들의 불만은 쌓일 수밖에 없었다. 이 상황을 타개하고 돌파구를 찾기 위해 상당 부분 마라에 의해 선동된 '9월 학살'이 일어난다. 혁명의 향방을 또 한 번 바꾼 이 사건은 성난 군중과 과격파 자코뱅들이 8월 10일 봉기 이후 감옥에 갇힌 왕당파와 반혁명 인사들을 재판도 없이 학살한 사건이었다. 약 1천1백 명 이상이 이 학살로 사망했다. 이 학살은 온건파인 지롱드당을 비롯해 혁명 인사들의 치를 떨게 할 만큼 잔인한 사건이었고, 혁명의 과격성과 성난 군중의 무서움을 여실히 보여 주었다. 그 결과 국외에서는 프랑스 혁명을 더 경계하게 되었고, 혁명 초 좌익 자코뱅에 속한 지롱드당을 더욱 보수적으로 돌아서게 만든 결정적 원인이 되었다. 이 '9월 학살'에서 로베스피에르의 개입 정도와 역할에 대한 학자들의 평가는 분분하지만, 적어도 그가 이 학살을 정면으로 비난하거나 사전에 막으려 하지 않은 것만은 사실이었다.

그 후 9월 20일, 국민공회가 본격적으로 소집되었고, 그날 프랑스군의 승전보가 울리면서 더욱 의미 있는 날이 되었다. 22일에는 왕정을 영구히 폐지했고, 따라서 1792년을 '공화국 원년'으로 지정하였다. 이 국민공회의 지도자로는 이제 자코뱅의 실세인 로베스피에르, 마라, 당통6 등이 선출되었다. 그 전까지 인기는 있지만 소수파의 한 인사에 불과했던 로베스피에르가 정계의 중심으로 떠오른 것이다.

---

6 이들은 자코뱅 내에서도 온건파인 지롱드파와 대비되는 산악파(의장의 가장 높은 자리에 의석이 있었기 때문에 이렇게 부름)로 분류된다.

로베스피에르가 부르주아적 특권을 내려놓지 못하고 있는 지롱드파와 같은 온건 우파와는 달리 얼마나 개혁적인 생각을 가지고 있었는지는 그가 통과시키려고 했던 두 가지 법을 보면 잘 나타난다. 농지법과 징발법이었는데, 전자는 농민들에게 농지를 균등하게 분배하자는 토지 개혁안이었고, 후자는 식량 위기와 물가 폭등을 완화하고 전쟁 물자를 공급하기 위해 물자를 강제 징발하자는 것이었다. 지롱드파는 이 두 가지 법을 제시한 로베스피에르의 산악파를 공산주의적이라고 비난했다. 이는 두 파의 혁명 이념의 차이에서 비롯된다. 지롱드는 부르주아의 경제적 자유와 사유권의 보장을 통한 시민적 자유를 원했다. 하지만 이들이 말하는 '시민'이란 유산자뿐이었고, 로베스피에르가 보기에 그러한 경제적 자유를 누리기 위해서는 소유한 것이 있어야 되는데 대다수의 프랑스 국민들은 애초에 권리를 행사하기 위해 필요한 소유 재산이 없었다. 따라서 시민으로서의 의무와 권리를 갖기 위해서는 최소한의 자기 부양 수단을 갖추는 것이 기본이라고 본 것이다. 먹을 것 없이 주어지는 자유는 공허할 뿐이라는 것을 로베스피에르는 누구보다 잘 알고 있었다.

따라서 산악파의 논리는 지롱드가 비난하는 것처럼 사유 재산을 부정하는 것이 아닌, 사유 재산을 전제로 하고 있는 것이었다. 프랑스 민중들은 소수만이 갖고 있는 재산을 지키고 그들만의 자유를 보장하기 위해서 몸소 나서서 싸운 것이 아니었다. 로베스피에르는 이렇게 말했다.

> "왕정은 폐지되었다. 성직자도 귀족도 사라지고 평등의 시대가 시작되었다.
> 자기들만을 위한 공화국을 세워 부자와 관리의 이익을 위해 통치하려는 사이비
> 애국자와 평등과 국민 전체의 이익을 위하여 공화국을 건설하려고 애쓰는 진짜
> 애국자를 구별하라. 소란과 도둑이라는 관념을 민중과 빈곤이라는 관념에 결부

시키려는 구태의연한 태도를 주시하라."

1792년 말, 루이 16세는 그의 사형을 결정지을 재판에 회부되었다. 일개 프랑스 시민으로 전락한 '루이 카페'는 어떻게든 사형만은 막으려 했던 지롱드파와 왕당파 첩자들의 노력에도 불구하고 다음해인 1793년 1월 14일~15일, 표결에 의해 결국 사형이 선고되었다. 로베스피에르는 "루이가 죽어야 나라가 산다"고 말하며 사형에 찬성했다. 그리고 1월 21일 '태양왕'의 증손자인 루이 카페는 "나는 죄가 없다"고 말하며 단두대에서 그 생을 마감했다. 루이 16세의 처형은 전 유럽에 충격을 안겨 주었다. 이는 전에 영국에서 일어난 찰스 1세의 처형과는 완전히 달랐다. 영국은 왕정을 유지하는 것에는 이견이 없었지만, 프랑스는 이제 완전히 다른 성격의 국가였던 것이다.

왕의 처형 이후 정국은 확실히 산악파 쪽으로 기울고 있었다. 이들은 혁명을 더 철저히 진행해서 도시 노동자와 빈민 그리고 대다수인 농민까지 혜택을 받아야 한다고 주장했기 때문에 민중의 지지를 얻었다. 민중의 지지가 산악파에 집중되자, 지롱드와 산악파 사이에서 중립을 유지했던 평원파가 산악파에 가담하기 시작했다. 그리고 소위 역사에서 말하는 산악파의 '공포 정치'가 시작되려 하고 있었다.

그 첫째 원인을 제공한 것은 방데 지방에서 일어난 반혁명 반란이었다. 3월부터 프랑스는 주변의 거의 모든 국가들과 전쟁을 하게 되면서 강제 징병이 불가피해졌고, 이에 반발하여 혁명에 반대하는 봉기가 일어난 것이다. 이 반혁명의 불길이 다른 지역으로도 번지는 비상사태가 벌어지자 산악파가 장악한 국회는 이러한 반란자들을 조사하고 지체 없이 처벌하기 위한 구국위원회와 혁명 재판소를 만들었다. 1794년 로베스피에르의 몰락까지 이 혁명 재판소를 통해 처형된 사람은 1만 6,594명에 달했고, 파리에서만 2,747명에 달했다. 그야말로 말 한 번 잘못하면 죽는 '공포시대'였다.

지롱드파는 이를 독재라고 비난했으나, 마라는 "과격한 방법밖에는 자유를 수립할 길이 없지 않은가. 여러 나라 왕들의 전제를 타도하기 위해선 일시 자유의 전제를 조직하지 않을 수 없는 때가 왔다"고 응수했다. 이러한 체제를 더욱 가속화시킨 것은 발미 전투를 승리로 이끈 뒤무리에 장군이 오스트리아에 매수되어 프랑스에 입헌군주정을 되살리려고 시도한 사건이었다. 혁명을 위협한 이 사건의 발각으로 산악파는 더욱 과격해졌다. 게다가 지롱드파 또한 이에 반격을 개시하여 마라를 비롯한 산악파의 주요 인물들을 고소했지만, 도리어 역풍을 맞아 결국 지롱드파의 주요 의원들이 모조리 체포되면서 의회에서 제거되었다.

그리고 1793년 7월, 산악파의 지도자였던 마라가 암살되면서 로베스피에르가 거의 유일한 산악파의 지도자로 부상한다. 마라가 죽은 지 2주 후, 로베스피에르는 구국위원회의 위원이 되었다. 이는 '공포 정치'의 장본인이라는 로베스피에르의 꼬리표를 어느 정도 완화시키려고 하는 학자들에게 좋은 근거가 된다. 그가 산악파의 정책에 주요한 인물이기는 하지만 '공포 정치'에 대한 모든 비난을 혼자 뒤집어쓰는 것은 옳지 않다는 것이다. 사실 로베스피에르는 의회 의원인 것 외에는 어떠한 감투도 쓰지 않았으며 높은 자리에서 절대 권력을 휘두른 것도 아니었다. 마라가 죽을 때까지 공포 정치를 주도했던 위원회에 들어가 있지도 않았던 것이다.

마라의 암살과 이로 인한 위기의 순간과 당통의 비리 연루와 온건화된

▎ 훗날 나폴레옹의 궁정화가가 되는 다비드의 「마라의 죽음」. 마라는 열정적인 혁명가였지만 급진파 중에서도 과격파였고 폭력적인 방법을 사용하는 것도 주저하지 않았다. 이러한 그의 사상과 방식에 불만을 느낀 온건파 지롱드당의 지지자인 샬롯 코르데란 여인이 욕조에서 목욕을 하고 있던 마라를 암살했다.

산악파 지도층의 변화에도 산악파가 정권을 유지하고 뭉칠 수 있었던 것은 로베스피에르의 한결같은 의지와 지도력 덕분이었다. 이성적 사고를 바탕으로 한 냉철한 성격과 대담함, 예리한 통찰력과 논리로 무장한 웅변, 그리고 모든 것에 공평무사한 점은 그만의 특징이었다. 그는 파리코뮌과 민중들로 구성된 행동대인 상퀼로트의 절대적 지지를 받았으며, 이는 결코 부패하지 않는 그의 청렴함 때문이었다. 그는 권력이나 부의 축적에는 전혀 관심이 없었다. 로베스피에르는 자신에게 엄격한 만큼 남에게도 엄격했는데, 이러한 그의 성격이 공포 정치의 분위기를 더 강화했을 것이다.

하지만 아무리 의도가 좋아도 공포로 억누르는 정치가 오래갈 리가 없었다. 그것은 역사의 진리다. 아무리 강한 힘을 가지고 있어도 억압하는 만큼 불만도 커지기 때문에 반대파가 최후의 수단을 쓸 수밖에 없는 것이다. 1794년, 파리의 단두대에서는 하루에도 수십 명의 목이 잘려 나갔고, 로베스피에르의 반대파뿐 아니라 같은 파조차도 여차하면 자신들도 목숨을 잃을지 모른다고 생각하게 되었다. 마지막 남은 혁명의 거두 당통까지 처형되면서 로베스피에르의 독주를 막을 사람은 없었다. 국민공회 의원들의 두려움은 극에 달했고, 결국 그들은 7월 27일 로베스피에르와 그 측근들을 체포하자는 결정을 내렸다. 그가 무서웠기 때문에 먼저 치지 않으면 안 된다고 생각했기 때문이었다.

반대파들은 우선 의회에서 로베스피에르와 그의 심복인 생쥐스트가 연설을 해서 사람들의 마음을 사로잡는 것을 막기 위해 그들의 발언 기회를 끊고 연설을 저지했다. 그리고 "폭군을 죽여라!"라고 소리 지르며 로베스피에르에게 불리한 분위기를 만들었다. 결국 그의 체포안이 가결되자 로베스피에르는 다음과 같이 소리쳤다. "공화국은 망했다. 악당이 이겼다." 다행히

┃ 로베스피에르의 체포 장면을 그린 채색 판화. 체포 과정에서 로베스피에르는 턱에 총을 맞아 심한 부상을 입었다.

도 파리코뮌은 아직 로베스피에르의 편이었다. 코뮌은 봉기하여 로베스피에르를 석방시키고 파리 시청을 점령하며 반격에 나섰다. 하지만 국민공회 측의 병력과 그들의 선동에 넘어간 일부 민중의 가세로 결국 로베스피에르와 그 측근들이 체포되었다. 그렇게 나는 새도 떨어뜨렸던 세력이 순식간에 무너졌다. 다음날인 7월 28일, 로베스피에르와 그 일파가 모두 단두대에서 처형되었다. 그가 삼부회에 소집되어 정계에 진출한 지 5년 만의 일로, 그의 나이 36세였다. 29일까지 그의 일파들이 다 처형되어 모두 106명이 죽었다. 이것이 로베스피에르를 실각시킨 '테르미도르의 반동'이다.

민주정이라는 너무나 '현실적인' 체제를 수립하기 위해 반대파들로부터 무모한 이상주의자라는 비판을 받은 로베스피에르는 과연 현실주의

자였을까, 이상주의자였을까? 확실한 것은 로베스피에르가 만들고자 한 농지법 개혁 같은 법안들의 의미를 모르고 그에게 등을 돌린 민중들은 그의 죽음으로 빈민의 사회·경제적 독립의 꿈도 함께 죽었다는 것을 너무 나중에야 깨닫게 되었을 것이라는 점이다. '테르미도르의 반동' 이후, 산악파에 대한 탄압과 함께 그동안 숨도 못 쉬고 살았던 부유한 부르주아나 왕당파까지 기세를 얻어 자코뱅 클럽에 대한 소위 '백색 테러'가 자행되었다. 1789년으로부터 5년이 지난 1794년, 혁명의 시계는 그렇게 다시 되돌아가고 있었다.

5. 혁명의 정신은 어디에 있는가, 로베스피에르의 유산 – "나는 혁명이 끝났다고 믿지 않습니다."

"어떤 순간에 로베스피에르의 재능은 상태르, 알렉상드르,[7] 국민방위대의 어떤 포병, 어떤 연맹군 병사, 어떤 상퀼로트[8]만큼 중요하지 않았던 것은 분명한 사실이다. 정치 지도자들의 지성 이상으로 [프랑스 혁명에] 다른 요인이 나름의 역할을 수행한다는 것은 분명한 사실이다. 그 요인이란, 우연이 아니라 민중이다. (…) 그것[8월 10일 봉기의 성공]은 로베스피에르의 – 또는 마라의 – 위대한 정치적 용기, 위대한 지성이 민중의 집단적 의식과 영웅적 행위가 없었더라면 아무런 역할도 하지 못했을 것이라는 믿음을 더욱 확실하게 해 준다. 로베스피에르의 위

---

7 알렉상드르 드 라메트(Alexandre-Théodore-Victor, comte de Lameth, 1760~1829). 프랑스 혁명기의 군인이자 정치가. 보수파인 푀양파의 핵심 인물로 바르나브, 뒤포르와 함께 삼두파를 구성했고, 왕정복고 시기까지 살아남아 정치가로 활동했다.
8 반바지(퀼로트)를 입지 않은 사람이라는 의미로, 긴바지를 입은 노동자를 뜻한다. 프랑스 혁명기의 의식 있는 민중 세력을 가리키는 말이다.

대함은 전적으로 최선을 다해 민중을 계몽하면서 민중의 힘을 받아들였다는 데 있다."

              – 장 마생, 『로베스피에르, 혁명의 탄생』 중에서

  사실 미라보나 마라는 혁명의 격변 속에서 어떠한 결말을 내지 못하고 갑작스럽게 죽었기 때문에 로베스피에르만 '실패했다'는 평가를 듣는 것은 그에겐 좀 억울한 일이다. 오히려 로베스피에르는 그의 죽음으로 하나의 혁명적 흐름에 책임을 지고 종지부를 찍었다고 볼 수 있다. 그의 역사적 종지부에 대해서는 학자들마다 의견이 다를 것이다. '공포 정치'의 무익함을 강조하는 사람도 있을 것이고, 그의 사상과 개혁안이 얼마나 진보적이고 근대적이었는지를 찬양하는 사람도 있을 것이다. 하지만 우리는 군이 어느 한쪽을 선택할 필요는 없다. 오히려 우리는 그의 좋은 점과 나쁜 점 모두를 통해 더 완전한 교훈을 얻을 수 있다. 바로 가난한 민중에 대한 공감과 강력한 개혁 의지, 합리적인 사고에 근거한 행동의 일관성 그리고 지배하는 것과 지도하는 것의 차이가 불러오는 결과가 그것이다. 그는 결코 '권력자'라는 말에 걸맞은 인물이 아니었고 스스로도 누군가를 지배하고자 하는 욕심도 없었지만, 너무 단호하고 냉정한 방식이 결국 사람들에게 '지배받는다'는 두려움을 주었다.

  저명한 프랑스의 역사학자 알베르 소불(Albert Soboul)은 "프랑스 역사를 통틀어 '청렴결백'이란 말을 쓸 수 있는 사람은 로베스피에르뿐"이라고 평가했다. 그는 독신이었고, 다른 정치가들처럼 여성과 스캔들을 일으키지 않았으며, 재산을 모으지도 않았다. 따라서 지나친 그의 강직함이 죽음을 앞당겼다는 생각도 든다. '맑은 물에서는 고기가 살 수 없다'는 말이 바로 로베스피에르를 말하는 듯하다.

그에게 '공포 정치'의 모든 책임이 있는 것은 아니지만, 전혀 없는 것도 아니다. 그는 프랑스 국민 전체의 평등과 자유를 실현하기 위해 잠깐의 자유를 속박하는 데 동의했고, 그것이 그의 몰락을 부추겼다. 하지만 그가 실각함으로써 혁명은 명확한 방향성을 잃고, 초기 혁명가들이 구상했던 것과는 너무도 다르게 전개되었다. 총재 정부에서 나폴레옹의 쿠데타 그리고 나폴레옹의 황제 등극까지, 프랑스 혁명은 로베스피에르의 실각 이후 이처럼 후퇴를 거듭하다가 부르봉 왕가의 복위까지 허용하며 단기적으로 실패했다. 로베스피에르의 '혁명의 근본'을 민중으로 보는 기본 자세는 그의 죽음 이후 그 누구에게도 나타나지 않았다. 그래서 테르미도르의 반동을 주도했던 비요바렌은 노년기에 이르러 자신의 행동을 뼈저리게 후회했다고 한다.

무산시민9을 없애 빈부의 격차를 줄이고 소토지 생산자를 형성하여 모든 국민의 시민화를 추구한 평등주의, 그리고 보통 선거권으로 대표되는 참 민주주의를 세우려고 했던 로베스피에르와 자코뱅 클럽의 이념은 20세기에 들어서야 조금씩 실현되기 시작했다. 로베스피에르에 대한 오해와 악평도 프랑스 혁명을 재해석하는 과정에서 점차 사라져, 그에 대한 재평가도 활발히 이루어지고 있다. 민주정과 같이 그가 추구했던 이념이 실현되기 시작하면서 그에 대한 역사적 복원이 이루어지고 있는 것이다.

로베스피에르 평전을 쓴 마생은 말한다. 그가 역사에 등장한 1789년 봄부터 그가 생을 마친 1794년 여름까지 그의 존재와 활동 하나하나가 다 혁

---

9 자신이 소유한 토지에서 소득을 내는 농민이나 물건을 거래하여 소득을 얻는 상인 등과 달리 임금 노동에 의지해서 소득을 내는 사람. 즉 무산(無産)은 재산이 없는, 육체노동이나 정신노동을 통해 사는 노동자를 뜻한다.

명의 역사라고 말이다. 그만큼 로베스피에르의 마지막 5년은 혁명과 민중 이외에는 아무것도 없었다는 것이고, 따라서 그의 사생활에 대해 이야기할 것도 없었다고 말한다. 그의 여가란 때때로 산책을 하거나, 고전을 읽거나, 피아노 연주를 듣는 정도였다. 무슨 재미로 살았을까 싶지만, 역사의 흐름은 이처럼 어떤 것에 '미친' 인물들이 바꾸어 왔다.

가난한 장학생에서 지방의 평범한 변호사 그리고 의회 의원에서 한 정권의 지도자까지. 36년이라는 그의 짧은 삶에서 그는 변했지만, 동시에 한결같은 사람이었다. 로베스피에르와 동시대에 활동했던 혁명가이자 군 장교였던 라자르 카르노는 "본래 혁명가인 사람은 없다. 혁명가가 되는 것이다"라는 말을 했다. 그렇다. 로베스피에르는 혁명가가 '되었다'. 안락하고 편하게 살 수 있었음에도 그는 가시밭길에 뛰어든 것이다. 그를 그렇게 바꾼 것이 무엇인지 지금의 우리는 한마디로 정리할 수 없지만, 그가 혁명가가 되어 보여 준 민중에 대한 애정과 그가 죽으면서 남긴 민주주의에 대한 갈증이 그가 왜 혁명가가 되었는지를 조금이나마 짐작할 수 있게 해 준다.

4.
메리
울스턴-
크래프트

Q 딸은 왜 재산을
상속받을 수 없을까?

0. 들어가며

요즘 선거철만 되면 자주 듣는 이야
기가 있다. "투표하세요. 우리의 권리입
니다." 불과 백 년도 안 된 과거에 이 투
표권을 얻기 위해, 그리고 민주주의 체
제를 세우기 위해 보통 사람들이 했던
치열한 투쟁을 생각하면 참으로 웃지
못 할 일이 아닐 수 없다. 이제는 너무
투표율이 떨어져 오히려 나라에서 투
표해 달라고 애걸하는 시대가 되었다.
어떤 차별도 없이 누구나 투표할 수 있

▎메리 울스턴크래프트의 초상

는 권리는 이제 쟁취해야 할 대상이 아닌, 너무 '당연한 것'이 되어 버렸다. 하지만 지금 우리가 누리고 있는 권리가 모두에게 주어지지 않던 시절이, 권리에도 성별이 있던 시절이 있었다. 참정권을 예로 들어 보자. 혁명의 불꽃이 타올랐던, 그래서 인권의 역사에 한 획을 그은 프랑스에서조차 여성에게 남성과 동등한 선거권이 주어진 해는 프랑스 혁명 이후 무려 157년이 지난, 1946년이었다.

남녀 차별의 문제는 현재 우리가 겪는 많은 사회적 문제들의 뿌리 깊은 원인 중 하나라고 할 수 있다. 이론적으로는 남녀 차별이 없는 사회지만 실상은 그렇지 않다는 것을 보여 주는 사회 지표나 사건들이 세계 곳곳에서 사라지지 않고 있기 때문이다. 따라서 여성들은 21세기인 지금도 그들의 권리를 보장받기 위해 부단한 노력을 하고 있다. 특히 그것을 직업으로 삼거나 학문의 대상으로 삼은 사람들을 우리는 여권 운동가나 페미니스트라고 부르고 있다. 그리고 지금 우리 여성들이 누리고 있는 권리의 상당 부분은 그러한 활동을 했던 근대 초 여성들의 선구적 사상과 열정에 빚을 지고 있다.

이번에 이야기할 인물은 바로 그러한 선구적 여성들 중 한 명으로, 그녀의 주요 저작인 『여성의 권리 옹호(A Vindication of the Rights of Woman, 1792)』는 2백 년이 지난 지금까지도 우리에게 강렬한 메시지를 전달하고 있다. 계몽주의 시대의 사상적 혜택을 받아 '이성'을 가진 인간이 가져야 할 '인권'의 중요성을 깨닫고, 더 나아가 그 '이성'을 가질 수 있는 조건에는 성별이 없음을 주장한 인물로, "영혼에는 성별이 없다"고 말한 메리 울스턴크래프트. 여성 교육이 남녀평등의 첫걸음임을 주창한 그녀는 지금 당연하다고 여겨지는 것을 '당연하게 만든' 선구자였다.

메리 울스턴크래프트의 문제의식은 다음과 같은 질문에서 비롯되었다.

"왜 나는 재산을 상속받을 수도, 가질 수도 없는 걸까?"

1. 소녀 메리, 딸이자 여동생으로서의 설움

메리는 1759년 런던 인근에서 직물 제조업을 했던 아버지와 아일랜드인 어머니 사이에서 4남 3녀 중 둘째이자 첫째 딸로 태어났다. 그녀가 다섯 살이었을 때, 친할아버지인 에드워드 울스턴크래프트가 사망한다. 그는 자신의 아들이자 메리의 아버지인 에드워드 존을 제 1 상속인으로 하고, 손자이자 메리의 두 살 위 오빠인 일곱 살 에드워드에게 1만 파운드와 토지 임대권 그리고 상선 지분을 물려주었다. 그리고 그밖에 여러 친척들과 후손들을 위한 유언장을 작성했는데, 그중에 메리의 이름은 없었다. 17세기에 태어난 그야말로 '옛날 사람'인 할아버지에게 여자인 메리는 아무 쓸모도 없는 존재였던 것이다. 아들을 중시 여기는 오래된 관습도 그렇지만, 장자 상속제를 기본으로 하는 당시 영국의 재산과 상속에 관한 제도가 가문과 혈통을 중시 여기는 신분 사회에서 딸의 존재를 더욱 보잘것없는 것으로 만들었다.

최근 영국은 물론이고 미국과 우리나라에서 큰 인기를 끌고 있는 영국 드라마 「다운튼 애비(Downton Abbey)」를 예로 들어보자. 한 귀족 집안을 중심으로 제1차 세계 대전 전후의 영국 사회상을 생생하게 그려 냈다는 평을 받고 있는 이 드라마는 백작 가문의 후계자 문제로 이야기가 시작된다. 딸만 셋인 백작에게는 작위와 가문을 이을 남자 후계자가 없어서 먼 친척을 후계자로 세웠는데, 그마저 사고로 죽으면서 가문과 재산을 누구에게 물려줄 것인가에 대한 갈등으로 이야기가 시작된다. 당시의 시대상을 잘 모르는 사람이라면 이런 의문을 품을 수도 있다. "딸이 셋이나 되는데 재산을 물려주는 게 뭐가 고민인거지? 정 남자 후계자가 없으면 딸에게 물려주면 되는 거 아닌가?" 물론 극 중에서도 백작인 아버지는 자신의 사랑하는 딸이자 직계 핏줄에게 소중한 재산을 물려주고 싶었을 것이다. 하지만 영국의 법은 딸에게 작위와 그것에 딸린 영지와 재산을 물려주는 걸 허용하지 않았다. '백작부인'은 있어도 '여자 백작'은 가능하지 않았던 것이다.

메리가 살았던 18세기에는 물론이고 20세기 초까지도 영국의 관습법에서 여성의 작위 상속은 아예 불가능했고 재산 상속 또한 허용되지 않았다. 예외는 있었겠지만 기본적으로 대다수의 여성들은 경제적 권리를 누리지 못했다. 설사 아버지가 딸에게 재산을 물려준다 하더라도 딸이 결혼을 하게 되면 그 재산은 자동적으로 남편에게 귀속되기 때문에, 어차피 결혼할 딸에게 재산을 물려주는 것은 남 좋은 일만 시키는 모양새가 되는 것이었다. 따라서 돈 많은 부모가 일찍 사망하여 재산을 물려받은 아가씨들은 그 재산을 차지하려는 욕심 많은 남자들의 먹잇감이 되는 일이 비일비재했다.

메리는 이러한 사회적 배경에서 오는 오빠와의 차별 대우에 어린 나이에도 의문을 가졌다. 그녀가 이러한 가부장적 사회 제도에 더욱 회의를 느낀 것은 무능하고 난폭하며 제멋대로인 아버지에 의해 불행한 성장기를 보냈기 때문이었다. 메리의 아버지는 꽤 많은 재산을 물려받았지만 허세와 사업적 무능으로 인해 재산을 점점 탕진했고, 그 결과 메리의 가족들은 잦은 이사로 인한 환경 변화와 경제적 곤궁을 겪을 수밖에 없었다. 무능한 가장이 모두 나쁜 남편이나 나쁜 아버지는 아니 듯, 아버지가 자상하고 좋은 남편이기만 했어도 우리가 아는 '메리 울스턴크래프트'는 탄생하지 않았을지도 모른다. 하지만 메리의 아버지는 난폭하고 권위적인 사람이었다. 사업이 실패할수록 그는 집에서 더욱 짜증을 부리고 아내에게 폭력을 행사했으며, 딸들에게 복종과 정숙을 강요했다.

아버지도 아버지지만 여자로서의 삶에 회의를 느끼게 한 것은 메리의 어머니도 마찬가지였다. 무언가를 해서가 아니라, 오히려 아무것도 하지 않는 어머니의 모습에 메리는 더한 고통을 느꼈다. 화가 난 아버지에게 두들겨 맞아도 저항하지 못하고, 아들인 오빠만을 편애하는 어머니의 모습에서 메리는 권위적인 남자와 그에 힘없이 순종하는 여자의 관계에 진저리가 났다. 더 나아가 그러한 관계를 강화하고 제도화하는 '결혼'이라는 남녀의 결합 형태에 심한 회의를 느꼈다. 그녀는 후에 "내게는 아버지가 없었다"고 말할 만큼 아버지에게 분노했다. 부모를 통해 당대 여성의 사회적 위치의 부당함을 경험한 메리의 소녀 시절은 그녀를 '근대 여성운동의 선구자'로 만들었다고 할 만큼 이후 메리의 세계관에 지대한 영향을 끼쳤다.

당시 대부분의 여성들이 그렇듯 메리 또한 기초적인 산수와 읽고 쓰는 것을 가르치는 학교를 다닌 것을 제외하고는 수준 높은 학교 교육을 받지 못했다. 하지만 메리는 독학과 독서를 통해 지성에 대한 자신의 갈증을 채웠고, 그럴수록 자신과 같은 중간 계급 여성들의 사회적 처지와 교육 수준에 대해 더욱 진지한 고찰을 할 수밖에 없었다. 당시 부유하지 않은 중간 계급 여성들이 성인이 되어 선택할 수 있는 길이라고는 결혼을 통해 남편의 경제력에 의존하거나, 기껏해야 귀부인의 말상대를 하는 컴패니언(companion)이나 부유한 귀족의 가정교사가 되는 것 정도가 전부였다. 오빠가 모든 재산을 물려받음에 따라 재산 상속의 혜택을 하나도 받지 못한 메리는 결혼에는 뜻이 없었기 때문에 일자리를 구해야 했다.

그녀는 한 귀부인의 컴패니언으로서 귀족들의 고급 휴양지로 유명한 바스(Bath)에서 잠시 생활하게 된다. 그곳에서 메리는 화려하고 사치스러운 귀부인들의 생활을 바로 옆에서 보고 있지만 결코 그곳에 들어갈 수 없는 자신을 바라보게 된다. 메리는 종업원이나 하녀가 아닌, 적당히 배우고 적당한 신분을 가진 교양 있는 중간 계급 여성이었지만 바스의 화려함 속 그 어디에도 자신의 자리가 없음을 깨닫는다. 바스에서 어느 쪽에도 속하지 못한 채, 여성의 양쪽 삶을 들여다본 그녀는 무슨 생각을 했을까? 몸치장에만 열을 올리고 좋은 집안에 시집가는 것이 지상 과제인 귀족 아가씨들을 보며 메리는 어떤 생각을 했던 걸까?

다행히 그녀는 1778년에는 부유한 귀족 집안의 가정교사로 일할 수 있었다. 박봉이었지만 이런 일자리를 구한 것도 매우 다행스러운 일이었다. 그러다 메리는 1784년부터는 절친한 친구와 여동생들과 함께 작은 여학교를 운영하기도 했는데, 이 경험은 아마 여성 교육에 대한 진지한 고찰과 함께 평범한 소녀들의 교육 현실을 체험한 중요한 경험이었을 것이다. 1788년부터는 이후 그녀의 경력에 지대한 역할을 하는 출판업자 조지프 존슨의 후원을 받아 소설, 여행기, 번역서, 비평 등을 쓰면서 전업 작가로서의 길을 걷게 된다.

근대 페미니즘의 창시자로 평가받는 '메리 울스턴크래프트'의 활동이 본격적으로 시작된 것이다.

2. 『여성의 권리 옹호』 출간되다

여성의 권리에 대한 여러 논의의 핵심은 바로 여성이 교육을 통해 남자의 동반자가 되지 않으면, 그들은 지식과 미덕의 진보를 막게 될 것이라는 단순한 원칙에 기초합니다. 남녀 모두 같은 지식을 익히지 않으면 사회 전체의 습속을 고치기 어렵기 때문입니다. 그리고 도덕의 중요성을 모르거나, 자유를 통해 강화된 이성으로써 자신의 의무를 이해하고 그 의무를 다하는 것이 자신에게 진정으로 이로운 연유를 깨닫지 못하는 여성은 남성과 협력할 수도 없을 것입니다. (…) 그런데 현재 여성이 받는 교육과 그들이 처해 있는 생활 환경에는 그런 생각을 할 여지가 없습니다.

– 울스턴크래프트가 탈레랑에게 보낸 편지[1] 중에서

메리 울스턴크래프트가 작가로서 활동을 시작하고 얼마 지나지 않아 바다 건너 프랑스에서는 역사의 한 장을 화려하게 수놓게 될 중요한 사건이 일어난다. 바로 프랑스 혁명이다. 그 어떤 유럽 국가들보다 강한 절대 왕정을 구축했던 프랑스의 왕가는 순식간에 무너졌고, 루이 16세와 왕비 마리 앙투아네트는 감옥에 갇히는 신세가 되고 만다. 평등과 인권을 외친 프랑스 혁명의 불길은 전 유럽의 진보적 사상가와 급진적 활동가들의 마음을 뜨겁게 달구었고, 그것은 울스턴크래프트에게도 마찬가지였다. 하지만 왕정을 유지하고 있던 영국을 비롯한 주변 국가에서는 자신들의 체제에 악영향을 미칠까 봐 경계했고 프랑스의 동향을 예의 주시할 수밖에 없었다. 그러던 중 1790년 영국의 보수주의 정치가이자 철학자인 에드먼드 버크(Edmund Burke, 1729~1797)가 혁명을 비판하는 『프랑스 혁명에 관한 성찰(Reflections on the Revolution in France)』을 출간했다. 이 책은 당대는 물론이고 후대에도 보수주의와 반혁명 이론의 효시로 평가받는 책이다.

---

1 탈레랑은 혁명 격변기의 프랑스 외교관이자 정치가로, 1791년 「공교육에 관한 보고서」를 국회에 제출했다. 이 보고서는 소년들을 위한 공교육만을 제시하고 있었기 때문에 울스턴크래프트는 이에 반박하며 편지와 함께 『여성의 권리 옹호』를 탈레랑에게 보냈다.

울스턴크래프트는 버크의 책이 출간되고 약 한 달 후 그 책에 반박하는 『인간의 권리 옹호』를 출간하면서 영국 정치 논단의 주목받는 사상가로 떠오르게 된다. 이 책에서 그녀는 계급 사회와 왕족과 귀족의 세습적 특권에 반대하고, 이성을 가진 인간이 태어나면서부터 갖게 되는 천부인권론을 지지하였으며, 억압과 구태에 기초한 영국 정치보다 새롭고 급진적인 이론들이 실현되고 있는 프랑스 혁명에 기대감을 드러냈다. 이 책으로 울스턴크래프트는 정치 무대 한가운데 섬으로써 국가적 차원의 논의의 중심에 서게 된다. 이처럼 현재 우리에게 페미니스트 사상가로 더 잘 알려져 있는 울스턴크래프트는 페미니스트 이전에 진보적인 정치사상가였다.

1791년, 32세의 울스턴크래프트는 그녀 인생의 전환점이 되는 글을 쓰기 시작한다. 1791년 말 완성해서 1792년 초에 출간된 『여성의 권리 옹호』

▌대표적인 계몽주의 사상가인 장 자크 루소

는 그녀의 여러 저작 중에서도 가장 중요한 작품으로 평가받고 있으며, 18세기 말에 나온 서구 페미니즘의 주요 저작으로 손꼽힌다. 울스턴크래프트는 단순히 어떠한 권리를 요구하는 것에서 더 나아가 자기비판과 여성 스스로의 각성을 촉구하고 남녀 불평등의 문제를 근본적으로 해결하기 위해 남성과 동등한 교육이 여성에게도 이루어져야 한다고 주장했다. 이 책에서 울스턴크래프트는 여성 권리에 무지한 계몽사상가들을 비판했는데 그 대표적 인물이 장 자크 루소(Jean-Jacques Rousseau, 1712~1778)였다.

프랑스 계몽주의의 중요한 한 축을 담당하는 사상가이자 『인간 불평등 기원론』과 『사회계약론』으로 프랑스 혁명에 사상적으로 지대한 영향을 미친 장 자크 루소는, 마찬가지로 계몽주의 정신에 심취해 있던 메리 울스턴크래프트가 존경하는 작가 중 하나였다. 하지만 루소의 대표작 중 하나인 교육 소설 『에밀(Émile, 1762)』은 메리에게 분노를 불러일으켰다. 루소는 여성 교육에 대해 이 책에서 다음과 같이 말했다. "남성에 따라서 항상 상대적이어야 한다. 우리 남성들을 즐겁게 하고, 우리에게 쓸모가 있으며, 우리로 하여금 여성들을 사랑하고 존중하게 만들고, 우리에게 위안을 주며 우리의 삶을 편하고 유쾌하게 만들어야 한다. 이러한 것들이 언제나 여성의 의무이며, 그들이 어릴 때 가르쳐야 할 것들이다."

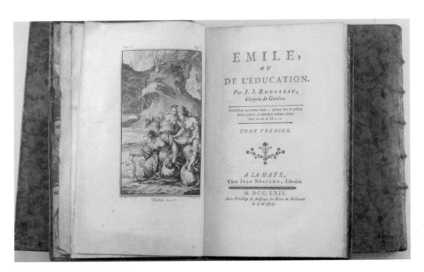

▌장 자크 루소의 『에밀』의 초판

메리는 남성을 즐겁게 하기 위해 여성의 외모와 행동거지를 가꾸게 하는 그러한 불공평하고 불합리한 루소의 교육론에 분개했다. 이는 필연적으로 여성을 성적인 대상으로 전락시키고, 지성과 인격을 가진 독립적 존재가 아닌 남성에 의해서만 존재할 수 있는 대상으로 만드는 것이었다. 이러한 루소의 견해는 당대의 저명한 사상가들과 크게 다르지 않았다. '계몽주의 시대'라고 불린 이 시기에 인권과 이성의 중요성을 강조하면서 그것을 여성에게는 완전히 예외적으로 적용했다는 사실은 계몽, 즉 의식을 깨우치게 한다는 훌륭한 사상적 흐름도 가부장제의 불평등·부당함을 깨우치게 하지는 못했다는 것을 보여 준다.

> "그 저자들은 여성들의 육체적 매력에 굴복했으면서도, 그들의 저서에는 여성의 품격을 교활하게 떨어뜨리는 치명적인 성향이 있다. 이 성향은 아무리 자주 혹은 혹독하게 비판되어도 지나치지 않다.
> 나와 동시대를 살아가는 이들이여, 그처럼 편협한 편견을 뛰어넘도록 하자! 지혜가 그 자체로 바람직스럽고, 미덕이 그 이름에 걸맞게 지식에 토대를 두어야 한다면, 우리의 머리가 우리의 마음에 균형추가 될 때까지, 성찰을 통해 우리의 정신을 강화하도록 노력하자."
>
> – 울스턴크래프트, 『여성의 권리 옹호』 중에서

이러한 『에밀』의 여성에 대한 차별과 (지금의 시각에서) 비하는 울스턴크래프트가 『여성의 권리 옹호』를 쓰는 원동력이 된다. 혹자는 루소의 『에밀』로 인해 그녀가 전업 작가의 길로 들어설 수 있었다고 평가할 정도니 루소의 견해가 그녀에게 끼친 영향력 혹은 불러일으킨 분노가 그만큼 컸다는 것을 알 수 있다. 실제로 울스턴크래프트는 『여성의 권리 옹호』의 한 장을

▌메리 울스턴크래프트의 초상. 존 오피(John Opie)의 1890~1891년 작

루소를 비롯한 당대의 사상가들을 비판하는 데 할애했다.

그렇다면 울스턴크래프트의 『여성의 권리 옹호』는 무엇을 말하고 있으며, 왜 이것이 중요한 저작이 된 것일까? 이 책은 기본적으로 교육, 결혼, 가정 내 삶에서 여성에게 주어진 가혹하고 불평등한 전제를 강하게 비판하고 있다. 특히 프랑스의 정치가 탈레랑이 제시한 새로운 교육 제도에서 소녀들을 위한 교육 정책이 빠진 것에 대한 반박을 담고 있다. 울스턴크래프트는 이러한 교육 기회의 불평등을 타개하기 위해 우선 성차를 우열로 받아들이는 사람들의 도덕성과 인식이 바뀌어야 한다고 주장했다. 예를 들어 여성들의 특성으로 인식되는 '정숙함'은 남성들의 필요에 의해 사회적으로 만들어진 이중적 잣대로, 없어져야 하는 것이다. 개인의 각성과 인식의 변화와 더불어 여성 교육이 공교육화되어 소녀들의 교육을 보장해야 하며,

그래야만 여성들이 남성에게 의존하지 않고 정신적으로도 경제적으로도 자립할 수 있다고 주장했다. 그리고 이러한 자립은 결과적으로 '결혼'이라는 불합리한 속박에서 벗어날 수 있는 길이었다.

이는 울스턴크래프트가 본인의 가정사로 뼈저리게 느낀 것들이었다. 어렸을 때부터 딸이기에 받지 못했던 관심과 교육 기회, 그리고 경제적으로 아버지와 오빠에게 의존할 수밖에 없었던 시절들. 이 책을 쓸 무렵이 되면 그녀는 알려진 사상가이자 문필가가 되어 조금씩이기는 하지만 자신의 재산을 모을 수 있었다. 그녀의 사상은 그녀의 삶의 경험과 밀착되어 있는 것이었기 때문에 그만큼 호소력이 짙었다. 이 책에서 울스턴크래프트는 여성들도 맹렬히 비난했다. 그녀는 지성보다 미모에 신경 쓰고 신에 대한 경외보다 점성술에 빠져 있으며, 남성을 위해 남성에 의해서만 행동하는 수동적 사고방식을 가진 여성들에 대해 가혹할 정도로 신랄한 비판을 퍼붓는다.

하지만 진짜 하고 싶은 이야기는 이것이 아니었다. 그녀는 이러한 여성의 문제가 생물학적 성별과 여성의 타고난 내적 문제가 아닌 사회 구조적 문제, 특히 교육의 부재에 있다고 보았다. 제한된 교육과 반강제로 주입된 남성 중심적 가치관이 여성들의 각성을 가로막고 그들을 노예 상태로 가둬두는, 보이지 않지만 강력한 쇠사슬로 작용하고 있는 것이다. 이러한 여성의 처지에 대한 울스턴크래프트의 분석은 그녀의 삶의 경험을 통해 필연적으로 이루어진 것이다. 컴패니언 시절 경험한 화려하지만 공허한 바스의 귀족 여성들의 모습, 부유한 귀족 가문의 가정교사 시절 자녀의 양육과 교육은 뒷전이고 몸치장에만 신경 쓰는 아름다운 자작 부인 그리고 결혼 후 신경 쇠약에 걸려 남편으로부터 도망쳐 나와 경제적 어려움을 겪는 여동생을 보면서 울스턴크래프트는 여성의 삶은 왜 그래야만 하는가에 대해 고민했을 것이다.

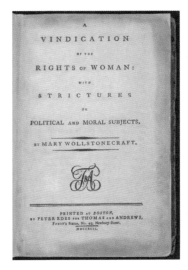
미국에서 출간된 『여성의 권리 옹호』 초판 (1792)

울스턴크래프트의 『여성의 권리 옹호』에서 또 하나 주목할 점은 단지 '여성 개인의 문제'로 끝낸 것이 아니라, 여성 또한 사회 발전에 이바지하는 시민으로서의 권리를 가져야 한다고 주장했다는 점이다. 그 한 예로 여성의 참정권에 대해 언급했다. 영국에서 여성에게 보통 선거권이 주어진 것이 1928년임을 감안하면 그녀의 주장이 얼마나 앞선 것이었는지 가늠할 수 있다.

울스턴크래프트의 『여성의 권리 옹호』는 출간 직후 큰 관심을 받았다. 초기에는 책의 수요가 하도 많아서 구하기가 힘들 정도였다고 한다. 이 책은 또한 폭넓은 비평의 대상이 되었고, 교육에 대한 지각 있는 작품으로 호평받았다. 같은 해에 재판을 찍었고, 프랑스와 독일에서도 번역되었다. 비교적 짧은 기간에 쓴 글이라 (6주 만에 완성되었다는 이야기도 있다) 글의 완성도나 세세한 부분에서 정확성이 떨어지기도 하지만 글에서 드러나는 그녀의 강한 열정과 인상적인 주장은 전혀 가려지지 않았다. 이 책을 통해 울스턴크래프트는 독립된 작가로 입지를 굳힐 수 있었다.

하지만 울스턴크래프트의 의견이 사회적 관습이나 인식과 반대되는 급진적인 것이었던 만큼 반대 의견과 모욕적 비난 또한 만만치 않았다.

특히 같은 여성들조차 그녀의 시대를 뛰어넘은 의견에 어이없어 했고, 부당하다고 여겼다. 울스턴크래프트의 책이 미친 영향을 보여 주는 재미있는 일화가 있다. 한 여성지에 편지를 보낸 어느 어머니는 자신의 네 딸들이 그 책 때문에 타락했다고 한탄했다. 하나는 '부드러움'을 잃어버리고 경마와 여우 사냥과 도박에 빠졌으며, 또 하나는 라틴어와 그리스어 공부를 시작했고, 또 다른 딸은 자신의 애완동물을 해부하고 있으며, 마지막 하나는 남자들에게 결투를 신청하고 있다고 했다. 이 모든 행위들은 바람직한 것이든 아니든 여성이 아닌 남성들에게 허락되는 것들이었다.

하지만 울스턴크래프트의 『여성의 권리 옹호』는 초기의 인기를 그리 오래 지속하지 못했다. 동시대에 나온 울스턴크래프트와 정반대의 견해를 가진, 즉 신이 정해 준 여성의 위치를 불만스러워하지 말라고 말하는 책들이 더 많이 팔렸으며, 그녀의 책은 당시 사회 분위기에 즉각적인 효과는 미치지 못했다. 사실 수백 년, 길게는 수천 년을 이어 온 가부장제 사회에서 단 한 권의 책이 실질적인 변화를 이끌어낸다는 기대는 너무 지나친 감이 있다. 울스턴크래프트 한 사람에게 그 변화의 짐을 모두 지울 수는 없다는 것이다.

『여성의 권리 옹호』 이후 울스턴크래프트는 여러 작품들을 남겼지만 이 책만큼의 파급력을 가진 저작을 남기지 못한 채 아이를 낳고 산욕열2로 사망한다.3 불과 38세의 젊은 나이였다. 하지만 그녀의 사상은 후대에 더욱 빛을 발하게 된다. 다음 세대 그리고 또 다음 세대의 여권 운동은 그녀의 사

---

2 분만할 때 생긴 생식기 속의 상처에 연쇄상 구균 따위가 침입하여 생기는 병.
3 이때 낳은 딸이 그 유명한 『프랑켄슈타인』의 저자 메리 셸리(Mary Shelley)이다.

상에 그 단초를 두고 있다고 할 수 있다. 울스턴크래프트는 18세기에 죽었지만 그녀는 20세기에 '근대 페미니즘의 선구자'로 재탄생한다.

3. 여성의 권리, 그 고난의 여정을 위하여

> "나는 여성들이 남성들 위에 군림하는 것이 아니라 자신들 위에 군림하는 힘을 갖기를 원한다."
>
> – 메리 울스턴크래프트

사실 울스턴크래프트의 사상이 이후의 페미니즘 운동은 물론이요, 사회에서도 처음부터 환영받은 것은 아니었다. 오히려 비난받고 잊혀졌다. 그 원인은 그녀의 급진적 주장 때문이라기보다 그녀의 남편 윌리엄 고드윈(William Godwin, 1756~1836)이 울스턴크래프트 사후에 출간한 그녀의 회고록 때문이었다. 무정부주의 철학자이자 정치사상가였던 고드윈은 아내 울스턴크래프트의 삶과 업적을 재조명하고, 그녀에 대한 오해들을 불식시키기 위해 책을 썼지만 아이러니하게도 그것이 오히려 울스턴크래프트의 업적을 사장시키는 결과가 되고 말았다. 그 이유는 울스턴크래프트의 개인적 삶이 순탄치 않

▌ 울스턴크래프트의 남편 윌리엄 고드윈. 저명한 정치사상가였던 그는 아내의 사후 회고록을 출간하지만, 그것이 오히려 그녀의 평가에 악영향을 미쳤다.

았기 때문이다. 그녀는 유부남 화가를 짝사랑하다가 거절당했고, 이후 길버트 임레이라는 매력적인 미국인과 사귀다 동거까지 했으나 버림받았다. 하물며 그와의 사이에 딸까지 낳았으니 사생아를 낳은 것이었다. 게다가 임레이에게 버림받고 두 번이나 자살 기도를 했다. 알려지지 않았던 이러한 사실들은 보수적인 영국 사회에서 당연히 비난의 대상이었다. 울스턴크래프트의 사상은 그녀의 사생활에 가려져 제대로 평가받지도 못한 채 도덕적 비난을 받고 사장되었다.

하지만 19세기 중반 미국에서 여권 운동이 활발해지자 울스턴크래프트의 남녀평등 사상이 주목을 받았고, 관습과 속박에 저항한 여성 투사로서의 이미지는 그녀를 선구자이자 순교자로 만들었다. 미국의 여성운동가들은 울스턴크래프트의 책에서 여권 운동이 제시해 왔던 사회·정치적 문제에 대한 포괄적인 해결책을 발견했던 것이다. 20세기에 들어와서도 여전히 그녀에 대한 비판과 인신공격에 가까운 비난이 존재했다. 하지만 많은 사람들이 그녀의 삶과 그 아픔에 공감하고, 남녀가 성별의 차이는 있지만 여성도 남성과 똑같은 이성, 정신, 도덕성을 갖추고 있다는 그녀의 주장에 동의하면서, 『여성의 권리 옹호』의 사상들은 근대 여권 운동의 기본적 전제가 되었다.

비록 현대 페미니스트 학자들의 포괄적인 시각과 정교한 학문적 이론에 기초해서는 울스턴크래프트의 사상이 한계점과 허점들을 드러내지만, 그러한 것들이 선구자로서의 울스턴크래프트의 위치와 의의를 퇴색시키지는 않는다. 어린 시절의 차별 대우, 성인 시절에 목격한 여성들의 무지와 사회적 위치에 좌절하면서 '왜 나는 재산을 상속받을 수 없고, 왜 소녀들은 교육받을 수 없고, 왜 여자는 남자를 위해 가꾸도록 강요받아야 하는가'라는 세상에 던진 회의와 의문이 계몽사상과 프랑스 혁명이라는 시대의 거대한 파도를 만나 '메리 울스턴크래프트'와 『여성의 권리 옹호』를 탄생시켰다고 할 수 있다.

현재 여성의 사회적 위치는 울스턴크래프트의 시대와는 확연히 다르다. 하지만 여성에 대한 인식이 확연히 다른지는 고민해 봐야 할 문제이다. 페미니스트와 페미니즘에 대한 부정적 시선 때문이다. 현재 '페미니즘'의 의미는 '오염'되었다. 많은 남성들, 심지어 여성들까지도 '페미니스트'라는 단어에 불편함과 저어함을 느낀다. 페미니즘 운동 자체의 문제도 있겠지만, 더 근본적으로는 지배적 담론을 해체하려는 시도에 불안감을 느끼기 때문일 것이다. 즉, 익숙해져 편안해진 사회의 구조 혹은 관습을 힘들고 어렵게, 그리고 불편하고 귀찮게도 바꾸려 하는 자들에게 느끼는 피곤함과 거부감일 것이다. '페미니스트'의 의미와 이미지에 덧쓰인 거부감은 불편함을 피하고 부조리에 익숙해진 우리의 현실을 보여 주는 일면이라고 할 수 있다.

역사적으로 천재라고 불리거나 선구자로 불린 위인들은 거의 모두가 동시대의 무언가를 거부하거나 깨뜨리고 새로운 것을 창조한 사람들이다. 당시에는 아무리 무시당하고 비난받아도 꿋꿋이 자신만의 길을 가며 결국 언젠가는 그 가치를 인정받은 사람들이 세상을 바꾸어 왔다. 울스턴크래프트도 마찬가지다. 우리는 지금 그녀가 했던 질문들에 대한 답을 누리며 살고 있다. 즉, 여성도 재산을 상속받을 수 있고, 자신의 꿈을 이루기 위해 살며, 누구나 교육받을 수 있는 세상에 살고 있는 것이다. 물론 울스턴크래프트로 인해 이러한 것들이 가능해진 것은 아니지만, 그녀의 과감한 한 걸음이 그의 후손들에게 귀감이 되어 어려운 길을 갈 수 있는 용기를 준 것이다. 지금은 너무도 당연해진 현재 우리 여성들의 삶은 바로 수백 년이 넘는 기간 동안 온갖 비난과 멸시를 받으면서도 멈추지 않았던 수많은 '메리 울스턴 크래프트'가 있었기에 가능했다. 따라서 아직도 갈 길이 남은 남녀평등의 문제는 불편한 현실을 직시하는 것에서 시작되어야 할 것이다. 남녀 모두를 위한 '평등한' 페미니즘의 시작은 편한 길에서 시작되지 않는다. 울스턴 크래프트는 그녀의 친구에게 다음과 같이 말했다. "나는 평범한 길을 가려고 태어나지는 않았어."

5.
루트비히 반
베토벤

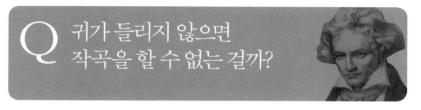

루트비히 반 베토벤(Ludwig van Beethoven, 1770~1827, 독일)

불완전한 인간의 완벽한 음악

Q 귀가 들리지 않으면
작곡을 할 수 없는 걸까?

0. 들어가며

▌베토벤의 초상

세상에는 역경에도 불구하고 자신의 예술혼을 펼쳐 성공한 예술가들이 많다. 이들은 돈이 없어도, 시간이 없어도, 가족이나 연인에게 버림받았어도, 병에 걸렸어도 훌륭한 작품들을 남겼다. 하지만 돈이 없어도 사지가 멀쩡하다면 춤을 출 수 있고, 아무리 큰 정신적 충격을 받았어도 앞이 보이면 그림을 그릴 수 있다. 하지만 팔다리가 움직이지 않는 무용수가 존재할 수 있을까? 눈이 보이지 않는 화가의 그림에 의미를 부여할 수 있을까?

각 영역마다 그것을 해내기 위해 필수적인 신체 부위나 감각이 있다. 그런데 여기 귀가 들리지 않는 음악가가 있다. 귀가 들리지 않는다니! 음악은 청각에 의존하는 예술이다. 따라서 청력은 음악을 만들어 내는 사람에게도, 그것을 즐기는 사람에게도 필수적인 요소다. 하물며 자신의 작품에 책임을 져야 하는 직업 음악가의 청력이 문제라니, 과연 귀로 듣지 못해도 음악가라고 할 수 있을지 고민된다. 하지만 이 음악가는 직접 연주하는 것은 포기해도 작곡은 포기하지 않았다. 그는 정적에 휩싸인 새로운 세계와 싸우고 고뇌하면서 작곡을 계속했다. 그는 「월광」, 「열정」과 같은 주옥같은 피아노 소나타들과 「피아노 협주곡 황제」 그리고 「제 3번 교향곡 영웅」, 「제 5번 교향곡 운명」, 「제 6번 교향곡 전원」, 「제 9번 교향곡 합창」과 같은, 이름만 들어도 누구나 아는 곡들을 작곡했다. 바로 악성(樂聖)이라 칭송받는 루트비히 반 베토벤이다. 악성, 즉 음악의 성인이라는 의미인데, 베토벤이 그러한 칭송을 받는 것은 그가 청력이라는 음악가로서의 가장 필수적인 감각을 잃어버렸음에도 불구하고, 종교적 성인들처럼 그 고난을 극복하여 위대한 결실을 맺었기 때문이다.

서양 음악사의 두 거인인 모차르트(1756~1791)와 베토벤은 비슷한 시대의 인물이고 가장 유명한 작곡가들인 만큼 자주 비교되곤 한다. 모차르트는 어렸을 때부터 신동으로 유명했고, 말 그대로 보기 드문 '천재'였다. 그는 평생 그의 천재성을 유감없이 발휘하며 사람들의 주목을 받았다. 하지만 천재 모차르트도 (시대를 앞서나가는 사람들이 늘 그렇듯) 일부 작품들에 대한 대중의 몰이해와 가난으로 고통받았고, 불과 35세의 젊은 나이로 세상을 떠났다. 그야말로 '천재다운' 삶이다. 반면 베토벤은 모차르트처럼 신동도 천재도 아니었다. 그는 자신도 모차르트처럼 신동이길 바랐지만, 그의 재능은 어린 나이에는 꽃피지 않았다. 게다가 음악가로서는 치명적인 청력의 이상이 오면서 그는 죽음까지 생각했다. 하지만 베토벤은 포기하지 않았다. 고난과 불굴의 삶, 갈등과 성찰의 삶은 그를 진정한 예술가로 만들어 주었다. 베토벤을 모차르트만큼 위대한 음악가로

삼십 대의 베토벤(1803년 작)

만든 것은 그가 그러한 자신의 '운명'을 받아들였기 때문일 것이다.

이상한 가정이지만, 만약 베토벤이 정상적인 청력을 가졌어도 그는 뛰어난 작곡가로 서양 음악사에서 중요한 위치를 차지했을 것이 분명하다. 하지만 그가 청력을 잃은 음악가가 아니었다면 악성이라는 칭호를 얻을 수 있었을까? 교향곡이라는 형식의 완성을 이루었다는 제 9번 교향곡 「합창」과 "인간의 경지를 초월한 것 같다"는 평을 듣는 말년의 현악사중주와 같은 걸작들이 탄생할 수 있었을까? 아마도 신은 모차르트에게는 천재성을 주고 그만큼 빨리 자신의 곁으로 데려가고, 베토벤에게서는 청력을 받고 그에게 고난의 시간을 통해 만든 걸작을 주었는지도 모르겠다.

그렇다면 베토벤은 왜 포기하지 않았을까? 우리는 그 답을 그가 28세 때 쓴 유서1에서 엿볼 수 있다. "아아, 나에게 주어진 것과 느끼고 있는 일을 완성하지 못하고 세상을 떠난다는 것은 나로서는 못할 노릇으로 생각되었다. 그래서 나는 이 비참한 목숨을 이어왔고, 조그만 변화로도 최선의 상태에서 최악의 상태로 떨어질 만큼 민감한 내 육체를 이끌고 온 것이다!" 그리고 그는 후에 자신의 제자 체르니(Carl Czerny, 1791~1857)2에게 자신이 작곡하는 이유를 다음과 같이 말했다. "내 마음속에 있는 것이 밖으로 나와야만 하기 때문에 나는 작곡을 하는 거야." 예술가에게 이보다 더 절실한 이유가 있을까.

운명을 받아들인 베토벤은 뛰어난 음악가를 넘어 '악성'이 되었다. 바흐도 헨델도 모차르트도 아닌, 어째서 베토벤에게 '악성'이라는 칭호가 붙었을까? 그것은 그의 음악이 이전까지의 서양 음악의 판도를 바꾸어 놓았기 때문이다. 사실 베토벤의 시대까지만 해도 기악 음악은 궁정과 귀족들의 저택에서 '듣기 좋게' 즐기는 음악이었고, 대중을 포함해 더 많은 사람들이 선호하고 즐긴 것은 오페라와 같은 성악 장르였다. 베토벤이 강점을 보인 교향곡이나 실내악, 소나타 같은 순수 기악곡은 성악 장르에 비해 낮은 위치에 있었던 것이다. 하지만 베토벤의 등장으로 상황이 바뀐다. 베토벤의 이러한 음악은 더 이상 배경에 흐르는 음악이 아닌 세계의 전면에 등장한, 존재해 왔지만 완전히 새로운 음악이었다. 그의 손에서 태어난 교향곡과

---

1 일명 '하일리겐슈타트의 유서'라고 불리는 것으로, 1802년 그가 청력의 이상으로 요양을 갔을 때 자신의 처지를 비관하여 자살할 마음으로 쓴 유서이다.
2 그렇다. 바로 그 체르니다. 피아노 레슨을 받는 사람이라면 그 누구도 피할 수 없는 『체르니』 교본의 저자다.

실내악들은 이전의 수준에서 벗어나 한층 정교하고 강렬하면서 완벽한 구성을 보여 주었다.

'완벽'이라는 수식어는 쉽게 쓰일 수 없는 단어지만, 베토벤의 음악을 연구한 대부분의 학자들과 연주자들은 그의 음악을 '완벽하다'고 표현하는 데 조금도 망설이지 않는다. 그는 오페라3와 성악곡을 제외한 기존의 음악 형식들, 특히 교향곡과 현악 사중주와 같은 실내악을 그의 사후 누구도 넘보지 못할 만큼 절정의 수준으로 끌어올렸다. 베토벤의 마지막 교향곡인 「운명」이후에도 수많은 뛰어난 교향곡들이 작곡되었지만, 교향곡의 발전은 베토벤에서 멈췄다고 할 정도로 음악적으로 그의 작품을 뛰어 넘는 곡들은 쉽게 나타나지 않았다. 브람스가 베토벤의 흐름을 이어받아 새로운 고전주의 음악을 표방하고 교향곡의 걸작으로 꼽히는 곡들을 작곡했지만, 브람스는 여전히 베토벤의 후광을 받고 있다.

베토벤의 음악은 서양 음악사에 있어 중요한 분기점이자 하나의 이정표가 되었다. 우리는 18세기 사람들처럼 기악곡을 가볍게 듣지 않는다. 우리는 때로는 「운명」을 듣고 다양한 감정으로 고뇌하고 괴로워하기도 한다. 베토벤이 교향곡의 '운명'을 바꾼 것이다.

1. 천재가 되고 싶었던 악성(樂聖) 베토벤

베토벤의 가문은 음악가 가문이었다. 그의 친할아버지는 재능 있는 음악가로, 쾰른 선거후의 궁정에서 13년 동안 궁정 악장을 지낸 본(Bonn) 음악

---

3 베토벤은 「피델리오」라는 단 한 편의 오페라만을 작곡했다.

▌베토벤의 할아버지가 궁정 악장을 지냈던 본에 있는 선거후의 궁정. 1730년대부터 어린 베토벤에 이르기까지 베토벤 가문의 음악가들이 이 궁정에서 활동했다.

계의 영향력 있는 인사였다. 그 아들인 베토벤의 아버지도 테너이자 음악교사였지만 안타깝게도 그는 별다른 재능이 없는 평범한 사람이었고, 아버지의 재능과 권위에 위축되어 있었다. 베토벤이 네 살되던 해, 할아버지가 세상을 뜨자 가장이 된 베토벤의 아버지는 이제 집안의 수입과 아들의 음악 교육을 전적으로 책임지게 되었다. 그는 자신의 아들이 뛰어난 음악적 재능을 가지고 있는 것을 알고 있었고, 아들을 모차르트처럼 신동으로 만들고 싶었다. 하지만 그의 열망과 자신의 아버지에 대한 열등감은 아들 베토벤에 대한 억압적이고 비뚤어진 교육 방식으로 나타났다. 설상가상으로 알코올중독에 빠진 그는 술 먹고 밤늦게 들어와 잠자는 베토벤을 깨워 아침까지 피아노를 치게 한 적도 있었고, 방에 가두고 바이올린 연습을 시키기도 했다. 그에게 아들의 교육은 아버지에 대한 열등감을 보상받고, 음악가로서의 자신의 명예를 지키는 방법인 한편, 아들의 재능을 경제적으로 이용하려는 의도도 있었다.4 베토벤의 아버지는 자신의 아버지처럼 궁정

---

4 베토벤의 아버지는 입장료를 받고 자신의 집에서 아들의 연주회를 열기도 했다.

음악가로 일하고 싶었지만 거절당했고 집안 형편은 점점 어려워졌다.

베토벤의 어머니 또한 자신의 결혼을 불행하게 여겼고, 아버지처럼 베토벤을 괴롭히진 않았지만 베토벤이 자신이 사랑받고 있다고 생각할 만큼 충분히 아들을 보살펴 주지 못했다. 따라서 정서적으로 외롭고 상처받은 베토벤은 어렸을 때부터 혼자 있기를 즐겼고, 동네나 학교의 또래 친구들과도 잘 어울리지 못했다. 학교 공부에도 흥미를 느끼지 못해 그는 평생 덧셈을 제외한 산수를 하지 못했다고 한다. 하지만 우리에겐 참으로 다행스럽게도 이런 환경에도 불구하고 베토벤은 음악 공부를 그만두지 않았고, 심지어는 경제력이 없는 아버지를 대신해 14세 때는 궁정의 오르간 주자로 급료를 받으며 가족의 생계를 책임졌다.

그렇다고 그가 매우 고독한 외톨이로 팍팍하기만 한 십 대 시절을 보낸 것은 아니었다. 이웃의 귀족 집안 자제들과 어울리며 외국어와 같은 지성을 쌓고, 대학에 진학해 계몽운동에서 비롯된 새로운 사상들을 배우며 여느 야심찬 젊은이들처럼 자유와 평등의 가치를 품은 새로운 세상에 대한 기대감도 가졌다. 베토벤의 십 대 후반 시기에는 그 유명한 프랑스 혁명이 발발하며 전 유럽 젊은이들의 가슴에 불을 지폈는데, 베토벤도 그러한 변화하는 사회적 분위기에 영향받은 사람 중 하나였다. 베토벤은 혁명의 이상을 실현시켜 줄 나폴레옹 보나파르트를 생각하며 그에게 헌정할 생각으로 작곡한 곡에 '보나파르트'라는 제목을 붙였다. 하지만 나폴레옹이 황제가 되었다는 소식을 듣고 불같이 화를 내며 보나파르트의 이름을 지워 버렸다는 것은 유명한 일화다. 2년 후 출판된 이 3번 교향곡에는 다음과 같은 부제가 붙었다. '신포니아 에로이카, 한 사람의 영웅에 대한 추억을 기리기 위해서' 이 곡이 바로 오늘날 「영웅」으로 알려진 제 3번 교향곡이다. 그리고 그 '영웅'은 황제가 된 나폴레옹이 아니었다.

베토벤은 22세 때인 1792년, 모든 음악가들이 선망하는 음악의 도시 빈(Wien)에 도착한다. 빈은 그가 원래 있었던 본과 달리 아직 프랑스군이 밀어 닥치지 않았고, 합스부르크 제국의 수도로서 여전히 번영을 누리고 있었다. 모든 예술 중에서도 특히 음악은 빈 귀족들의 생활에 필수적인 요소였고, 따라서 훌륭한 극장과 가극장이 즐비했을 뿐 아니라 최고급 레스토랑에서 싸구려 술집까지 음악이 흐르지 않는 곳이 없었다. 베토벤은 이러한 빈에서 25년을 살며 이곳에서 생을 마감하게 된다. (하이든과 모차르트의 묘지도 빈에 있다.)

빈은 이처럼 음악가들에게 성공을 위한 꿈의 도시였지만 시대는 프랑스혁명의 여파로 변하고 있었다. 여느 예술가들과 마찬가지로 그때까지도 음악가들은 왕족이나 귀족 혹은 고위 성직자와 같은 후원자의 금전적 지원을 받아 그들이 원하는 그리고 그들을 위한 음악을 만들며 생계를 이어가야했다. 지금처럼 자신의 음악을 하며 독자적으로 활동할 수 있는 시대가 아니었다. 따라서 베토벤도 빈에 도착하자마자 자신의 음악적 재능을 보여주고 후원자들을 얻어 음악 활동을 하게 되었다. 하지만 혁명의 여파로 인해 프랑스를 상대로 한 반혁명 전쟁이 벌어지고, 자유와 평등이라는 근대적 개념의 등장이 귀족들의 사치스러운 활동을 위축시켰다. 따라서 베토벤이 빈에 도착한 시기는 후원제가 여전히 존재했지만, 왕가와 귀족들의 음악 후원이 많이 줄어든 상태였다. 훗날 베토벤이 후원제에서 독립한 최초의 자유 작곡가로 평가받는 것도 베토벤 자신의 특출한 능력이나 계몽주의적 성향이라기보다 시대적 흐름상 어쩔 수 없는 것이었다고 할 수 있다. 오히려 그는 평생 후원자를 얻고자 하는 열망을 갖고 있었다.

여하튼 이 음악의 도시 빈에서 베토벤은 음악적으로 더욱 성장한다. 하이든이라는 음악계의 거장에게 가르침을 받았고, 「아마데우스」라는 영화로 인해 모차르트의 불운한 경쟁자로 알려진 안토니오 살리에르에게 수년간 지도받기도 했다. 하지만 이런 과정에서도 베토벤의 성격 중 하나인 독불장군적 성향이 드러난다. 베토벤은 사실 그를 가르친 어느 스승과도 사이가 좋지 않았다. 베토벤은 스스로 자신의 재능이 뛰어나다는 것을 알고 있었고, 자신의 작품에 대한 비판을 모욕으로 받아들였다. 따라서 자신에게 쓴소리를 하는 스승들을 참지 못하고 자만하면서, 결국에는 그들에게 배우기를 거부했다. 결국 그는 많은 부분을 스스로 익혀야만 했다. 그의 이러한 오만한 자세는 평범한 사람이었다면 비판받아야 마땅할 것이다. 하지만 그의 훗날 작품들을 보고 누가 그를 비난할 수 있을까. 심지어 음악 대학에서 쓰는 서양 음악사 교재도 하이든이나 모차르트보다 베토벤에 더 많은 지면을 할애하고 있다!

베토벤의 빈에서의 첫 10년간의 활동은 성공적이었다. 뛰어난 즉흥 연주로 정상급 피아니스트로서 자리매김했고, 작곡가로서도 성공하여 빈 음악계의 중요한 인물로 성장했다. 가족과 아버지로부터 해방된 그는 자신이 가지고 있던 재능과 창작열을 마음껏 발휘했다. 스스로 천재라고 생각할 정도였다. 베토벤의 피아노를 위한 작품 중 단연 걸작이라고 할 수 있는 피아노 소나타의 처음 20곡이 이 초반 10년 사이에 작곡되었다. 그는 하이든과 모차르트에 의해 정형화된 피아노 소나타의 3악장 구성에서 벗어나 4악장으로 이루어진 소나타를 작곡하면서 다양한 감정들을 표현했다. 그가 평생 쓴 총 30편의 피아노 소나타 중 대중에게 가장 잘 알려진 「비창」, 「장송 행진곡」, 「월광」도 이때 탄생했다. 고전주의를 완성하고 낭만주의라는 새로운 시대를 열기 위한 준비가 이미 이때부터 시작되고 있었던 것이다. 베토벤은 4악장 형식으로 이루어진 작품 28번 소나타 「전원」을 작곡한 뒤 다음과 같이 썼다. "이제부터 나는 새로운 길로 나아간다."

하지만 이러한 음악가로서의 성공 뒤에 치명적인 장애물이 도사리고 있었다. 바로 음악가에겐 생명과도 같은 청력 이상이었다.

2. 왜 신은 베토벤을 음악가로 만들었는가

"그래도 몇 번은 사람들 속에 끼어들고 싶은 마음에서 그들에게로 가 보았다. 그러나 내 곁에 있는 사람은 먼 데서 부는 피리 소리를 들었지만 **나에게는 아무 소리도 들리지 않았고,**[5] 그에게는 양치기의 노랫소리가 들렸지만 나에게는 여전히 아무것도 들리지 않았다.

그럴 때마다 내가 얼마나 큰 굴욕감을 느꼈겠는가! 이런 일을 몇 번이고 경험하고 난 후에 나는 절망감에 빠지게 되었다. 하마터면 스스로 목숨을 끊을 뻔하기도 했다. 이런 나를 제지해 준 것은 예술이었다. 오로지 그것뿐이었다."

−1802년 10월 6일, 베토벤, 「하일리겐슈타트[6]의 유서」 중에서

베토벤의 난청 현상은 대략 1796년경부터 시작된 것으로 추정되며, 삼십 대에 들어서면서 출혈성 질환과 귀에서 윙윙대는 이명 현상으로 고통받았다. 1798~1799년 즈음엔 증세가 매우 심각해져 음악가로서 치명적인 이 병이 알려질까 봐 사람들을 피했고, 절친한 친구에게도 이를 알리지 않았

---

5 굵은 글씨로 되어 있는 부분은 원본에서 베토벤이 밑줄을 그은 부분이다.
6 빈의 교외에 있는 지명으로, 베토벤이 요양하러 갔던 곳이다.

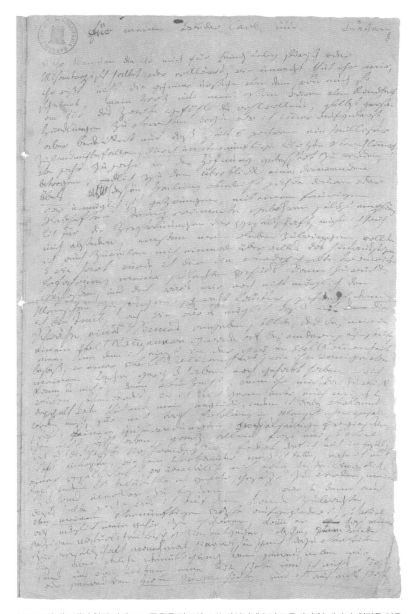

▎1802년 베토벤이 청력 이상으로 죽음을 각오하고 쓴 하일리겐슈타트 유서의 첫 페이지. 청력을 잃은 예술가의 고뇌가 절실하게 와 닿는다.

다. 그는 혼자 여러 의사에게 찾아가 봤다. 하지만 아무 소용이 없었다. 결국 1800년이 되자 더 이상 숨기지 못하고 가장 가까운 친구 몇 명에게 이 사실을 알렸다. 그러나 그의 난청 현상은 전혀 차도가 없었고, 급기야 빈 외곽에 있는 하일리겐슈타트라는 시골 마을에서 요양할 때인 1802년에는 자살할 각오로 유서까지 쓰는 심각한 정신적 좌절 상태에 이르렀다.

하지만 놀랍게도 베토벤의 모든 주요 작품들은 그가 청력 이상으로 고통받은 삼십 대 이후에 작곡되었다. 그가 유서를 쓴 하일리겐슈타트에서는 「교향곡 제 2번」, 「피아노 소나타 제 16번」과 「피아노 소나타 제 17번 템페스트」가 작곡되었다. 물론 그 이전에도 작곡 활동을 했지만, 1800년 이전에 작곡한 곡들 중에는 주목할 만한 작품이 많지 않았다. 게다가 귓병이 심해진 1800년은 음악가로서 베토벤의 경력에 중요한 분기점이 되는 해였다. 리히노프스키 공으로부터 상당한 금액의 연금을 받게 되어 비교적 자유로운 작곡 환경을 가질 수 있게 되었고, 후원자의 파티가 아닌 자신의 이름으로 여는 연주회를 열고, 해외에서도 그의 작품 판매 요청이 쇄도했다. 이듬해는 그의 인생에 있어 가장 풍성한 출판 수익을 거둔 해였다. 하지만 그해는 베토벤의 귀먹음 증세가 확실해진 해이기도 했다. 음악가로서의 성공의 이면에 말 못할 병으로 죽고 싶을 만큼 정신적 고통에 시달린 베토벤이 있었다니, 마치 신이 그에게 음악적 각성을 위한 시련의 시간을 준 것 같았다.

앞서 언급했다시피 베토벤은 그의 나이 32세 때인 1802년에 죽을 각오로 유서를 남겼다. 하지만 그는 실제의 죽음 대신 유서를 쓰는 과정을 통해 죽음을 체험한 듯 보인다. 그리고 이는 궁극적으로 그가 청력을 잃은 음악가로서의 삶에 좌절하기보다, 고요한 내면의 세계를 얻은 새로운 예술가로서의 삶을 선택하게 되는 과정이었다. 즉, 죽음의 충동을 극복하고 한 차원 높은 예술의 세계로 한 걸음을 내딛은 것이다. 1803년, 베토벤은 「교향곡 제 3번 영웅」을 작곡하기 시작하고(1804년에 완성), 「피아노 소나타 제 21번 발트슈타인」과 「제 23번 열정」과 같은 주옥같은 곡들을 작곡했다. 그리고 1806년, 「라주모프스키 사중주」를 작곡하던 스케치 여백에 이렇게 적어 놓는다. "너의 귀먹음을 더 이상 비밀이 안 되게 하라 — 예술에 있어서 조차도." 이는 베토벤이 '음악가의 귓병'이라는 "조물주의 저주"까지도 극복 하려 했음을 보여 준다. 그리고 1808년, 그는 그에게서 청력을 앗아간 그의 운명을 마치 조롱이라도 하듯이 「교향곡 제 5번 운명」을 완성시켰다. 누구 나 다 아는 이 5번 교향곡의 강렬한 오프닝은 운명에 고하는 베토벤의 승리 의, 그러나 기쁨만이 아닌 고뇌에 찬 외침과도 같다. 1815년까지 베토벤의 음악은 성공을 거듭하며 국민적 인기를 얻었다.

하지만 그의 청력은 더욱 악화되고 있었고, 사회적 분위기는 다시 변하 고 있었다. 20년 가까이 지지부진 이어지던 전쟁이 끝나자 사람들은 이제 평화와 안정을 원했다. 대중은 이제 의식의 각성이나 진지한 성찰이 아닌 즐겁고 화려한 것에 열광했다. 때맞춰 이탈리아의 오페라가 로시니라는 걸 출한 작곡가의 등장으로 새로운 전성기를 맞이했다. 그의 「세빌리아의 이 발사」는 대중의 열렬한 지지를 받은 반면, 베토벤의 진지한 음악은 외면받 았다. 이제 베토벤의 음악도 새로운 길을 모색해야 할 때가 온 것이었다. 이 러한 사회의 변화와 함께 그를 후원해 주던 후원자들 대부분이 사망하면서 더 이상 후원제에 기댈 수도 없게 되었다. 이러한 이중적 요인으로 베토벤 은 1818년까지 약 4년간 작곡을 중단하게 된다. 음악가 베토벤 인생에 가장 큰 슬럼프였다. 흥미롭게도, 그가 귓병이 심해졌을 때 심각한 슬럼프에 빠

▎「교향곡 제 9번 합창」 4악장의 베토벤 자필 악보

진 것이 아니라 오히려 외부적 요인에 의해 장장 4년이나 작품을 써 내지 못했다는 것은 청력의 이상이 과연 베토벤에게 얼마나 악영향을 미쳤는지 의심하게 만드는 대목이다.

불굴의 의지를 가진 베토벤은 이 슬럼프를 극복해 냈다. 1819년에는 그의 최고 걸작으로 손꼽히는 「교향곡 제 9번 합창」과 또 다른 걸작인 「장엄미사」의 작곡을 시작했고, 흡사 열반의 경지에 이른 것 같은 최후의 현악 사중주도 작곡했다. 하지만 예술적 경지에 이른 것과는 별도로 그의 생활은 더욱 궁핍해졌고, 귓병뿐 아니라 온갖 질병으로 그의 건강도 점점 악화되었다. "빵을 벌기 위해 작품을 써야 한다는 것은 기가 막힐 노릇이다."라고 할 정도로 베토벤은 돈이 없었다. 1819년에는 그의 귀가 완전히 먹은 것으로 추정되며, 1820년이 되면 황달과 간경화까지 겪는다. 경제적인 문제는 주변의 도움으로 어느 정도 해결할 수 있었지만, 그의 건강은 결코 나아지지 않았다.

베토벤의 건강 상태와는 반비례하게 그의 음악적 창조력은 더욱 심오하고 깊어졌다. 이제 완전히 소리를 잃은 역설적인 그의 음악 세계는 일종의 명상적인 성격을 수반하며, 단순히 분위기가 바뀌는 장조의 변화가 아닌 어둠에서 밝음으로 나아가 거기서 또 무언가를 초월하는 느낌까지 주었다. 말년의 베토벤의 음악 세계는 불교에서 말하는 소위 '해탈'의 경지에 이른 것 같았다. 그리고 1824년, 드디어 그의 마지막 교향곡인 「합창」이 완성되었다. 교향곡의 새로운 장을 연 것과 동시에 교향곡의 완성을 이룬 것으로 평가받는 이 작품은 교향곡의 형식에 더해 마지막에 합창과 독창을 사용한 것이 특징이다. 실러의 시 「환희의 송가」에 곡을 붙인 이 합창곡은 긴 기악 교향곡의 절정에 도입되어 듣는 이로 하여금 예술적 쾌감과 종교적 숭고함까지 느끼게 한다. 이 교향곡의 초연은 청중의 엄청난 박수갈채를 받았다. 이 초연을 지휘한 베토벤은 그 박수갈채를 듣지 못해 청중을 향해 몸을 돌리지 못했다. 그러자 독창자 한 사람이 그의 옷소매를 당겨 청중을 보게 했고, 그제야 베토벤은 대중의 갈채를 알 수 있었다. 하지만 말년의 이러한 엄청난 성공에도 불구하고 그에게 주어지는 돈은 극히 적었다. 예술적 성공은 그에게 명예는 주었지만 부는 주지 않았다.

흡사 종합병원 같았던 그의 몸 상태는 1825년 대장염까지 앓게 되면서 어떤 치료도 듣지 않는 지경에 이르렀다. 그리고 1827년 3월 26일, 혼수상태에 빠져 사경을 헤매던 베토벤은 한순간 눈을 뜨고 오른손을 치켜들어 주먹을 쥐었다. 그리고 그 손이 떨어지면서 세상을 떠났다. 이는 베토벤의 삶의 끝이자 '악성' 베토벤의 시작이었다.

3. 필멸의 인간, 불멸의 음악으로 신의 영역에 다가가다 – "괴로움을 돌파하여 기쁨으로!"

> "1816년에 와서 베토벤은 그 자신, 단지 그의 마음속에만 존재하는 소리 없는 음들의 세계로 물러났다. 3기의 작품들은 더욱 더 명상적인 성격을 띠게 되었다. 이전의 의사소통에 대한 절박한 느낌은 평온함을 확신하는 감정으로 대치되었고 열정적인 분출은 고요한 긍정으로 대치되었다. 음악어법은 더욱더 집중되고 추상화되었다. 극단이 서로 만났다. 「장엄 미사」와 「9번 교향곡」에서 숭고함과 그로테스크가, 마지막 사중주에는 심오함과 매우 소박한 것이 공존하고 있는 것이다."
>
> – 팰리스카, 『서양 음악사』, 제 15장 '베토벤' 중에서

서양 음악사에서는 베토벤을 하이든, 모차르트와 함께 고전주의 작곡가로 분류한다. 이들의 음악적 재능과 예술성에 우열을 가릴 수는 없지만 음악사적 관점에서는 베토벤이 모차르트보다 중요하다. 하이든과 모차르트에 비해 베토벤의 작품 수가 턱없이 부족함에도 말이다.[7] 많은 양을 작곡했다고 해서 작곡가가 힘들이지 않고 대충 쓴 것도 아니고, 적은 수를 썼다고 해서 질이 뛰어난 것도 아니다. 하지만 베토벤이 한 곡, 한 곡 다른 작곡가

---

[7] 단적인 예로 교향곡의 경우 하이든은 100곡, 모차르트는 50곡인데, 베토벤이 작곡한 교향곡은 9곡에 불과하다.

█ 말년의 베토벤의 모습을 그린 스케치와 그의 자필 서명

들에 비해 매우 힘들게 공들여 쓴 것은 사실일 것이다. 무엇보다도 그는 귀로 들을 수 없었으니 말이다. 그는 소리 없는 세상에서 그 누구보다 완벽한 음악을 창조해 냈다. 이러한 그의 음악은 고전주의 음악을 완성함과 동시에 낭만주의 음악이라는 새 시대의 길을 닦아 놓았다. 혹자는 베토벤 이후 서양 음악의 모든 것이 변했다고 평가하기도 하고, 낭만주의 음악이 이미 베토벤이 만들어 놓은 새로운 형식을 변주하고 응용한 것에 불과하다고 말하기도 한다. 그 정도는 아닐지라도 베토벤이 그의 후배들에게 새로운 음악의 가능성을 열어 준 것은 확실하며, 불멸의 음악을 후대에 남겨 준 것도 변하지 않는 사실이다.

베토벤의 작품 세계는 끊임없이 진화했다는 특징이 있다. 초기 작품부터 마지막 작곡한 곡까지 계속 발전한 음악을 보여 주었다는 점은 그 어느 위대한 음악가에게서도 쉽게 찾아볼 수 없는 대단한 점이라고 할 수 있다. 자신의 기존 음악에 고착되지 않고 새로운 자신의 예술 세계를 개척해 나간 그의 삶은, 스승을 인정하지 않으려 했던 학생 베토벤의 오만함과 연결되어 있다. 그의 오만함은 완벽한 음악을 향한 열정의 또 다른 모습이었던 것이다. 이러한 열정과 재능에 더해 청력의 상실로 인한 고립된 세계는 오히려 그의 창작력을 전인미답의 경지로 끌어올렸다. 내적 자아로의 완전한 몰입은 마치 영화나 무협지에 나오는 무술 고수들을 보는 것 같다. 그 고수들은 시력을 잃었지만 오히려 마음의 눈을 얻어 궁극의 경지에 이르는데, 그것은 마치 베토벤의 예술적 경지와 흡사하다.

청력을 잃어도 음악을 할 수 있냐고 누가 묻는다면 베토벤이 마지막으로 작곡한 사중주의 마지막 악장에 기록한 내용들을 보여 줄 것이다. 그것은 스스로에게 쓴 문답이었다.

"그래야만 하는가?"

"그래야만 한다!"

6.
찰스 다윈

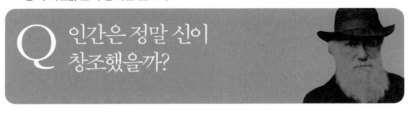

Q 인간은 정말 신이
    창조했을까?

0. 들어가며

┃ 찰스 다윈

서기 313년. 로마 제국의 콘스탄티누스 황제가 기독교 박해 역사에 종지부를 찍고 하나의 종교로서 기독교를 공인한다. 이는 서양사에서 '밀라노 칙령'이라고 불리는 유명한 사건으로, 이후 서양 문화의 운명을 결정짓는 중대한 역사적 순간이었다. 기독교는 이때부터 로마 제국의 연결망을 타고 빠르게 전 유럽으로 확장되었고, 기독교 문화는 헬레니즘 문화와 함께 서구의 문화적 뿌리를 이루는 양대 축이 되었다. 기독교적 문화와 사고가 확립되고 가장 강하게 작용했던 중세 시대를 거치면서 성서를 기반으로 한 세계관은 누구도 넘볼 수 없는 절대 신성의 영역이 되고 말았다.

하지만 근대에 접어들면서 그러한 서구의 기독교적 세계관을 무너뜨린 결정적인 사건들이 과학 분야에서 두 차례 나타난다. 바로 1543년 코페르니쿠스의 『천체의 회전에 관하여(De revolutionibus orbium coelestium, libri VI)』와 1859년 다윈의 『(자연 선택에 의한) 종의 기원(On the Origin of Species by Means of Natural Selection)』의 출간이다. 전자는 지구가 태양 주위를 돈다는 '지동설'을 주장한 책으로, 신이 만든 지구가 우주의 중심이라는 '천동설'을 뒤집어 그야말로 기독교의 세계관을 바꿔 놓았다. 코페르니쿠스의 책은 바티칸의 금서 목록에서 풀리는 데 무려 3백 년이 걸렸다. 그리고 후자는 인간을 포함한 지구상의 모든 생물은 변형되어 현재의 형태에 이르렀다는 '진화론'을 담은 책으로, 이 이론은 신이 만든 완벽한 세계라는 기독교의 '창조론'에 정면으로 반박했다. 특히 다윈의 진화론은 지구나 동식물뿐 아니라 인류 또한 지금의 형태로 생겨난 것이 아니며, 더 나아가 그 시작은 다른 동물과 같은 원형에서 파생되었다는 매우 파격적인 주장을 담고 있기 때문에 21세기인 현재까지도 과학계의 뜨거운 논쟁거리로 남아 있다.

신이 자신과 똑같은 형태로 만든 '만물의 영장'인 우리 인간의 조상이 저 원숭이 같은 유인원이라니? 별로 인정하고 싶지 않은 주장이다. 어느 문명권이나 신의 '인간 창조론'은 존재한다. 따라서 다윈의 이론에 내포되어 있는 이 같은 생각은 기독교 문화권이 아니더라도(정도의 차이는 있겠지만) 충격적인 것이라고 할 수 있다. 특히나 유일신주의에 타 종교와의 공존을 인정하지 않는 서구의 기독교 세계에서 유일신의 권위를 파괴하는 다윈의 진화론은 출간 직후 학계는 물론 대중 사이에서도 격렬한 논쟁을 불러일으켰다. 인류의 역사와 자연계에서의 인간의 종의 위치가 완전히 바뀔 수 있는 일대 사건이었던 것이다.

성서의 「창세기」를 정면으로 반박한 진화론을 주창한 영국의 과학자 찰스 다윈은 한 권의 책으로 말 그대로 "세상을 바꾼" 사람이 되었다. '자연 선택'과 '적자 생존'이라는 말로 대표되는 다윈의 진화론이 담긴 『종의 기원』은 지금까지 쓰인 과학책 중 가장 유명한 책이다.

여기서 우리가 주목해야 할 것은 이 책의 성격과 그것이 미친 사회적 파괴력이 책의 저자인 다윈의 성격과 태도와는 너무나 상반된다는 것이다. 진화론이라는 이론의 특성상 저자 또한 급진적인 사상가이고(실제로 다윈 이전의 초기 진화론자들은 급진적 사상가로 분리되었다), 기독교를 믿지 않으며 신을 부정하는 사람일 것이라는 추측이 상당히 그럴듯하게 느껴진다. 하지만 다윈은 결코 그런 인물이 아니었다. 그는 모든 성서의 사건들이 역사적으로 일어난 일이 아니라고 생각했고, 따라서 기독교 교리에 회의를 느끼긴 했지만, 무신론자는 아니었다. 그는 신의 존재를 인정하고 이 세계에 미치는 신의 존재에 경의를 가지고 있었다.

게다가 그는 결코 급진적인 사상가가 아니었다. 『종의 기원』은 1859년에 출간되었지만 이 책에 나온 핵심 이론은 이미 21년 전에 나와 있었다. 그의 이론이 하나의 책으로 완성되기까지 무려 21년이 걸린 것이다. 사실 하루가 멀다 하고 새로운 발견이나 이론이 쏟아지는 과학계에서는 다른 누가 먼저 발표해 자신의 독창성을 빼앗기지 않기 위해, 그리고 '처음'이 되기 위해 검증 작업이 끝나면 가급적 빨리 다듬어서 발표하는 것이 보통이다. 하지만 다윈은 자신의 주장이 핵폭풍과 같은 파급 효과를 가져올 것을 알았기 때문에 발표하기를 주저했다. 그는 차분하고 조용한 신사였으며 (당시 영국의 엘리트 계층이 거의 그렇듯) 신앙심을 가진 기독교인이었기 때문에 진화론이 가져올 파장이 두려웠다. 그뿐만이 아니다. 다윈은 매우 신중하고 철저한 성격의 학자였기 때문에 자신의 이론을 증명할 근거들을 충분히 확보하고, 수많은 검증 작업을 거친 후에야 남들에게 내놓을 수 있다고 생각했다.

그렇다면 무려 21년이라는 시간을 거쳐 탄생한 『종의 기원』의 시작은 어디였을까? 다윈이 신이 창조한 자연 세계의 불변성에 의구심을 갖게 된 것은 무엇 때문이었을까? 다윈의 유명세만큼 수많은 과학사가들이 그의 삶을 샅샅이 훑으며 진화론의 기원을 찾기 위해 눈에 불을 켰고, 몇 가지 다른 의견들이 있지만 비글호를 타고 떠난 5년간의 탐험 여행을 통해 다윈이 진화 이론의 단초를 얻었다는 데에는 모두가 동의하고 있다. 다윈 스스로도 이 비글호 여행이 자신의 운명을 결정지었다고 생각했다. 그리고 그의 의문은, 바로 여기서 시작되었다.

하지만 우리는 우선 비글호를 타기 이전의 다윈부터 살펴보기로 하자. 거기에는 그 유명한 다윈을 만든 몇 가지 흥미로운 요소가 숨어 있기 때문이다.

1. 소년 다윈, 자연 세계에 관심을 갖다

찰스 다윈은 의사 집안의 아버지 로버트 다윈(Robert Darwin)과 사업가 집안의 어머니 수재나 웨지우드(Susannah Wedgwood) 사이의 다섯 번째 아이로 태어났다. 이런 재미없는 문구로 다윈의 이야기를 시작하는 것은 그의 집안 배경이 그의 성장에 매우 중요한 영향을 미쳤다는 것을 설명해야 하기 때문이다. 다윈의 친할아버지인 이래즈머스 다윈(Erasmus Darwin)은 의사이자 초창기 진화사상가로, 다윈 이전의 생물진화론을 주장했던 선구자적 인물 중 하나였다. 그리고 다윈의 외할아버지는 유명한 도예가이자 사업가인 조사이어 웨지우드(Josiah Wedgwood)였다. 눈치 빠른 독자들은 이미 눈치를 챘겠지만 도자기로 유명한 바로 그 '웨지우드' 가문이다. 웨지우드 도자기를 하나의 사업체로 성장시킨 것이 바로 그의 외할아버지였다. 즉, 다윈은 아직까지 학자의 길이 모두에게 열려 있지 않은 시대에서, 물질적으로 아무 걱정하지 않고 학문에 몰두할 수 있을 만한 집안에서 태어났다. 게다가 그의 할아버지들을 보아도 알 수 있듯이 보수적인 귀족 가문이 아닌, 사상적으로 자유롭고 지적이며, 행동이 진취적이고, 과학을 장려하는 집안 분위기에서 자랐다는 것을 알 수 있다. 그는 태어날 때부터 부유한 지식인 계층의 사람이었던 것이다.

소년 시절의 다윈은 고전적인 라틴어, 문학 같은 수업에는 흥미가 없었고 곤충, 새, 식물과 같은 생물 채집을 매우 좋아했으며, 화학에 흥미를 보였다. 라틴어와 그리스어를 배우고 고전을 읽는 사립학교의 엄격한 고전교육 방식은 시골을 쏘다니며 자연과 놀기를 즐겼던 소년 다윈에게는 따분하기 그지없는 것이었다. 오죽하면 그의 아버지가 공부에는 관심이 없고 새 관찰과 사냥에만 정신을 쏟는 그의 아들에게 "너 자신과 가족들에게 부끄러운 줄 알아라" 하고 꾸지람을 했을까. 이런 아들을 더 두고 볼 수 없었는지 다윈의 아버지는 1825년, 16세의 그를 형과 함께 에든버러 의대에 입학시켰다. 하지만 다윈에게 의대 수업은 더 맞지 않았다. 인체 해부를 두려워했고, 아직 마취제가 없던 시절의 수술 장면은 다윈에게 견딜 수 없는 고역이었다. 결국 2년 후인 1827년, 다윈은 의대를 그만두었다.

하지만 미래의 다윈을 형성하는 데 에든버러 시절이 아주 의미가 없는 것은 아니었다. 근대 과학의 모든 측면들을 다루는 수업들을 이때 들었기 때문이다. 화학과 자연사 수업뿐 아니라, 당시 찰스 라이엘이라는 선구적인 학자를 통해 비약적으로 발전한 지질학 과목을 접하면서 지구와 화석의 역사에 관한 당대의 논점들을 배울 수 있었다. 특히 다윈의 할아버지와 같은 생물의 변형 개념이라는 초기 진화론적 학자 중 한 명인 라마르크의 변형관을 접할 수 있었다. 물론 당시에는 진화 이론에 크게 관심을 기울이지는 않았지만 말이다. 자연학자가 될 다윈에게 더 직접적으로 도움이 되었던 시기는 케임브리지 대학 시절이었다.

의대를 그만 둔 다윈은 진로를 수정하여, 정규 학위를 따고 적당한 직업을 갖기 위해 케임브리지 대학에서 신학을 전공한다. 빅토리아 시대 중산층에게 교구 신부라는 직업은 품위 있는 것으로 여겨졌고, 다윈 또한 시골 교구에서 여유롭게 지내며 채집이나 사냥과 같은 자신의 취미를 누리면서 사는 것도 좋다고 생각했다. 지금까지 계속되고 있는 진화론 논쟁으로 인한 종교계와 다윈의 악연을 생각하면, 『종의 기원』의 저자 다윈이 신학을 전공하고 교구 신부가 될 꿈을 꾸었다는 것은 참으로 아이러니한 일이 아닐 수 없다.

1831년 1월 다윈은 무사히 졸업 시험에 통과해 학사 학위를 받았다. 22세가 된 그는 식물학 교수 존 스티븐스 헨슬로(John Stevens Henslow)의 권유에 따라 지질학을 본격적으로 공부하기 시작한다. 당시 다윈은 당대의 최신 이론이자 지질학의 수준을 한 차원 끌어올린 '동일과정설'[1]을 주장한

---

1 라이엘은 현재 일어나는, 그리고 천천히 축적되는 눈에 보이는 작은 원인들을 통해 큰 지질학적 결과들이 산출된다고 보았다. 즉, 지질의 변화는 점진적인 침하나 하강의 결과로, 이는 기독교 학자들이 주장하는 대홍수와 같은 '격변론'과는 대립되는 것이었다.

찰스 라이엘(Charles Lyell)의 명저 『지질학 원리』를 읽은 참이었다. 에든버러 시절만 해도 지질학에 별 재미를 못 느꼈던 그는 이 과정에서 지질학 교수 애덤 세지윅(Adam Sedgwick)을 만나 심도 있는 교류를 나누었고, 자연계와 동식물에 대한 자신의 관심 분야를 더 체계적으로 이해하기 위해서는 지질학이 꼭 필요한 학문이라는 것을 깨달았다.

하지만 이러한 모든 경험들은 다윈이 비글호 항해를 결심하지 않았다면 그저 부잣집 도련님의 지적 유희로 그쳤을지도 모른다. 그만큼 비글호를 타고 떠난 5년간의 탐험 여행은 그의 삶을 바꾸었을 뿐 아니라, 『종의 기원』 탄생에 결정적인 기여를 하면서 인류의 역사까지 바꾸게 된 중요한 여행이었다.

졸업 후 집에 돌아와 있던 다윈은 피츠로이 선장의 비글호 항해에 따라가는 것이 어떻겠냐는 헨슬로 교수의 편지를 받는다. 이 비글호 항해는 남반구, 특히 남아메리카 연안의 해안 조사를 완수하고 크로노미터2 측정을 하는 것이 주요 임무였다. 피츠로이 선장은 전에도 비슷한 임무를 수행한 적이 있는 베테랑 선장이자 아마추어 학자로, 같이 선장실을 쓰며 연구를 도울 젊은 학자를 구하고 있었다. 이런 연구를 위한 탐험을 꿈꾸어 왔던 다윈은 즉시 가기로 결정한다. 아버지의 반대에 부딪히긴 했지만, 진로 변경에 대한 그의 굳은 결심과 외삼촌 조사이어 웨지우드의 설득으로 아버지의 허락을 받을 수 있었다. 그리고 1831년 12월 27일, 영국을 떠난 비글호는 드디어 항해를 시작한다.

---

2 항해 중인 배가 천측(天測, 경도와 위도를 알고자 천체(天體)를 관측함)에 의해서 배의 위치를 계산할 때 사용하는 시계. 경선의(經線儀)라고도 한다.

2. 청년 다윈의 여행, 진화론의 시작

"비글호 항해는 내 진로를 송두리째 결정한, 내 인생에서 가장 중요한 사건이
었다. (…) 나는 내 정신세계가 실제적으로 형성되거나 훈련된 것이 이 여행 덕분
이라고 늘 생각했다."

– 찰스 다윈, 『자서전』 중에서

다윈의 비글호 여행은 1831년 12월 27일부터 1836년 10월 2일까지 약
5년이 걸렸다. 이 5년의 탐사 여행 동안 다윈은 자신이 좋아하는 자연 관찰
을 마음껏 할 수 있었다. 그는 새, 척추동물, 무척추동물, 해양 생물, 곤충, 화
석과 암석 표본, 식물 표본까지 온갖 것을 채집했다. 이때 다윈이 채집한 표
본들은 현재 여러 박물관에서 보물 대접을 받고 있다. 이제는 표본 자체의
가치는 그다지 없지만, 그것들이 귀한 대접을 받는 이유는 단 하나, '다윈'
의 손길이 닿은 표본이기 때문이다. 여하튼 다윈은 이 모든 것을 관찰하고
꼼꼼히 기록했다. 다윈이 보고 기록한 것은 동식물만이 아니었다. 그는 탐
사한 지역에 사는 원주민들의 일상생활과 재배 식물, 가축까지 기록하여
그 지역에 관한 인류학적 기록까지 남겼다.

이 여행에서 다윈이 얻은 것은 표본과 정보만이 아니었다. 그는 사소한
것까지 주의 깊게 살피면서 꼼꼼히 기록하는 법을 완전히 숙달하면서 자연
사 학자가 갖추어야 할 매우 중요한 테크닉을 현장에서 얻었을 뿐 아니라
인내심과 같은 내면적 성숙까지 갖추게 되었다. 철저한 연구와 끈기로 이
루어진 다윈이라는 위대한 학자가 탄생한 데에는 이 5년간의 여행 경험이
밑바탕이 되었다. 그리고 무엇보다도 진화론이라는 그의 핵심 이론에 결정

적 영향을 준 것은 여행을 통해 자연 세계의 다양성을 깊이 이해하게 되었다는 것이다. 그렇다면 이제 보고 느낀 그 자연 세계의 다양성이라는 것이 어떠한 것들이었는지 몇 가지 살펴보기로 하자.

우선 다윈은 『종의 기원』 서문에서 자신의 모든 견해의 출발점은 비글호 여행 때 얻은 세 가지 발견이라고 썼다. 이 세 가지 발견은 아르헨티나에서 발굴한 화석들, 아프리카 타조와 비슷한 남아메리카의 레아(타조목 새로 날개가 없음)의 분포 양상 그리고 갈라파고스 제도의 동물들이었다. 이 발견들로 인한 공통적 의문점은 시대 혹은 지리적 환경이 다른 곳에 서식하는 동물들이 어째서 그 구조에 있어 연속성이나 공통점을 갖고 있느냐 하는 것이었다. 다윈이 보기에 시간이나 지리적 공간에 걸쳐 일종의 친족 고리(family link)가 형성되어 있는 것처럼 보였는데, 왜 그런 현상이 나타나는지 의문을 가질 수밖에 없었다. 그도 그럴 것이 당시까지 인간을 포함한 지구상의 모든 동식물들은 (적어도 기독교 문화권에서는) 신이 만든 것이며 그것은 완전한 형태로 지구상에 태어난 것이었다. 일명 '자연 신학'이다. 자연 신학은 자연의 신이 정교한 손길로 만물을 적재적소에 배치하여 맡은 일을 수행하게끔 세계를 창조했다는 이론으로, 자연 세계는 신에 의해 잘 설계된 기계 장치 같다고 보았다. 16세기부터 지식인들 사이에 널리 퍼진 이 사상은 19세기 초 영국에서 크게 유행했고, 다윈 또한 케임브리지 시절 윌리엄 페일리라는 성공회 주교의 자연 신학에 관한 책을 보고 이 자연 신학에 깊은 인상을 받았다. 하지만 다윈은 직접 인간의 손길이 닿지 않은 원시 상태와 같은 지역을 여행하면서 얻은 수많은 자료를 통해 창조론과 같은 이론에 점점 의문을 느끼게 되었다.

▎1830년대 말에 그려진 젊은 다윈의 초상화. 그는 비글호 탐험 이후 과학계의 엘리트로서 차세대 학자로 주목받게 되었다.

특히 다윈이 갈라파고스 제도에서 관찰한, 남아메리카 대륙에서 서식하는 참새 크기의 '핀치'라는 새가 여러 변종의 형태로 존재한다는 것은 그의 진화 이론에 결정적 힌트가 되었다. 그는 서로 다른 특성을 지녔지만 분명 같은 종의 변이로 보이는 새들을 여러 섬에서 찾을 수 있었다. 다윈은 이 새들을 채집하여 조류 전문가인 존 굴드에게 보내 연구를 의뢰했는데, 굴드는 다윈이 보낸 13종의 갈라파고스 핀치를 네 개의 하위군으로 분류했다. 여행에서 돌아온 다윈은 이 연구 결과를 통해 이러한 변이들이 사실은 단순한 변종이 아닌 서로 다른 종들이라는 추측을 하게 되었다. 즉, 대륙에 살던 하나의 조상을 가진 핀치가 갈라파고스라는 고립된 섬에 적응하는 과정에서 새로운 종으로 형성되었음을 확인하게 된 것이다. 이 연구는 그의 말년에 회고했듯이 "종의 기원을 연구하는 데 핵심적 역할을 담당"하게 된다.

1836년, 5년간의 여행에서 돌아온 다윈은 이제 더 이상 아마추어 학자가 아니었다. 그는 이제 유명한 자연사 학자이자 지질학자로 인정받았다. 그리고 1839년에 『연구 일지(*Journal of Research*)』라는 제목으로 현재 『비글호 항해기(*The Voyage of Beagle*)』로 더 잘 알려진 책을 출간한다. 다윈은 이 책으로 명성을 얻으면서 일약 유명인이 되었다. 하지만 누가 알았을까? 그가 살아생전에 그의 집이 관광지처럼 유명해질 정도로 더 어마어마한 유명 인사가 될 줄을.

앞서 언급했지만 다윈은 그 유명세만큼 대외 활동이 활발하거나 사교적인 인물이 아니었다. 1839년 1월 다윈은 결혼식을 올린다. 아내는 그가 존경하는 외삼촌인 조사이어 웨지우드의 딸, 즉 사촌인 엠마 웨지우드(Emma Wedgwood)였다. 둘 다 부유한 집안이라 어렵지 않게 런던에 신혼집을 차렸으나, 3년 후인 1842년에 다윈은 런던의 복잡함과 시끄러움 그리고 사교계의 불편함을 견디지 못하고 런던을 떠나 켄트 주 브럼리 인근에 다운이라는 마을에 집과 땅을 사 그곳에 정착한다. 그곳이 바로 이후 다윈이 평생을 살며 『종의 기원』을 집필한 다운 하우스였다. 이곳에서 다윈은 충실한 가정을 꾸리고 오직 연구만 하는 생활을 시작한다.

3. 진화론을 향하여

"그러므로 우리가 상상할 수 있는 가장 고차원적인 일(우월한 동물의 생산)은
자연의 투쟁, 굶주림, 죽음의 직접적인 결과이다."

– 다윈, 『종의 기원』 마지막 부분 중에서

후대의 많은 학자들은 다윈이 구체적으로 어느 시점에 어떤 계기로 진화론에 도달했는지 찾기 위해 그가 남긴 노트나 편지들을 샅샅이 훑었다. 하지만 지금의 우리는 그 정확한 지점을 알지 못한다. 으레 그렇듯 놀라운 발견과 독창적인 아이디어들은 예상치 못한 순간에 갑자기 찾아온다. 물론 다윈이 '유레카'를 외치듯 진화론을 떠올린 것은 아니지만, 많은 위대한 과학자들은 어느 순간 예기치 않은 방식으로 발상의 전환이나 새로운 아이디어가 떠올랐다고 말한다. 하지만 '순간'이나 '불현듯'이라는 표현으로 그러한 위대한 발견들을 설명하려 하는 것은 불완전한 짓이다. 왜냐하면 그러한 '유레카'의 순간이 오기까지 당사자들은 그 문제에 대해 오랫동안 깊이 생각해 왔고, 심리적으로나 학문적으로나 이미 준비가 되어 있는 상태이기 때문이다. 다윈의 진화론도 마찬가지다. 꾸준히 동식물을 채집하고 지질학을 공부하며 배경 지식을 쌓고, 비글호 여행을 통해 생물의 진화라는 착상을 얻었다. 그는 특히 갈라파고스의 새들을 연구하면서 종의 불변성에 의심을 갖게 되었고, 1837년 7월경에 쓴 노트에는 인간을 포함한 만물에 어떤 식으로든 진화가 일어났다는 것을 확신하는 표현을 적었다. 많은 학자들은 바로 이 시기를 기점으로 다윈이 진화론을 증명하기 위한 자료를 모으기 시작했고, 『종의 기원』이 나올 때까지의 기나긴 여정이 이때 본격적으로 시작되었다고 보고 있다.

다윈은 모든 생물 개체는 변이를 겪는다고 확신했고, 그 변이는 우연히 일어난다고 보았다. 당시에는 유전 법칙[3]이나 유전자에 대한 지식이 없었기 때문에 다윈으로서는 변이의 생물학적 원인을 알 수 없었다. 다만 환경

---

[3] 멘델은 그의 유전 법칙이 담긴 논문을 1865년에 발표하지만, 당시에는 학계에 아무런 영향을 미치지 못했다. 따라서 다윈도 살아생전에 이 멘델의 유전 법칙을 알지 못했다. 멘델의 이론은 그의 사후, 1900년이 되어서야 다른 학자들에 의해 검증되어 인정받게 된다.

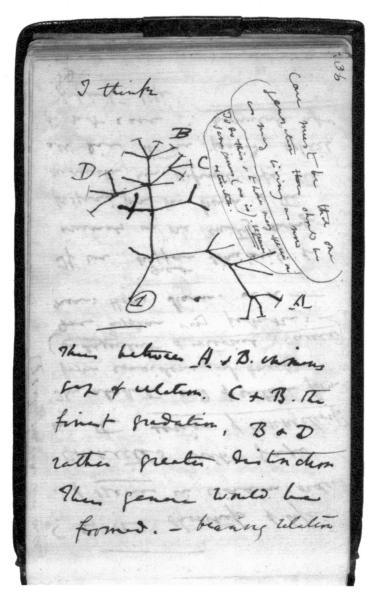

▌다윈이 '노트 B'라고 이름 붙인 연구 노트의 일부. 1837년, 다윈은 갈라파고스 섬 생태계의 연구를 통해 종의 불변성에 의심을 품고, 종이 변이한다고 확신했다. 노트에 그려진 그림은 일명 '진화 나무'로, 다윈은 이 같은 그림을 통해 최초의 진화론 아이디어를 발전시켰다.

과 같은 외부 조건의 변화가 원인이라고 생각했으며, 인간에 의해 인위적으로 사육된 동물이나 변종 식물에서 힌트를 얻었다. 그리고 1838년, 다윈은 그의 이론을 더 구체적으로 도식화해 줄 중요한 책 한 권을 읽게 된다. 바로 '식량은 산술급수적으로 증가하지만, 인구는 기하급수적으로 증가한다'는 유명한 이론을 정립한 토마스 멜서스(Thomas Robert Malthus)의 『인구론(An Essay on the Principle of Population, 1798)』이다. 다윈은 멜서스의 비정하기까지 한 사회 철학과 강제적 산아 제한에는 동의하지 않았지만, 너무 많은 개체가 태어나는 것이 문제라는 것에는 동의했다. 따라서 자연계의 균형을 유지하기 위해 생존 경쟁이 나타날 수밖에 없다고 생각했다. 다윈은 창조주에 의해 완벽하게 설계된 자연이 아닌 생존을 위해 개체들끼리 싸우고 죽이는 새로운 자연계를 구축했다. 후에 자서전에서 다윈은 이때 당시의 구상에 대해 다음과 같이 말했다. "생존 경쟁을 이해할 준비가 되자, 이런 상황에서는 유리한 변이가 보존되고 불리한 변이는 파괴되는 경향이 있을 것이라는 생각이 즉각 떠올랐다. 그리고 바로 이때, 나는 마침내 '활용할 이론'을 얻었다."

사실 이것이 다윈 이론의 핵심이었고, 21년 후에 발표된 『종의 기원』에도 생존 경쟁에 따른 자연 선택이라는 이 기본적 틀은 거의 변하지 않았다. 다윈에게 있어 이제 더 이상 신에 의해 설계된 목가적인 자연은 없었다. 자연은 생존을 위한 치열한 전쟁터였다. 따라서 그는 자신의 이론이 당시의 사회 분위기에서는 종교적으로 매우 위험한 것임을 알았고, 조심스럽게 비밀리에 연구를 계속했다. 절친한 옛 스승들은 물론이고 새로 사귄 진취적 학자인 라이엘마저 이 이론을 부정할지도 몰랐다. 다윈은 좀 더 시간이 흐른 후에야 조심스럽게 친구들에게 자신의 의견을 내비쳤다. 1844년에는 소논문 정도로 진화론을 정리했지만 세상에 내놓을 생각은 하지 않았다.

그런데 바로 그해에 다윈이 본격적으로 출판을 위한 집필과 자료 수집에 몰두하게 되는 사건이 일어난다. 바로 로버트 체임버스라는 언론인이 익명으로 『창조에 대한 자연사의 흔적들(Vestiges of the Natural History of Creation)』(이하 『흔적들』)이라는 책을 발표한 것이다. 이 책은 비록 전문적인 내용이 부족하고 증거 자료들도 부실했지만, 내용의 핵심은 다윈의 이론과 거의 흡사했다. 생물 세계의 자연 발생과 변이 그리고 다윈이 차마 건드리지 않으려 했던 인류의 기원까지 다루었다. 이 책은 불티나게 팔렸고, 종교계와 학계, 대중의 격렬한 비판과 토론을 촉발시켰다. 이 책이 학계에 정식으로 발표된 학술 논문은 아니었지만 당시 다윈이 받은 충격은 어마어마했다. 자신의 문제의식과 핵심 논리와 너무 유사했기 때문이다. 또 한편으로는 『흔적들』이 받은 사회적 비난을 보며 자신의 이론에 대한 위험성을 미리 체험하는 기분도 들었을 것이다.

하지만 어찌됐든 그도 학자인 이상 자신의 이론이 이런 식으로 발표되고 완전하지 않은 채로 새치기당하는 것은 원하지 않았다. 이후 그는 자신의 이론 체계를 더 완벽히 구축하고 방대한 자료를 모으기 위해 강박적일 정도로 연구에 몰두했다. 다윈이 얼마나 열심히 연구했는지에 대한 재미있는 일화가 있다. 다윈은 진화 이론 구축의 방대한 계획의 일환으로 따개비의 형태 변이에 대한 연구를 했는데, 이 따개비 연구는 장장 8년에 걸쳐 이루어졌다. 그가 이렇게 긴 기간 동안 연구실에 틀어박혀 따개비를 너무 열심히 연구한 나머지 다윈의 어린 아들은 세상의 모든 아버지들이 현미경으로 따개비를 들여다본다고 믿었다. 그래서 다윈의 아들이 친구에게 이렇게 물었다고 한다. "너희 아빠의 따개비는 어디 있니?"

그리고 드디어 1856년 다운 하우스에 그의 친구이자 학문적 동지들이 방문했을 때, 다윈은 그의 이론을 펼칠 때가 되었다고 생각했다. 다윈은 이들과 토론하며 이론을 다듬었고, 라이엘은 그에게 출판하라고 격려했다. 앞서 언급된 식물학자 헨슬로와 지질학자 세즈윅 그리고 또 다른 식물학자 조지프 후커와 지질학자 라이엘, 생물학자 토마스 헉슬리 등은 다윈의 든든한 지원군이었다. 이들 개개인이 창조론을 버리고 진화론을 선택했는지와는 별개로 이들은 다윈이 이론을 정립하고 사례들을 정리·검증하는 데 지대한 도움을 주었다. 사실 다윈은 비글호 항해 이후 영국 밖으로 나간 적이 없었고, 하물며 다운 하우스에서도 거의 움직이지 않았기 때문에 이들 학자들과의 만남과 서신 교환은 그의 부족한 자료와 관련 학문의 전문 지식을 보완해 주는 데 매우 중요한 역할을 했다. 만약 이들과의 교우 관계가 없었다면 『종의 기원』은 발표되지 않았을지도 모른다. 자신의 학설을 발표하는 데 매우 신중을 기했던 다윈이었기에 관련 학문의 전문가들과의 정보 교류와 토론, 그리고 그들의 격려는 다윈에게 큰 힘이 되었다.

게다가 더 이상 출판을 미룰 수 없는 일이 생겼다. 앨프리드 러셀 월리스(Alfred Russel Wallace)라는 당시 알려지지 않은 젊은 학자가 다윈에게 논문 한 편을 보냈는데, 그것 또한 다윈의 이론과 거의 유사했다. 그는 종과 변종의 연속성을 논하고, 변화를 선택의 메커니즘으로 설명했다. 그는 자신의 주장을 당시 저명한 생물학자였던 다윈이 봐 주길 바랐다. 이제 다윈은 더 이상 진화에 대한 자신의 이론의 발표 시기를 늦출 수 없었다. 월리스가 이 이론을 먼저 내놓는다면 다윈은 '두 번째'일 뿐이었다. 다행히 다윈도 매우 공정하고 신사적인 사람이었고, 월리스도 이해심 많은 현명한 학자였기 때

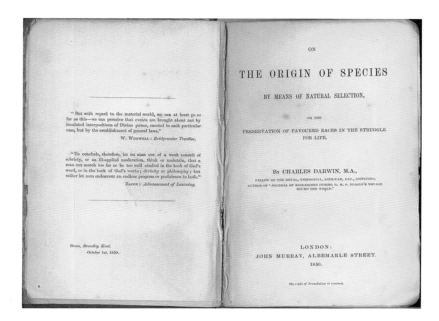

ON

THE ORIGIN OF SPECIES

BY MEANS OF NATURAL SELECTION,

OR THE

PRESERVATION OF FAVOURED RACES IN THE STRUGGLE
FOR LIFE.

By CHARLES DARWIN, M.A.,

FELLOW OF THE ROYAL, GEOLOGICAL, LINN-EAN, ETC., SOCIETIES;
AUTHOR OF 'JOURNAL OF RESEARCHES DURING H. M. S. BEAGLE'S VOYAGE
ROUND THE WORLD.'

LONDON:
JOHN MURRAY, ALBEMARLE STREET.
1859.

1859년판 『종의 기원』

문에, 다윈은 월리스의 동의를 얻어 1858년 7월 1일 런던의 린네학회에서 자신과 월리스의 논문을 공동으로 발표했다. 이 둘은 서로를 매우 존중하고 존경했으며, 따라서 경쟁자일 수 있었던 이 두 사람은 훈훈한 학문적 동지가 되었다.

이 일을 계기로 다윈은 서둘러 『종의 기원』을 집필했다. (월리스 말고도 다른 경쟁자가 나타날 가능성이 컸으므로) 가급적 빨리 출판해야 했기 때문에 다윈으로서는 그의 방대한 노트와 연구 자료를 요약하는 것처럼 느껴졌고, 실제 그가 가지고 있는 많은 자료들을 다 싣지 못했다. 그럼에도 다윈의 책은 매우 방대한 자료를 갖춘 훌륭한 책이었다. 그리고 드디어 1859년 11월 24일 『종의 기원』이 출간된다.

4.『종의 기원』, 인간은 신의 복제인가 원숭이의 변종인가

다윈의『종의 기원』초판 1,250부는 출간 당일 매진되었으며, 6주 후 2쇄가 3,000부 발행되었다.4 이 책이 세상에 나오자마자 예견되었듯 수많은 논평이 격렬하게 쏟아져 나왔다. 모두 다윈의 이론에 반대한 것은 아니었지만, 종교계는 물론이고 상당히 많은 대중에게도 다윈의 이론은 받아들이기 힘든 충격적인 것이었다. 여기서 주목해야 할 것은 이 빅토리아 시대 사람들의 거부감이 「창세기」의 구절을 그대로 믿어서가 아니었다는 것이다. 유럽에서는 18세기 절정을 이룬 계몽운동(Enlightenment)을 통해 인간의 이성과 합리적 사고의 중요성이 높아졌고, 그 결과 성서 연구도 창세기의 구절을 그대로 믿기보다 하나의 비유적 설명으로 받아들이는 방향으로 나아갔다. 다윈 평전으로 유명한 학자 재닛 브라운(Janet Browne)은 성서근본주의는 오히려 현대의 것이라고 말한다.

사람들이 보기에 다윈이 진짜 부정하고 있는 것은 창세기 구절 그 자체가 아니라, 자연 세계에 신이 개입했다거나 설계했다는 증거가 전혀 없다는 것을 보여 줌으로써 이 세상의 종교적 신성과 이치를 부정했다는 데 있다. 자연의 법칙에서 신의 존재를 몰아내고, 모든 동식물의 점진적 변화를 '자연적인 과정'으로 보는 다윈의 이론은 종교적 색채가 일상 깊숙이 새겨져 있는 기독교 문화권에서는 쉽게 받아들여지기 힘들었다.

반응은 다양했다. 진화론에 찬성하는 신학자가 있는 반면, 신을 모독했다며 화를 내는 과학자도 있었다. 많은 논쟁이 잇따랐지만 다윈의 친구 헉

---

4 『종의 기원』은 영국에서 총 6판이 출간되었다(1859년, 1860년, 1861년, 1866년, 1869년, 1872년).

슬리를 "다윈의 불독"으로 만든 '옥스퍼드 논쟁'이 특히 유명하다. 1860년 여름, 옥스퍼드에서 열린 한 과학 학회에서 옥스퍼드 주교 새뮤얼 윌버포스가 1천 명이 넘는 청중 앞에서 다윈의 이론을 신랄하게 비판했다. 물론 이 자리에 다윈은 없었다. 윌버포스 주교는 진화론을 지지하는 헉슬리에게 당신의 조상이 유인원이었으면 좋겠냐는 식의 조롱 섞인 질문을 했다. 이에 헉슬리는 다음과 같이 답했다. "엄숙한 과학 토론에 조롱거릴 들여오신 분보다는 차라리 보잘것없는 유인원을 할아버지로 모시겠다." 청중은 헉슬리에게 갈채를 보냈고 주교는 어떠한 반박도 할 수가 없었다. 이는 종교와 과학 사이에 벌어진 거대한 충돌의 한 단면을 보여 주는 사건이었다.

흥미로운 것은 이러한 공개적 논쟁과 자신에 대한 격렬한 비판에 다윈이 결코 나서지 않았다는 것이다. 분쟁을 싫어하고 신중하고 차분한 성격을 가진 다윈에게 직접 나서서 격렬해질 것이 뻔한 토론에 참가하는 것은 그에게 맞는 대응책이 아니었을 것이다. 대신 다윈은 끊임없이 외부와의 서신 교환과 사적인 모임을 통해 설명하고, 정보를 얻고, 정중히 반대 의견을 내는 등 그만의 방법으로 세상과 소통했다. 『종의 기원』 출간 뒤 1년 동안 다윈이 주고받은 서신은 5백 통에 달했다.

그렇다면 과연 인간이 유인원과 같은 동물에서 진화한 것일까? 이 문제는 사람들이 가장 알고 싶어 하는 핵심적인 부분이었다. 하지만 다윈은 의도적으로 『종의 기원』에서 인류의 기원 문제를 제외했다. 아직 그가 완벽하게 설명할 수 없는 부분이었기 때문이다. 스스로는 인간도 다른 동물과 같이 하나의 종에서 비롯된 것이라고 생각하고 있었지만 생물학적 증거도 부족했고, 사회가 받아들일 준비도 되어 있지 않았다.

다윈은 책 출간 당시에는 인간의 기원에 대해서 아무 말도 하지 않았다.

하지만 논의는 이미 다윈의 손을 떠나 있었다. 다윈이 언급하지 않은 것과 상관없이 이미 그의 친구 헉슬리를 비롯한 진화론 찬성학자들과 반대하는 학자들의 2차적 이론과 논쟁 과정을 통해 유인원 조상설은 필연적인 논의가 되었으며 이는 대중의 머리에 깊이 박혔다. 특히 1861년 고릴라의 표본이 유럽에 들어왔는데, 서구에 거의 알려지지 않았던 크고 포악한 고릴라의 모습을 보고 사람들은 그런 종이 자신의 조상일지도 모른다는 생각에 끔찍함을 느꼈다.

그러나 다윈은 인간과 고등한 포유류 사이의 지능이 근본적으로 다르지 않다고 보았으며, 인간도 상황에 따라 야생의 동물 같은 삶을 살 수 있다는 것을 잘 알고 있었다. 이러한 문제의식의 시작도 비글호 항해에서 찾을 수 있다. 그는 비글호 여행 중, 아르헨티나 최남단에 있는 티에라 델 푸에고에서 옷을 거의 걸치지 않고 동물 같은 소리로 의사소통하는 매우 원시적인 원주민들을 보고 엄청난 충격을 받았다. 당시 가장 '문명화 된' 세계에서 고등 교육을 받은 부유한 부르주아였던 다윈에게는 어쩌면 당연한 반응이었다. 하지만 그를 더 놀라게 한 것은 그런 '야만적' 원주민들을 영국에서 교육시키자 놀랍도록 빠르게 새로운 문명을 습득하여 본래의 모습에서 180도 달라진 것이었다. 그리고 그들이 다시 자신들의 세계로 돌아갔을 때 또다시 '문명'의 옷을 벗고 원래의 '야만'의 모습으로 돌아가는 것을 보고, 피부색과 관계없이 인류는 모두 하나의 종이며, '문명'이라는 것은 덧없는 껍데기와 같다고 느꼈다.

다윈이 보기에 야생 동물과 가축 사이의 차이보다 문명인과 비문명인 간의 차이가 더 큰 것처럼 보였고, 이러한 견해는 이후 더 구체적으로 드러날 다윈의 인간의 진화에 대한 의문에 두 가지 힌트를 주었다. 하나는 인간은

신의 창조물이 아닌 유인원에
서 진화했을 가능성이 크다는
것이고, 또 하나는 그럼에도 인
간과 동물이 다른 것은 인간이
더 뛰어난 개선 능력을 갖추고
있으며, 따라서 교육을 통해 가
장 높은 지적 단계에 도달했다
는 것이다.

외부의 시끄러운 논란에도
나서지 않던 신중한 다윈이 인
간의 기원에 대해 본격적으로
언급한 것은 『종의 기원』 이후

▎ 1871년 『인간의 유래와 성 선택』 출간 직후 나온, 다윈
의 진화론을 풍자한 캐리커처. 다윈의 몸을 유인원으로
표현함으로써 인간의 조상이 원숭이라는 진화론을 풍자
하고 있다.

무려 11년이 지난 1871년 출간된 『인간의 유래와 성 선택(*The Descent of Man,
and Selection in Relation to Sex*)』(이하『인간의 유래』)이라는 책에서였다. 이미 그
동안 인간의 유인원설이 수없이 논의된 터라 이 책의 파급 효과는 그렇게 크
지 않았지만, 이 책을 통해 다윈은 인간 또한 자연 선택의 과정을 겪었다는
견해를 확실히 했다. 동시에 인간의 '문명'이 적자생존의 잔혹한 원리를 완
전히 따르지 않고 약자를 보호하고 공존하며 살게 해 주었다는 논리를 펼치
면서 동물이 갖는 '사회적 본능'을 인간에게까지 확장시켜, 합리적 이성과
더불어 인간의 도덕심과 이타심을 인간 진화의 정점으로 보았다.

다윈의 진화 이론 중 가장 논쟁적인 부분인 인간의 진화 문제는 재미있게
도 저자 본인이 『종의 기원』에서 직접적으로 언급하지 않았음에도 불구하

고, 출간 직후 유인원 조상설이 촉발되어 다윈이 인간의 조상을 원숭이로 규정했다는 것이 마치 기정사실화되었다. 이러한 문제를 예상하여 일부러 언급하지 않은 다윈이지만, 별 소용이 없었던 듯 보인다. 하지만 생존 경쟁을 통한 자연 선택 그리고 점진적 변이라는 다윈의 이론은 이미 인간의 기원에 관한 그의 문제의식과 해답을 내포하고 있었다고 볼 수 있다. 다윈의 의도와 관계없이 그의 이론은 또 다른 이론과 문제를 양산했다.

5. 다윈 이후의 다윈주의

『종의 기원』의 파급력은 매우 컸다. 인류 기원의 역사는 다윈의 진화론 이전과 이후로 나뉠 만큼 생물학에 지대한 영향을 미쳤다. 현존하는 모든 생물들이 신이 만들어 낸 불변하는 완전한 유기체가 아닌 변이와 진화의 결과이고, '만물의 영장'이라고 믿었던 인간의 유인원 진화론은 인간이 스스로와 자연을 보는 세계관을 근본적으로 바꾸어 놓았다. 자연학자들이나 종교인들뿐 아니라 언론인, 문필가, 상인, 사업가와 평범한 사람들에 이르기까지 이 책을 읽고 의견을 피력했다. 심지어 빅토리아 여왕도 이 책에 관심을 보였다. 또한 영국을 넘어 프랑스, 독일, 이탈리아, 스웨덴, 러시아, 북아메리카까지 확산되어 국제적으로 자연 선택을 통한 진화 개념의 논의가 이루어졌다. 중요한 것은 이 논의의 영역이 과학이나 종교에 국한된 것이 아니라 다양한 학문과 문화적 맥락에 적용되고 재해석되었다는 것이다. 따라서 진화론은 다윈이 만들었지만, 그 이후의 진화론 즉, '다윈주의'는 더 이상 다윈의 영역이 아니었다. 우리는 그 대표적 예를 '사회적 다윈주의

(social Darwinism)'와 우생학**5**에서 찾을 수 있다.

『종의 기원』이 출간되고 진화론 논쟁이 촉발된 19세기 중후반은 영국의 산업화가 절정에 달하고 영국의 군사·경제적 제국주의 확장이 매우 활발하던 시기였다. '해가 지지 않는 나라'라는 말은 바로 이 빅토리아 시대를 일컫는 말이었다. 따라서 영국민의 국가적 자부심도 매우 높았다. 이런 사회적 분위기 속에서 철학자 허버트 스펜서는 다윈의 생물학적 이론인 진화의 법칙을 사회 체계로 끌어들여 자신만의 이론을 만들어 냈다. 스펜서는 인간 사회를 자연계와 동일시하여 '적자생존'이라는 표현을 써, 극도로 자유주의적인 경쟁을 옹호하고 가난한 자들에 대한 구제에 단호히 반대했다. 사실 우리가 다윈의 진화론을 이야기할 때 가장 먼저 떠오르는 단어인 '적자생존'은 스펜서가 만들어 낸 말이다. 다윈은 '자연 선택'이라는 표현을 썼고, 이후에야 스펜서의 표현을 다윈도 사용했다.

이 '사회적 다윈주의'를 만들어 낸 스펜서의 이론은 민족 혹은 종족 사이의 생존 경쟁을 시사했고, 따라서 이 이론은 이데올로기화되어 사회 및 경제 정책을 정당화하는 데 이용되었다. 인종과 성, 빈부의 차별이 당연한 자연의 법칙인 것처럼 설명되었고, 스펜서의 '적자생존'이라는 이 절묘한 용어는 유럽 열강들에게 식민지 팽창과 정복을 조건으로 하는 경제 팽창을 정당화하기 위해 딱 맞는 것이었다. 따라서 사회적 다윈주의는 자유 시장 경제 체제에 기반을 둔 자본주의 세력과 보수주의적 정치 세력의 지지를 받았다. 19세기 말 미국 산업 발전을 주도했던 기업가들

---

5 유전 법칙을 응용해서 인간 종족의 개선을 연구하는 학문.

도 스펜서의 이론을 지지했고, 대부호 록펠러는 '적자생존'을 자신의 좌우명으로 삼았다.

한편 다윈은 이러한 다윈주의의 사회적 확산에 어떠한 입장을 내놓지는 않았지만, 빅토리아 시대의 수혜자로서 자연계의 '적자생존'과 자본주의 세계의 경쟁과의 연관성을 이해했을지도 모른다. 어쨌든 다윈은 1876년 그의 자서전에서 스펜서라는 인물에 대해 그를 특별히 좋아하지 않았으며, 그의 글도 자신의 작업에 도움이 되지 않았다고 적고 있다.

다윈에게는 프랜시스 골턴이라는 고종사촌이 있었는데 그는 다윈의 열렬한 지지자로 다윈이 진화의 인류학적 문제에 침묵을 지키는 동안, 후에 '우생학'이라고 명명되는 학문을 1865년부터 발전시켰다. 골턴은 인간 사회의 자연 선택은 무엇보다 '지성'을 기준으로 일어난다고 보았다. 따라서 발전에 적합하지 않은 속성을 인위적으로 걸러내어 인류의 퇴화를 막아야 한다고 주장했다. 서구 열강들의 제국주의는 바로 이 우생학과 너무도 잘 융합되었다. 백인과 같은 더 뛰어난 '문명인'이 미개한 인종을 지배하는 것은 진보를 위한 당연한 조치가 되어 버린 것이다.

이러한 제국주의하의 '인종 과학'은 인종 차별과 인종 대량 학살과 같은 끔찍한 역사의 오류들에 생물학적 토대를 제공했다. 물론 인종 차별이나 대량 학살은 오래 전부터 존재해 왔고 서양에만 있는 것은 아니었지만 '과학'의 탈을 쓰고 서구 세계의 죄책감을 없애 주었다. 그것들을 비도덕적인 것이 아니라 자연의 법칙을 따르는 것으로 만들었던 것이다. 하지만 우리가 주의해야 할 것은 이 어떤 것도 다윈이 의도한 것이 아니라는 점이다. 이는 『인간의 유래』를 보면 명백하며, 그는 『종의 기원』이 나오기 전부터 인

▌ 말년의 찰스 다윈. 그는 세계적인 유명 인사였다. 조용히 살기를 원했던 본인의 의지와는 달리 많은 사람들이 그를 만나고 싶어 했다.

종 간 능력의 차이가 없음을 알고 있었다. 따라서 다윈을 잔혹한 사회적 다
윈주의나 우생학과 연결 지어 악하다고 비난하는 것은 엉뚱한 데다 화풀이
하는 것과 같다. 특히 '다윈에서 나치즘까지'라는 표현으로 의도적으로 다
윈을 끌어들이는 것은 완전히 번지수를 잘못 찾은 것이라고 할 수 있다. 이
쯤 되면 과학이나 사회학도 아닌 근거 없이 과열된 무익한 이데올로기일
뿐이다.

1882년 4월 19일, 다윈은 73세로 다운 하우스의 집에서 조용히 숨을 거
두었다. 스스로 연구와 출판 말고는 자기 인생에서 별로 이야기할 것이 없
다고 말할 정도로, 그는 다운 하우스의 집에서 사망할 때까지 연구와 집필
말고는 이렇다 할 취미나 외부 활동을 하지 않고 지냈다. 하지만 사망 이전
부터 그는 이미 뉴턴에 맞먹을 정도로 국가적으로 중요한 인물이 되어 버
렸다. 따라서 다윈의 저명한 친구들과 학계, 의회 관계자들이 그의 장례식
을 웨스트민스터 대성당에서 치르도록 가족들을 설득했고, 종교계와 정치
계도 그 안에 찬성했다. 4월 28일, 다윈의 장례식은 그곳에서 치러졌고 그
의 시신도 대성당에 안치되었다.

웨스트민스터 대성당은 국장이나 왕실 혼례, 국가 행사에 쓰이는 장소
로, 아무나 이곳에서 장례식을 할 수 없었다. 다윈의 명성이 그만큼 높았으
니 이 부분은 넘어갈 수 있으나, "신과 교회의 권위를 훼손한" 『종의 기원』
의 저자가 영국 국교회의 총본산에 묻혔다는 것은 역설적인 일이다. 하지
만 그만큼 그가 세상에 남긴 영향력이 컸다는 것을 보여 주는 것이었다. 다
윈의 견해에 반대한 사람들도 장례식장에서 그가 과학자로서 보여 준 열정
과 성과의 중요성을 인정하고 존경했다.

앞으로는 또 어떤 과학 이론이 세상을 바꿔 놓을까? 과연 진화론만큼이나 세상을 바꿔 놓을 이론이 등장할까? 19세기 후반에 양자 역학6이 탄생해 그간 원자(입자)와 관련되어 설명하지 못했던 많은 부분을 설명해 주었지만 한편으론 '우리가 안다는 것은 도대체 무엇인가'라는 아주 근본적인 철학적 문제를 꺼내 놓았고, 불확정성 원리까지 나오면서 우리가 원자에 대해 무엇을 알고 있는지 그 개념마저 흔들리기 시작했다. 양자 역학에 대한 다양한 해석이 등장했지만 아직까지도 통일된 해석이 있는 것은 아니다. 다만 여러 해석들 사이에 의견 일치가 이루어져 가고 있는 과정에 있다. 20세기 또한 '대폭발' 이론으로 우주와 그 기원에 대한 우리의 이해를 완전히 뒤집어 놓았다. 대폭발에 의해 우주가 시작되었다는 (창세기 이야기 같은) 이 주장은 아주 많은 우주가 있다고 가정하지 않는 한 인정할 수밖에 없는 주장이 되었다. '어떤 힘이 생명을 탄생시킬 수 있는' 우주를 명시적으로 만들어 낸 것이다. 신의 존재를 믿는 다윈이 진화론을 주장한 것과 반대로 신의 존재를 믿지 않는 천체물리학자들이 대폭발을 주장하는 아이러니한 상황이 된 것이다. 이런 흐름은 앞으로 또 어떤 과학적 주장들이 등장해 '세상'을 그리고 '우리의 상식'을 바꿔 놓을지 기대하게 한다.

이제 다시 다윈의 이야기로 돌아와 그의 사후의 진화론은 어떻게 되었는지 살펴보자. 다윈의 진화론이 자연 세계의 탄생과 변화의 개념에 중요한 전환을 가져오고 유효한 체계를 제시한 것은 맞지만, 안타깝게도 과학적 지속성을 갖지는 못했다. 그의 사후 과학 기술이 빠르게 진보하고 새로운 발견들이 이어지면서 다윈의 이론은 실험대에 올랐다. 유전 법칙과 유전자

---

6 입자 및 입자 집단을 다루는 현대 물리학의 기초 이론. 입자가 가지는 파동과 입자의 이중성, 측정에서의 불확정 관계 따위를 설명한다.

의 발견은 개체 간의 생존 경쟁이라는 자연 선택 이론의 불완전성을 부각시켰다. 또한 생물학의 관심 분야도 종의 기원과 진화, 계통의 역사에서 벗어나 유전, 교잡, 돌연변이, 변이 현상을 유전자와 더불어 연구하면서 생물체 외부의 논의보다 내부의 연구에 더 큰 관심을 기울이게 되었다. 세포와 유전자와 같은 몸속 내부의 요소에서 변이의 원인을 찾게 된 것이다.

따라서 20세기 초의 유전학은 다소 반(反)다윈주의적 성격을 띠고 있다. 유전학자들에게 생물의 돌연변이와 변이는 '자연 선택'의 결과가 아니라 염색체 돌연변이와 유전자의 영역이었다. 이후 많은 연구들에 의해 다윈의 진화론과 유전 법칙이 어느 정도 절충을 이루었지만 유전자에 의한 생물 변이론은 현재까지도 가장 강한 힘을 갖고 있다. 1976년에 나온 리처드 도킨스의 유명한 책 『이기적 유전자(The Selfish Gene)』는 유전자의 우위를 가장 잘 보여 준 사례다. 그는 모든 생물이 유전자를 다음 세대에 전달하기 위한 그릇인 것처럼 묘사했고, 생물의 행동 양식 또한 유전자가 자신의 유전자를 번식하기 위한 것에 불과하다고 말한다. 그의 책만 보면 지구상엔 인류나 문화는 없고 번식하기 위한 유전자의 명령만 남는 듯 보인다. 물론 이 책은 흥미로운 내용만큼이나 많은 비판이 따랐다.

그렇다면 다윈의 이론은 현대에 아무런 가치도 없는 것일까? 유전자가 모든 것을 설명해 줄 수 있는 것일까? 대답은 당연히 '아니다'. 현대 생물학의 명료함은 다윈의 이론에 많은 빚을 지고 있다. 그로 인해 최초로 모든 생물학적 현상과 생물의 다양성에 대한 종합적 이론의 가능성이 구축되었기 때문이다. 또한 다윈에서 비롯된 진화의 법칙에 알려지지 않은 부분이 많은 만큼, 유전자의 세계 또한 불확실한 부분이 너무나 많다. 신이 만든 것이든 아니든 이 자연 세계의 복잡함과 경이로움을 우리 인간은 아직 완전히 밝혀내지 못하고 있다. 하지만 다윈이 우리에게 알려 준 가장 정확한 것이 한 가지 있다. 지구상 모든 것의 변화와 다양성을 인정해야 한다는 것이다. 다윈의 이론을 제대로 이해하게 되면 문명과 야만, 우열의 차별은 무의미한 것이 된다. 왜냐하면 다윈은 변하지 않는 종은 없으며, 그에게 '열등성'과 '우열성'은 종의 본질적이고 항구적인 속성이 아니기 때문이다.

환경 파괴와 이상 자연 현상의 증가로 그 어느 때보다 우리는 자연과 인간 그리고 문명과의 관계에 대해 심각하게 고찰하고 있으며, 그 결과 오만했던 우리 인간은 자연에 대한 한없는 겸손함을 배우고 있는 중이다. 사람과 바나나의 DNA가 무려 50퍼센트나 일치한다는 것이 밝혀진 지금 우리는 자연과의 관계를 재정립해야 한다는 데에 모두 동의하고 있다. 그리고 이러한 깨달음을 우리는 약 160년 전의 다윈의 의문에서 찾을 수 있을 것이다.

> "결과적으로 우리는 이들 모두가 동일한 계통에서 갈라져 나왔다는 것을 솔직히 인정해야만 한다. 다른 어떠한 견해가 있더라도 우리 자신과 주위에 있는 모든 동물들이 자기만 갖고 있는 것과 같은 구조[자기의 구조가 유일한 것이라고 생각하는]는 우리의 판단을 흐리게 하기 위해 놓은 덫에 지나지 않는다는 것을 우리는 인정해야만 한다. (…) 우리가 이러한 견해를 받아들이지 않는다면 그것은 단지 선천적인 편견이며 우리의 조상이 반신반인에서 유래되었다고 선언하는 오만불손함이 우리에게 있기 때문이다."
>
> – 찰스 다윈, 『인간의 유래』 제 1장,
> 「인간이 하등동물에서 유래되었다는 증거」 중에서

7.
하인리히
슐리만

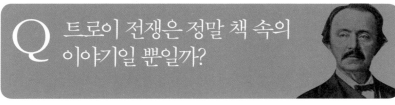

하인리히 슐리만(Heinrich Schliemann, 1822~1890, 독일)
전설 속의 트로이를 발견하다, 꿈을 현실로 만든 인물

Q 트로이 전쟁은 정말 책 속의
이야기일 뿐일까?

0. 들어가며

┃ 하인리히 슐리만

"나, 포세이돈은 트로이인들을 위해 그들
의 성 둘레에 두텁고 웅장한 성벽을 쌓아 주
었으니, 그들의 도시는 난공불락이 되었네."

– 호메로스, 『일리아드』 21장, 446~447행

"아버지, 예러는 트로이를 봤나 봐요.
그렇지 않다면 어떻게 이 책에 그 이야
기를 쓸 수 있겠어요?"

"얘야, 그건 그저 공상으로 만들어 낸
이야기란다."

"아버지! 만약 그런 성벽이 진짜로 있

었다면 완전히 없어졌을 리 없어요. 그 흔적이 많이 남아 있을 거예요. 틀림없이 그건 수백 년 동안 흙먼지에 묻혀 있을 거예요."

　서구 문명의 한 축을 담당하는 고대 그리스 문명은 기독교 문화와 함께 유럽인들의 정체성에 있어 매우 중요한 문화적 뿌리이다. 우리나라 사람치고 단군 신화를 모르는 사람이 없는 것처럼 그리스·로마 신화의 내용은 유럽인들의 생활 전반에 녹아 있을 정도로 유럽 문화에서 중요한 위치를 차지한다. 따라서 신화의 내용을 모르면 문학이나 미술, 소설, 하다못해 일상의 대화에서 나오는 은유적 표현도 쉽게 와 닿지 않는다. 예를 들어 프로메테우스의 불, 이카루스의 날개, 판도라의 상자, 에로스의 화살, 오르페우스의 하프 소리와 같은 관용구가 나올 때, 그리스·로마 신화의 내용을 모르면 뭘 뜻하는 건지 이해할 수 없다.
　서양 문학사에서 이러한 그리스·로마 신화와 맞먹을 만큼 중요한 위치를 가진 고전 시대의 작품이 있다. 바로 유럽에서는 교양인이라면 누구나 읽어야만 했던 시인 호메로스의 두 걸작, 『일리아드(Iliad)』와 『오디세이(Odyssey)』다. 우리도 흔히 쓰는 '아킬레스 건'이나 '트로이의 목마' 같은 표현도 바로 이 호메로스의 문학 작품에서 비롯된 것이다. 이 두 작품은 바로 그 유명한 트로이 전쟁과 그 후의 이야기를 소재로 하고 있다. 하지만 오랜 세월 동안 호메로스가 묘사한 트로이 전쟁은 그 어떤 사료도 유적도 없는, 그야말로 책에만 나오는 전설과 같은 이야기였다. 즉, 실제 있었던 일이 아닌 지어 낸 허구의 이야기라는 것이다. 그도 그럴 것이 책 속에 묘사된 이 트로이 전쟁은 신들의 분쟁으로 시작되었고, 신이 개입한 전쟁으로, 신들이 매우 중요한 역할을 한다. 그렇지만 어느 역사서에 신들이 전쟁을 일으켰다는 설명이 나오겠는가!

하지만 이처럼 신화에나 나올 법한 전설적인 일화를 진짜라고 믿은 한 남자가 있다. 그는 단지 호메로스의 서사시 내용을 동경하고 꿈꾸는 것에서 그치지 않고, 그것이 실제 일어난 역사의 한 장면이라고 굳게 믿었다. 많은 사람들, 특히 학자들은 그런 허황된 꿈을 꾸는 그를 비웃고, 불신했지만 그 남자는 자신의 신념을 굽히지 않고 트로이의 실체를 파헤쳤다. 그리고 마침내 그는 책 속의 신화를 현실 속 역사로 끌어올렸다. 그 자신이 전설이 된 인물, 바로 고고학자 하인리히 슐리만이 이번 이야기의 주인공이다.

그는 어렸을 때 읽었던 어린이용 역사책에 묘사된 트로이 전쟁을 사실이라고 굳게 믿었다. 슐리만의 아버지는 그런 아들을 보며 그 이야기는 사실이 아니라고 했지만, 슐리만은 책에 묘사된 영웅들과 트로이의 거대한 성벽이 살아 숨 쉬는 것만 같았다. 그는 오히려 그것이 사실이 아니라는 것을 믿을 수 없었다. '정말 트로이는 공상 속의 도시일까?', '트로이 전쟁은 정말 허구일 뿐일까?'라는 질문이 그에게는 의구심이나 궁금증에서 비롯된 것이 아닌, 이미 답이 정해진 확고한 믿음이었다. 어린 슐리만은 아버지에게 대답했다. "아버지! 만약 그런 성벽이 진짜로 있었다면 완전히 없어졌을 리 없어요. 그 흔적이 많이 남아 있을 거예요. 틀림없이 그건 수백 년 동안 흙먼지에 묻혀 있을 거예요." 이처럼 슐리만이 세상에 처음 던진 질문은 그의 마음속에서는 이미 풀린 문제였다. 남은 것은 증명하는 것뿐이었다.

호메로스의 서사시에 묘사된 트로이 전쟁이 과연 역사적 사실인지에 대한 질문과 그것이 만들어 낸 사람들의 상상력은 오랫동안 유럽의 역사와 문화에서 중요한 역할을 해 왔다. 트로이 전쟁의 극적인 스토리와 영웅들의 서사시는 사람들을 매혹하는 단골 소재였기 때문에 이를 주제로 한 회화, 시, 소설, 음악 등이 끊임없이 재생산되었다. 이처럼 트로이라는 전설의

▌트로이 발굴지는 현재 터키 영토 내에 있으며, 소아시아의 아나톨리아 북서부에 위치해 있다.

도시가 그토록 오랫동안 사람들을 매혹시킨 데에는 호메로스의 『일리아드』와 『오디세이』의 영향이 매우 크다. 만약 역사책에 '트로이라는 도시가 그리스 연합군의 공격을 받아 패망했다'라는 식으로 무미건조하게 설명되었다면 사실일지언정 그렇게 오랜 시간 사람들의 상상력을 자극하진 못했을 것이다. 슐리만 또한 이 호메로스의 매력적인 서사시에 평생 사로잡힌 인물이었다.

그러던 중 19세기도 절반이 지나 20세기를 향해 가던 시점에 서구 세계를 발칵 뒤집어 놓은, 그야말로 세기의 발견이 이루어졌다. 바로 슐리만의 트로이 발굴이다. 이 발견으로 호메로스 덕분에 그 실체와 상관없이 서구 문화의 가장 중요한 도시로 2천 년 가까이 명성을 떨쳤던, 소아시아 구석의 작은 소국인 트로이는 이제는 슐리만으로 인해 제 2의 전성기를 누리게 된다. 한 어린아이의 의문과 근거 없는 추측이 근 20세기를 이어온 상상과 꿈의 세계를 역사라는 현실 세계로 옮겨다 놓았다. 그의 삶은 수식이 아닌 말 그대로 '꿈은 이루어진다(Dreams come true)'의 삶이었다.

1. 트로이를 향해 가다

> "나는 늘 트로이 전쟁이 사실이라고 굳게 믿고 있었다. 유행이 지나고 비판을 받아도 그 전설에 대한 내 신념은 결코 흔들리지 않았다. 그 신념 덕분에 나는 트로이와 그 보물들을 발견할 수 있었던 것이다. (…) 또한 그 신념 덕분에 나는 '미케네'의 아크로폴리스를 발굴할 수 있었고, 엄청난 보물이 숨겨진 다섯 개의 무덤을 찾을 수 있었다. (…) 나는 아가멤논과 그 동료들의 무덤에 얽힌 전설이 완벽하게 옳다는 것을 조금도 의심하지 않는다."
>
> – 하인리히 슐리만

1823년, 슐리만은 목사였던 아버지의 부임지를 따라 옮긴 독일 북부에 위치한 바렌과 펜츨린 사이의 작은 마을인 안커스하겐(Ankershagen)에서 8년간 어린 시절을 보냈다. 신빙성이 떨어지기는 하지만 슐리만은 자서전에서 자신이 그때부터 신비롭고 불가사의한 일에 쉽게 빠져들었고, 그 결과 보물이 묻혀 있다는 마을의 전설을 철석같이 믿었다고 회고했다. 그의 아버지는 성직자였지만 고대의 역사에 흥미를 많이 가지고 있었기 때문에 종종 헤르쿨라네움이나 폼페이와 같은 고대 로마 도시의 비극적인 몰락 과정을 슐리만에게 들려주었다. 또한 호메로스의 서사시에 등장하는 영웅들의 활약이나 트로이 전쟁의 일화들을 들려주곤 했는데, 슐리만은 그때마다 그 이야기에 빠져들었다.

슐리만은 그의 자서전에 트로이를 발굴할 꿈을 키운 결정적인 계기로 슐리만이 여덟 살 때 아버지가 크리스마스 선물로 사다 준 루드비히 예러(Ludwig Jerrer)의 『어린이를 위한 세계사』라는 책의 삽화를 본 것이었다고 적고 있다. 그 삽화는 트로이의 거대한 성벽과 스카이아 성문, 불타는 트로이 도시를 왕족 중 유일한 생존자인 아이네아스가 아버지 안키세스를 부축하고 아들과 함께 빠져나오는 장면이었다. 소년 슐리만은 그 거대하고 웅장한 성벽이 흔적도 없이 사라져 버렸다는 것을 믿을 수 없었고, 고대의 영

▌트로이의 화재를 피해 아이네아스가 아버지를 부축해 도망치는 장면(그림 왼쪽). 「트로이 화제 이후 도망치는 아이네아스」, 루벤스, 17세기경.

웅들이 활약했던 신화 속의 도시를 사실로 믿었다. 마흔 살이 넘은 이후에야 발굴에 착수했던 슐리만의 트로이에 대한 열정의 불씨는 이때부터 조금씩 타오르고 있었던 것이다.

하지만 이 불씨는 슐리만이 더 성장하여 청장년 시절을 보내고 대부호가 되는 동안 잠시 묻어 두어야 했다. 그는 14세에 학교 교육을 마치고 식품점 수습 사환으로 일하게 된다. 슐리만은 아침부터 밤늦게까지 일하며 아버지가 들려준 고대 영웅들과 트로이의 이야기를 까맣게 잊고 살았다. 그렇게 고된 생업에 매달리던 중 슐리만의 열정에 다시 숨결을 불어 넣은 운명적인 만남이 있었다. 어느 날 그가 일하던 가게에 술 취한 손님이 들어와 낭랑한 목소리로 어떤 시를 크게 낭송한 것이다. 슐리만은 그 외국어로 된 시를 단 한마디도 알아들을 수 없었지만 마치 운명처럼 그 시에 이끌렸다. 그리고 그것이 호메로스의 『일리아드』 중 한 구절을 그리스어로 낭송한 것이라는 것을 알고는, 자신의 돈을 탈탈 털어 그 술 취한 사람에게 술을 사 주고 그 시를 전부 낭송하게 했다. 슐리만은 가난했지만 그 돈이 전혀 아깝지 않았고, 잠시 넣어 두었던 트로이에 대한 자신의 열정을 되살릴 수 있었다.

이후 슐리만은 갖은 고생을 하며 장사를 배웠는데, 그 와중에 난방도 되지 않는 다락방에서 열심히 어학 공부를 했다. 여기서 슐리만의 또 다른 진면목이 드러난다. 그가 나중에 무역으로 크게 성공할 수 있었던 데에는 천재적인 어학 습득력의 도움이 컸다. 그는 2년 만에 그만의 독특한 공부법으로 영어, 프랑스어, 네덜란드어, 스페인어, 포르투갈어, 이탈리아어를 익혔다. 그는 어떠한 언어를 6주 만 공부하면 유창하게 말하고 쓸 수 있다고 자신했다. 슐리만은 사업에서도 성공하여 1845년에는 자신의 무역회사를 세

▌사업가로 성공한 젊은 시절의 슐리만

우는데, 그의 능률적인 시간 활용과 엄청난 노력의 결과라고 할 수 있다. 그는 1854년에는 스웨덴어와 폴란드어까지 익혔다.

이렇게 언어 공부에 몰두했던 그가 그렇게 감동받았던 호메로스의 언어인 그리스어를 배우지 않았던 이유는 무엇이었을까? 슐리만은 자신의 사업이 점점 성공가도에 오르면서도 트로이 발굴의 꿈을 접지 않고 늘 그것에 대한 열망을 품고 있었다. 하지만 발굴을 위해서는 막대한 부가 필요했다. 슐리만이 그리스어를 최후까지 남겨 두었던 것은 꿈을 이루기 위한 충분한 준비가 되기도 전에 자신의 사업을 내팽개치고 트로이 발굴에 모든 열정을 쏟게 될까 봐 두려웠기 때문이다. 그는 1856년이 되어서야 그리스어 공부를 시작했다. 역시나 6주 만에 그리스어를 숙달했으며, 3개월 만에 호메로스의 난해한 시에 통달했다. 그는 다음과 같이 적고 있다. "플라톤을 공부하는 데 얼마나 몰두해 있었는지 만일 6주 후에 그[플라톤]가 내게서 편지를 받았다면 틀림없이 이해했을 것이다."

그는 이제 트로이 발굴을 위한 경제적 조건을 모두 갖추게 된다. 그리고 1863년 고전 그리스어를 완전히 습득한 슐리만은 41세의 나이에 사업에서 물러났다. "1863년 말에는 내가 기대했던 것을 훨씬 능가하는 재산을 갖게 될 정도로 나의 사업은 하늘의 축복을 받았다. (…) 나는 나를 그토록 매혹시켜 왔던 연구에 전념하기 위하여 사업에서 은퇴했다." 이제 슐리만의 꿈의 여정이 시작된 것이다.

2. 전설의 트로이를 찾아서

러시아에서의 사업을 정리하고 긴 여행을 다녀온 슐리만은 여생을 고고학과 트로이 발굴에 바치고자 1866년 초 프랑스 파리에 둥지를 틀었다. 그는 소르본 대학에서 이집트학과 산스크리트어, 그리스와 아랍 철학자들, 고전 시, 근대 불문학과 비교 문법을 배웠고, 1869년 4월 독일의 로스토크 대학(University of Rostock)에서 박사 학위를 받는다.

그리고 1869년에 첫 책을 출간한다. 그의 저서 『이타카, 펠레폰네소스, 트로이(Ithaka, der Peloponnesus und Troja)』는 자신의 여행 수첩과 문학 자료 그리고 박사 학위 논문의 가장 핵심적인 부분들을 조합한 것이었다. 이 책에는 여러 결점이 있지만, 그때까지 많은 학자들이 트로이의 위치를 부나르바시라는 마을로 추측하고 있던 데 반해 슐리만은 호메로스의 트로이를 히사를리크(Hissarlik) 언덕에서 찾을 것을 주장했다. 사실 그도 처음에는 부나르바시를 고대 트로이의 위치라고 생각했지만, 그곳이 호메로스가 묘사한 트로이의 지형과는 맞지 않는다고 판단하고 부나르바시보다 더 바닷가에 가까운 곳에 있는 히사를리크가 트로이라고 확신했다. 그리고 드디어 1870년 4월 슐리만은 그의 '트로이 발굴'의 일등 공신인 친구 프랭크 캘버트와 함께 히사를리크에서 조사 활동을 시작했고, 오랜 기다림 끝에 오스만투르크 정부의 발굴 허가를 받아 1871년 10월 첫 발굴을 시작한다.

▌터키 아나톨리아 지방은 인류 문명의 출발지라고 불리는 메소포타미아, 이집트, 그리스 문명이 만나는 문명의 교차로이다. 그 아나톨리아 서쪽 끝에 신화의 도시, 트로이가 있었다. 사진은 터키 서쪽에 위치한 트로이 유적지에 있는 트로이 목마 모형이다.

슐리만은 이곳에서 이후 20년 동안 일곱 차례에 걸쳐 발굴 작업을 한다. 그리고 그 결과는 전 세계에 흥분과 충격을 안겨 주었다. 그의 발굴 결과는 놀라웠다. 원래 슐리만의 목적은 트로이 발굴이었지만 그는 그곳에서 일곱 개의 도시들을 발굴했고, 그전까지는 존재조차 알려지지 않았던 원시시대의 두 도시까지 무려 아홉 개의 고대 도시를 발굴했다. 그의 명성은 전 세계로 퍼져 나갔다. 슐리만의 작업 결과 히사를리크 언덕은 도시의 폐허가 여러 겹으로 중첩된 고고학의 보고라는 사실이 판명되었다. 이곳은 고대 그리스의 도시들이 수천 년간 번영과 멸망을 반복했던 장소였던 것이다. 슐리만은 이러한 층들이 발굴될 때마다 거기서 나온 유물들을 재빨리 발표했다. 이 과정에서 슐리만은 도자기들과 고고학의 방법론인 층서학(stratigraphy)[1]에 큰 관심을 가졌다. 층서학을 슐리만이 처음 고안해 낸 것은 아니지만 이렇게 복합적이고 광범위한 스케일로 층서학을 적용하여 발굴하고 연구한 것은 슐리만이 처음이라고 할 수 있다.

---

1 지층의 복원된 형태·배열·분포·시대 순서·분류·상호 관계·기원·역사 등을 다루는 과학으로, 지질학의 한 학문이다.

발굴 과정에서 호메로스의 『일리아드』는 슐리만의 트로이 찾기 교과서였다. 그는 호메로스의 묘사를 믿고 신전은 언덕의 중앙에, 그리고 그 주위에 원래 평평했던 곳에 신들이 세운 성벽이 있을 것이라고 추리했다. 그는 별로 중요해 보이지 않는 벽들을 헤치고 대담하게 언덕을 파고 들어 갔다. 그곳에서 한때 화려한 도시가 있었다는 증거인 무기, 항아리, 장신구들이 발견되었다. 뉴 일리움(고대인들이 트로이가 있었던 위치를 부르던 도시명)의 폐허 아래에서는 마치 양파 껍질처럼 파낼 때 마다 새로운 폐허들이 발견되었다.

이제 문제가 되는 것은 그 아홉 개의 도시 중 어떤 것이 트로이인가 하는 것이었다. 그의 조사 결과 가장 밑바닥에서부터 두 번째 층(Troy II)에서 불탄 흔적과 견고한 성벽 그리고 거대한 성문 유적을 발견했다. 슐리만은 그 성벽이 프리아모스 성의 성벽이고, 성문은 그 유명한 스카이아 문이라고 확신했다. 이 열광적인 『일리아드』 세계의 숭배자는 신화와 문학이라고만 여겨졌던 트로이 전쟁이 시인의 상상이 아닌 역사적 사실이라는 것을 증명해 내고자 했다.

그리고 일곱 차례의 발굴 중 가장 극적인 발굴이 이어졌다. 1873년 6월 전 세계를 놀라게 한 (아마도 하워드 카터 경이 파라오 투탕카멘의 무덤을 발견하기 전까지는 이 발견이 전 세계를 가장 흥분시킨 발견이었을 것이다) 발견이 이루어졌다. 2년 가까이 아내와 함께 발굴 작업을 하고 있던 슐리만은 이제 더 이상 무언가가 발견될 것이라고 생각하진 않았지만, 마지막까지 발굴을 주의 깊게 지켜보았다. 인부들은 슐리만이 프리아모스의 궁이라고 믿었던 석조 건물의 아래층인 지하 8.5미터 아래에서 작업을 하고 있었다. 유심히 발굴을 지켜보던 그는 무언가를 발견하고 갑자기 아내를 시켜 인부들을 돌려보내게

▌ 슐리만의 두 번째 아내 소피아가 슐리만이 발굴한 보물들로 장식하고 있는 사진이다. 이 사진은 트로이 발굴의 유명세와 함께 19세기의 가장 유명한 사진 중 하나가 되었다.

했다. 그리고 낙석의 위험에도 아랑곳하지 않고 구덩이로 뛰어들어 칼로 무언가를 꺼냈다. 금으로 된 보물들이었다. 그것은 슐리만에 의해 빛을 볼 때까지 3천 년간 그곳에 묻혀 있던 것들이었다.

슐리만은 자신이 프리아모스 왕의 보물을 발견했다고 믿어 의심치 않았다. 금, 은, 청동으로 된 그릇, 수천 개의 작은 금 고리와 장식품, 금팔찌, 금머리띠, 네 개의 아름다운 귀걸이, 두 개의 화려한 금관이 출토되었다. 특히 금관 중 하나는 1만 6천 개의 조그만 금 조각과 금실로 장식되어 있었다. 무려 8,750점이나 되는 보물이 나온 것이다. 하지만 사실 그것은 프리아모스의 보물이 아니었다. 그것이 트로이의 유물이 아니었다는 것은 그가 죽기 얼마 전에야 밝혀진다. 트로이는 그가 믿었던 것처럼 두 번째 층에 있지 않았다. 그 층에서 발견된 이 보물들은 프리아모스의 시대보다 천 년이나 앞선 시대의 것들이었다.[2]

어쨌든 당시에는 트로이의 보물이라고 믿었던 이 황금 보물들을 슐리만은 갖은 수단을 다 써 터키 밖으로 빼돌렸다. 오스만투르크의 대사가 뒤늦게 그의 집을 수색했지만 유물은 흔적도 찾을 수 없었다. 이러한 그의 행위는 오스만 정부와의 약속을 어긴 것이었다. 하지만 슐리만에게 당시의 모

---

2 트로이가 파괴된 시기는 13세기 초반으로 보는데, 학자들에 따라 차이가 있지만 대략 기원전 1275~1260년경일 것이라고 추측하고 있다.

호했던 유물법이나 밀반출이라는 현대적 관점에서의 도덕적 가치는 문제가 되지 않았다. 그는 드디어 트로이를 발굴했다고 생각했고, 그 보물이 그 증거라고 확신했다. 1874년 1월, 슐리만은 『트로이의 고대 유물』이라는 책을 출간했다. 그는 일약 세계적인 스타가 되었다. 고고학 발굴에 관심이 많은 영국에서는 그를 열렬히 환영했다. 하지만 트로이의 존재를 믿지 않았던 독일 학자들은 그를 철저히 무시했고, 비전문적인 발굴 과정과 유적 파괴에 대해 강하게 비난했다. 그는 비록 일부 학자들에게는 무시당했지만 대중에게는 국제적인 유명 인사가 되었다.

그의 두 번째 성공 역시 호메로스의 세계에서 이루어졌다. 그는 미케네 광장에서 아가멤논이 전쟁 후 귀환하여 그의 아내와 신하에게 배신당해 죽는 전설 속의 미케네 왕궁을 발굴하려고 했다. 호메로스는 트로이도 부유했지만 미케네는 더 부유한 도시로 묘사했다. 사람들은 처음에도 그랬지만 설마 슐리만이 또 발굴에 성공할 것이라고는 생각하지 않았다. 하지만 그는 많은 사람들의 예상을 깨고 '황금의 도시'를 발견하게 된다.

> "여기서 나는 파우사니아스가 전설대로 우리에게 전해 준 것, 즉 아트레우스와 용맹스런 왕인 아가멤논과 그의 전차를 몰던 에우리메돈과 예언자 카산드라와 그녀의 일행의 것이라고 했던 무덤들을 발견했다는 것을 조금도 주저하지 않고 보고한다."

이처럼 미케네를 발굴했던 1876년에도 슐리만은 자신의 발견과 확신에 대해 추호의 의심도 갖지 않았지만, 안타깝게도 후에 이 발견 또한 아가멤논 시대의 것이 아니라 그보다 4백 년이나 앞선 시대의 유물이라는 것이 밝

▌ 1876년 슐리만이 미케네에
서 발굴한 '아가멤논의 마스
크'. 하지만 후에 아가멤논 시
대의 마스크가 아니라는 것이
밝혀졌다.

혀졌다. 그러나 중요한 것은 슐리만에 의해 또다시 묻혔던 새로운 역사가
세상에 모습을 드러냈다는 것이다. 비록 그가 찾던 호메로스의 세계는 아
니었지만, 슐리만은 역사 속의 '잃어버린 시간'을 채워 준 것이다. 이후에도
그의 발굴 작업은 계속되었다. 그 결과 10년 후에는 티린스 유적을 발굴함
으로써 한때 지중해 연안을 지배했던 선사 시대의 미노아 문명 연구에 기
초를 제공했다. 사실 슐리만의 진정한 업적은 아직도 많은 의문을 남긴 트
로이 발굴이라기보다 밝혀지지 않았던 청동기 시대의 미케네 문명을 발견
하여 고대 그리스의 역사를 1천 년이나 확장시킨 데 있다. 슐리만은 대중에
게는 트로이의 발견자로 더 잘 알려져 있지만 학문적으로는 선사 시대 그
리스 고고학의 창시자로 더 중요하게 평가된다.

　　그렇다면 트로이는 어디에 있을까? 슐리만은 과연 트로이를 발견한 것
일까?

3. 슐리만의 성공, 그 빛과 어둠

결론적으로 말하자면 슐리만은 트로이를 발견하지 못했다. 앞서 언급했듯이 그가 트로이라고 믿었던 층은 프리아모스의 시대보다 앞선 시대의 것이었다. 그리고 히사를리크 언덕을 고대 트로이라고 추측한 것도 슐리만이 처음은 아니었다.

1801년 처음으로 히사를리크에서 출토된 동전과 비문으로 그 지점이 고대 일리움이라는 것을 발견한 사람은 에드워드 다니엘 클라크였고, 1820년 그곳이 호메로스가 말하는 트로이라고 처음으로 주장한 사람은 스코틀랜드의 찰스 맥클라렌이었다. 그리고 그곳에서의 발굴도 존 브런튼이 크림 전쟁 기간 동안 했던 작업이 최초의 발굴 작업이었다. 다르다넬스 지역의 미국 부영사였던 슐리만의 친구 프랭크 캘버트는 슐리만보다 먼저, 이 언덕이 수세기에 걸쳐 여러 겹의 폐허로 이루어진 인공적 언덕이라는 것을 파악했다. 캘버트는 또한 그 언덕의 일부를 소유했던 사람으로서, 사실 슐리만의 첫 트로이 발굴은 이 캘버트의 도움이 매우 컸다고 할 수 있다.

게다가 슐리만의 생전에 이미 두 번째 지층이 트로이가 아니라는 것이 밝혀졌다. 슐리만이 후기 발굴 작업에서 초기의 비학문적이고 마구잡이식이었던 발굴 방식에서 벗어나 과학적이고 체계적인 작업을 위해 영입했던 건축가이자 고고학자인 빌헬름 되르펠트(Wilhelm Dörpfeld)가 슐리만이 발굴했던 아홉 개의 지층 중 여섯 번 째(Troy VI) 층이 트로이라고 결론 내렸다. 그리고 1932년에는 미국의 신시내티 대학 발굴팀을 이끈 칼 블레겐(Carl Blegen)이 다시 조직적으로 발굴 조사를 진행하여 한 층 위인 일곱 번째 층

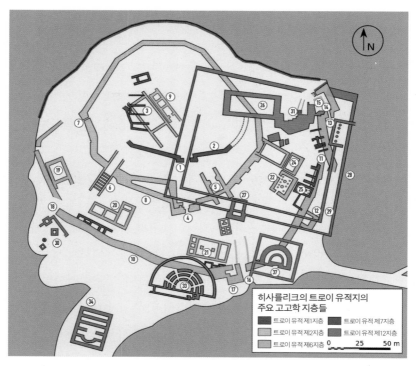

┃ 슐리만이 발굴한 히사를리크 언덕의 트로이 발굴 평면도. 총 아홉 개의 지층으로 구분되는데, 노란색으로 표시된 부분이 슐리만이 처음 트로이라고 생각했던 제2지층이다. 슐리만의 사후 계속된 발굴 작업과 연구로 현재 트로이로 확정된 지층은 빨간색으로 표시된 제7지층 중 기원전 13세기경의 지층인 7a 지층으로, 이 지역은 1998년 유네스코 세계문화유산으로 등재되었다.

A(Troy VIIa)**3**를 트로이라고 정정하였다.

---

3 제1~7기 트로이는 요새, 트로아스의 수도, 왕의 가족·신하·노예들이 살았던 왕의 거주지였던 것으로 보인다. 제1~5기는 청동기 시대 초기(BC 3000년경~1900년)와 대체로 일치한다. 이 기간 동안의 주민들이 에게 해 제도, 키클라데스 제도, 미노아 문명의 크레타 섬, 헬라도스 문화기의 그리스 본토에 살던 주민들의 선조였을 것으로 추정되며, 아나톨리아 남서부 또는 시리아로부터 온 것으로 보인다. 트로이 제6·7기는 청동기 시대 중기와 말기(BC 1900년경~1100년)에 해당한다. 불과 한 세대 동안 지속되었던 제7a기는 BC 13세기경 발생한 화재로 파괴되었는데, 아마도 이때의 트로이가 호메로스의 『일리아드(*Iliad*)』에 묘사된 프리아모스 왕의 도시였던 것으로 여겨진다. (출처: 브리태니커 사전)

지금도 이 언덕에 대한 고고학적 조사가 이루어지고 있고[4] 논쟁이 계속되고 있지만, 현재로서는 이 제 7A 지층이 슐리만이 찾던 그 트로이라고 알려져 있다. 이렇게 보면 사실 트로이를 누가 발견했냐는 질문의 답은 약간 복잡해진다. 히사를리크 언덕을 대대적으로 파내고 총 아홉 개의 지층을 발견한 것은 슐리만이지만, 그는 전혀 다른 지층을 트로이라고 믿었으며 결국 그가 죽는 순간까지도 트로이가 어디인지 밝혀지지 않았기 때문이다.

더 큰 문제는 슐리만의 목적이 오직 호메로스 시대의 트로이였기 때문에 그 외의 학문적 가치가 있는 층들을 마구 파괴하며 언덕을 파 내려갔다는 것이다. 따라서 진짜 트로이라고 분석되는 층을 포함하는 제 2지층 이후의 층들은 사실 슐리만에 의해 상당 부분 사라지고 손상되었다. 슐리만은 트로이 발굴로 유명 인사가 되었지만, 그런 외적인 성공과 실제 학문으로서 그의 발견이 옳은 것인지는 또 다른 문제였다. 학자들의 평가는 달콤한 대중의 경탄과는 달리 매서웠다.

슐리만이 비난받는 이유는 크게 두 가지가 있는데, 그중 하나는 앞서 언급된 문제처럼 발굴의 비전문성에 대한 비판이다. 초기에 시행착오를 겪었던 슐리만은 1882년 발굴부터 경험과 과학적 발굴을 배우기 위해 건축가이자 고고학자인 되르펠트를 고용했고, 비전문가라는 수식어를 떼기 위해 각 분야의 전문가들을 고용해서 발굴 작업을 진행했다. 하지만 그에게 아마추어라는 딱지는 지금도 떨어지지 않고 있다. 왜냐하면 히사를리크 언덕

---

4 1988년 대규모 발굴이 새롭게 시작되었다. 향후 20년에 걸친 이 작업은 성채와 저지대 마을이 그 대상이다. 미국과 독일의 다임러-벤츠사의 재정 지원을 받아 만프레드 코르프만(Manfred Korfmann)이 이끄는 튀빙겐 대학의 국제학술팀이 현대 과학 기술을 총동원하여 트로이 일대의 문화와 환경의 역사를 대대적으로 조사·발굴했다. 이 대규모 발굴 이후에도 이 언덕에 대한 조사와 연구는 지금도 계속되고 있다.

의 초기 발굴에서 행해진 파괴는 돌이킬 수 없는 역사적 손실이었기 때문이다. 슐리만은 언덕을 관통하는 커다란 구멍을 뚫고 흙과 잡석 수백 톤을 제거하는 방식을 썼으며, 트로이가 아니라고 생각되는 구조물들은 가차 없이 제거해 버렸다. 또한 석회석 덩어리로 정교하게 쌓아 만든 트로이 이전 시기의 성벽도 너무 정교해서 믿을 수 없다는 이유로 파괴해 버렸다. 슐리만은 자신도 모르는 사이에 호메로스의 트로이였던 도시의 일부를 없애 버린 셈이 되었다. 게다가 슐리만은 그의 연구 결과를 학술지가 아닌 신문의 논단을 이용하는 것을 선호했으니, 이는 당시 전문가라 자처하는 사람들이 슐리만을 조롱하게 하는 좋은 먹잇감을 제공한 것이었다.

또 다른 문제는 그의 과장과 일부 거짓 기록으로 인해 연구 내용의 신빙성이 떨어진다는 것이다. 트로이와 미케네에서 발굴한 황금 유물들을 오스만 제국 몰래 밀반출하여 소송에 걸린 것이나, 그의 일기나 발굴 결과 사이의 불일치와 모순 등이 그것이다. 특히 그가 드라마틱하게 설명했던 아내와 함께한 '프리아모스의 보물' 발굴기는 거짓이었다는 것이 확실시 되고 있다. 당시 그의 아내는 터키에 있지도 않았던 것으로 밝혀졌기 때문이다. 이렇게 상황을 극적으로 묘사하는 것을 즐겼던 슐리만은 덕분에 그의 발굴 내용까지 의심받는 사태에 이른다. 일부 학자들은 그가 트로이나 아가멤논의 궁전을 발굴했다고 발표하고 세상에 내놓은 유물들이 불법적으로 발굴한 유물들을 매입하여 늘어놓은 것이라고 주장했으며, 심지어 그가 위조품들을 만들어서 미리 묻어 놓은 것을 발굴했다고까지 주장했다. 학자로서는 치명적인 비난들이었다.

이 중 슐리만이 만들었다고 추측되는 흥미로운 신화 중 하나는 바로 어린 시절부터 품어 온 트로이 발굴의 꿈이다. 예러의 세계사 책 이야기는

1875년 슐리만의 편지에서 처음 언급되는데, 그 편지를 쓸 당시 슐리만의 나이는 53세였다. 실제 그의 서재에서 1828년 판 『어린이를 위한 세계사』 가 발견되었지만, 그 책을 언제 구입했는지는 알 수 없었고 그 책에 있는 서명이 감정에 의해 아이의 필적이 아니라는 것이 밝혀졌다. 따라서 이 어린 시절의 꿈도 그가 지어낸 것이 거의 확실하다는 의견이 대부분이다.

그렇다면 '꿈꾸는 어른' 슐리만의 신화는 다 거짓인 것일까? 어린 시절 불타는 트로이 성벽의 삽화를 보고 그 전설 속 이야기를 어른이 될 때까지 잊지 않고 간직했던 그의 낭만적인 이야기는 다 꾸며 낸 것이었을까? 그가 가진 어린 시절의 의문은 어른 슐리만의 조작된 기억인 것일까?

4. 완전한 열정과 절반의 성공, 그러나 꿈은 이루어진다

슐리만이 트로이를 발굴한 영웅인지 꿈에 젖은 몽상가에 불과한 사기꾼 인지는 아직도 논란거리다. 그가 자신의 일기나 편지에 써 놓은 여러 거짓 말들, 사업상의 불투명함, 그리고 오로지 한 가지 목표를 위한 저돌적인 성 격에 혹자는 슐리만이 병리학적으로 거짓말쟁이라고 정신분석학적인 평 가를 내리기도 했다. 그리고 그의 초기 발굴 작업에 대하여 고고학에 대해 어떠한 과학적 접근법도 갖지 못한 초심자라고 비판하기도 한다.

그렇다. 슐리만에게는 너무 많은 의혹이 있고, 고고학자로서 부적절한 행동들을 했던 것도 사실이다. 하지만 이러한 도덕성과 전문성에 대한 비 판들이 과연 슐리만에게만 해당되는 문제였을까? 우선 고고학이라는 학문 은 19세기 후반에도 아직 걸음마 단계에 있는 학문이었고, 고고학의 시초 라고 불리는 19세기의 많은 모험가나 발굴가들 중 유적을 파괴하거나 손상시키지 않고 작업한 사람은 거의 없었다. 그리고 유물의 밀반출은 당시 모든 유럽 열강들이 행했던 불법 행위로, 슐리만이 옳은 행동을 한 것은 아니지만 그만의 유별난 악행은 아니었다. 이집트의 상형문자를 해독한 저 유명한 샹폴리옹도 이집트에 가서 벽화를 통째로 뜯어 오는 과격한 연구 활동을 하지 않았던가.

비록 슐리만은 많은 문제점을 갖고 있었지만, 그럼에도 불구하고 진정한 탐구자로서의 면모를 보여 준다. 그는 모든 유물에 대한 발굴 기록을 꼼꼼히 적었고 자신이 연구한 것을 부지런히 발표하는 등 학자로서의 면모를 분명히 가지고 있었다. 그가 출판한 『트로이 유물 도해집』은 사진 화보를 실은 최초의 고고학 저서 가운데 하나였다. 또한 슐리만은 말년에 자신이 주장한 학설을 부정했는데, 이는 그 어떤 학자도 쉽게 하지 못하는 용감한 결정이라고 할 수 있다. 그는 자신의 학문적 실수를 인정함으로써 죽음 앞에서도 역사적 진실에 다가가려는 끊임없는 열정을 보여 주었다.

슐리만이 가진 이 같은 학문적 개방성은 고대 지중해 세계의 시간적 외연을 넓히고 고고학의 새 지평을 열었다. 슐리만 이전에는 청동기 시대의 그리스 세계란 역사에서 존재하지 않는 것이었다. 또한 선사 시대 에게 해(Aegean Sea) 세계 연구는 그가 미케네 문명을 발굴함으로써 시작되었다. 연대기의 빈 공간이었던 '에게 해의 고대 역사'가 슐리만의 발굴로 인해 채워지기 시작한 것이다. 사실 역사학에서 슐리만의 업적이 가장 중요하게 작용한 점은 전설 속 도시로 남을 뻔했던 트로이 발굴 그 자체가 아니다. 트로이를 발굴하는 과정에서 트로이 이전 시대의 문명을 발굴함으로써 새로운 역사 연구의 가능성을 열어 주었고, 선사 시대 트로이 전쟁이라는 하나의 기준 연대의 추측을 가능하게 함으로써 백지 상태였던 후기 미케네 문명의 연대를 결정짓는 기준점을 제시한 것이 그의 업적의 위대함이다.

또한 슐리만으로 인해 '고고학'이란 학문이 대중화되었다고 할 수 있다. 고고학이 학문으로 정착되는 과정에 있던 당시의 사람들에게는 물론이고, 현재 우리들에게도 슐리만은 고고학의 상징적인 인물이다. 그만큼 '트로이 발굴'이라는 그의 타이틀은 대중에게 매혹적으로 다가갔고, 고고학은 대중에게 더 재미있고 친숙한 학문으로 다가갈 수 있었다. 사실 요즘에도 학계에 종사하는 사람이 아닌 이상 슐리만의 이야기가 아니면 '고고학'이라는 학문의 성격과 그 단어조차 접하지 못하는 경우가 허다하다는 것을 볼 때, 슐리만이 고고학과 대중에게 미친 영향은 크고 장기적이라고 할 수 있다. 그리고 이러한 현상은 '트로이'가 가진 서사적 매력이 계속되는 한 사라지지 않을 것이다.

슐리만은 유명한 만큼 논란과 비난의 대상이기도 하다. "과학적 고고학의 아버지", "새로운 학문의 선구자", "의심할 바 없는 학자"로 찬란한 조명을 받는 반면, "더러운 도굴자", "사기꾼", "비과학적인 고고학 초심자", "문명 파괴자"와 같은 정반대의 신랄한 비난을 받기도 한다. 한 인물에 대해 이렇게까지 반대되는 평가가 공존하는 이유는 무엇 때문일까? 그것은 바로 그의 트로이에 대한 열정이 너무 컸기 때문에, 혹은 열정이 너무 지나쳤기 때문이라고 할 수 있다. 하지만 많은 문제점에도 불구하고, 그의 학문적 열정만은 진짜였다. 슐리만과 그의 두 번째 아내 소피아 사이에서 낳은 두 아이의 이름은 안드로마케(Andromache, 트로이의 왕자 헥토르의 아내)와 아가멤논(Agamemnon, 그리스 연합군의 총사령관)이었다. 트로이에 대한 그의 열정의 크기가 짐작되는 대목이다. 슐리만에게 삶은 현실과 호메로스의 시대가 교차되는 것이었다. 그가 실제로 발굴에 성공하지 않았다면, 트로이에 대한

▌현재까지 트로이 전쟁 시의 성벽이라고 추정되는 제 7A 지층의 성벽

이러한 열정은 부호의 유별난 취미라고 웃어넘겼을지도 모르고, 그저 가난한 장사꾼에 불과했다면 미쳤다는 소리를 들었을지도 모른다.

트로이를 찾는 작업은 아직까지 계속되고 있다. 이것 또한 슐리만이 트로이 전쟁이라는 문학 속 이야기의 역사성을 증명했기 때문이다. 고고학 저술가인 C. W. 세람은 "문외한[슐리만]의 성공에 대한 전문가의 불신은 천재에 대한 범인의 불신"이라며 슐리만에 대한 비판의 목소리를 일축한다.

우리가 오해해서는 안 될 것은 트로이를 발굴하게 만든 원동력이 그의 재력 때문이라고 생각하는 것이다. 물론 막대한 재산이 없었다면 불가능했겠지만 오늘날의 슐리만을 만든 것은 돈이 아니라 그의 꿈과 끊임없는 열정이라는 것을 기억해야 한다. 슐리만의 발굴기를 낭만적으로 만든 일등공신인 그의 어린 시절 책 일화에서 중요한 것은 그것의 진위 여부가 아니다. 중요한 것은 그렇게까지 해서 설명하고 싶었던 호메로스 세계에 대한 자신의 탐구열과 그것을 어린 시절까지 끌어내리려 했던 트로이에 대한 열정의 진정성일 것이다.

    '꿈을 가진 어른'이라는 말은 이중적인 느낌을 준다. 좋게 말하면 아직도 순수함을 간직한 사람이고, 나쁘게 말하면 철없는 사람으로 비춰질 수 있으니 말이다. 하지만 역사의 수많은 예들을 돌아볼 때, 이 '꿈을 가진 어른'들의 터무니없는 의구심과 호기심이 역사의 순간순간들을 얼마나 가치 있게 만들었는지 우리는 알 수 있다. 우리가 '역사의 전환점'이라고 표현하거나 '역사의 한 장을 장식했다'고 말하는 순간들의 일부는 바로 그러한 개인의 행동이나 생각에 의해 만들어진 경우가 많다. 슐리만이 우리에게 남긴 가장 큰 유산은 '꿈을 포기하지 말라'는 것이 아닐까.

    당신은 아직 꿈꾸고 있는가? 그렇다면 이 이야기에 귀 기울여 보자. 밑바닥부터 시작해 사회적으로 성공한 것도 모자라 불혹이 넘은 나이에 전설의 트로이를 찾아 나선 슐리만의 이야기는 '꿈을 가진 어른'의 꿈과 성공, 그리고 그것이 가져온 현실까지 모두 보여 줄 것이다.

8.
이사도라
던컨

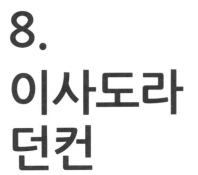

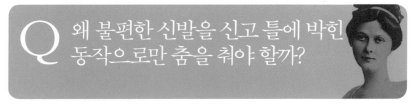

이사도라 던컨(Isadora Duncan, 1877~1927, 미국)

땅을 밟고 춤을 춘 대지(大地)**의 무용가, 현대 무용의 창시자**

Q 왜 불편한 신발을 신고 틀에 박힌
동작으로만 춤을 춰야 할까?

0. 들어가며

우리는 흔히 무용 하면 발레, 그리고 무용가 하면 분홍색 토슈즈를 신은 발레리나를 떠올리곤 한다. 그만큼 발레가 대중성을 갖고 있고 대중에게 많이 노출된 결과라고 할 수 있다. 「백조의 호수」와 「호두까기 인형」, 「지젤」과 「잠자는 숲 속의 미녀」와 같은 매혹적인 스토리와 음악, 인형 같은 옷을 입고 인간의 동작이라고는 생각할 수 없을 만큼 어렵고 아름다운 동작으로 춤추는 무용수들은 사람들의 감탄을 자아내고, 보는 사람들을 동화 속 환상의 세계로 인도한다. 마치 왕자와 공주 같은 발레의 주인공들은 비극에 울기도 하지만, 그들은 처음부터 끝까지 우아하고 아름다우며 품위를 잃지 않는다. 하지만 무대 밖의 '인간' 무용수들은 그러한 무대 위의 '환상'을 만들어 내기 위해 뼈를 깎는 고통과도 같은 훈련을 감내해야 한다. 우리나라가 자랑하는 세계적인 발레리나 강수진의 발을 보면 비유적인 표현이 아닌, 말 그대로

'뼈를 깎는 고통'이 뒤따라야 한다는 것이 실감난다. 인간의 것이 아닌듯한 환상적인 아름다움 뒤엔 치열한 훈련과 육체적 고통이 있는 것이다.

그렇기에 이러한 발레는 아무나 따라할 수 없다. 악기 같은 경우 전문 음악가가 아니라도 어느 정도 상당한 수준에 도달할 수 있지만, 취미로 발레를 하는 사람은 드물다. 무용수들과 일반인들은 자세와 생활 패턴 자체가 다르다. 발레가 요구하는 동작들을 해내기 위해서는 매일 반복되는 훈련을 통해 발레에 적합한 몸과 근육을 만들어 내야 하기 때문이다. 따라서 다른 예술 분야와는 달리 상대적으로 현역으로 활동할 수 있는 기간이 짧다. 20세기가 될 때까지 서양 무용의 주류는 바로 이러한 발레가 차지하고 있었다. 하지만 세기가 바뀔 즈음 무용 역사의 새 장을 여는 예술 가가 등장한다. 그녀는 마치 세상이 바뀌었다는 것을 무용으로 알리기라도 하듯 이전의 발레로 대표되는 무용과는 모든 것이 다른 새로운 춤을 췄다.

▌이사도라 던컨

무용의 기본 철학도 미의식도 이상도 목적도 다른 그런 춤이 나타난 것이다. 따라서 이 예술 가는 등장부터 죽음까지 모든 것이 새로웠고 파격이었다. 바로 '현대 무용'의 창시자인 이 사도라 던컨이다.

던컨은 당시 상류층이 유일 하게 무용으로 인정하고 즐긴 발레를 거부하고, 자기만의 춤 의 세계를 창조했다. 그녀는 어린 시절부터 발레에 의문을 품었다. '왜 저런 불편한 신발과 몸을 조이는 갑갑한 옷을 입고 춤을 춰야 하지? 게다가 저 틀에 박히고 따라 하기도 힘든 동작이라니!' 발레는 그녀가 숭상한 대자연의 미의식에 어긋났다. 그래서 그녀는 자유롭게 그리고 자연스럽게 춤추고 싶었다. 새로운 시대의 춤이었던 '모던한' 현대 무용은 이러한 문제의식에서 탄생했다.

1. 시와 음악 그리고 자연을 사랑한 소녀

"신발이나 옷이 오히려 나를 방해하고 있다고 느꼈다. 무거운 신발은 마치 족쇄처럼 느껴졌고 옷은 나를 가두는 감옥이었다. 나는 모든 것을 벗어던졌다. 보는 사람이 아무도 없는 가운데, 나는 완벽하게 혼자가 되어서 해변에서 나체로 춤을 추었다. 그럴 때면 바다와 모든 나무들이 나와 함께 춤을 추고 있음을 느낄 수 있었다."

– 이사도라 던컨

우리가 '예술'이라고 칭하는 분야는 다양하다. 그렇다면 인류가 가장 먼저 시도한 '예술'은 무엇이었을까? 선사 시대의 벽화가 남아 있는 것을 보니 그림일까? 아니면 노래일까? 둘 다 아니다. 인류가 가장 먼저 행한 예술은 바로 춤이다. 춤은 동작이며 그것의 연속이다. 인류가 이 땅에 나타나고, 언어가 없던 시절에 원시 인류는 자연 속의 리듬과 원시적인 충동에 따라 자신들의 신체를 가지고 자연스런 동작들을 해 가며 의사소통하고 감정을 표현했으며, 더 나아가 춤을 통한 일종의 종교적인 의식까지 행했다. 따라서 인류가 문명을 갖추었을 때 춤은 다른 예술에 비해 상당한 수준의 완성을 이루고 있었다. 춤은 이렇게 우리 인류에게 어렵고 특별한 것이 아닌 당연하고 자연스러운 것에서부터 시작되었다고 할 수 있다. 이처럼 인간이 가지고 태어난 육체로 자연을 느끼며 그 리듬에 따른 자연스런 몸짓과 동작을 무용이라는 예술로 승화시킨 이사도라 던컨은 이미 어린 시절부터 자연과 동화되어 움직이는 법을 터득하고 있었다.

던컨은 가정의 불화와 사회적 혼란 속에 태어났다. 시인이자 사업가였던 아버지 조셉 던컨의 은행은 던컨이 태어난 해인 1877년 도산했다. 이 '파이어니어 & 론 뱅크'의 고객 대부분이 노동자나 하녀들이었기 때문에 책임자인 아버지 조셉에 대한 사회적 지탄은 더욱 심했다. 게다가 이런 상황에서 그는 가족들을 지킬 생각은커녕 다른 여자와 도망칠 궁리를 하다가 아내인 메리에게 들키고 말았다. 그동안 숱하게 남편의 외도를 참아 온 던컨의 어머니는 더 이상 참지 못하고 이혼을 결정했고, 던컨을 포함한 네 아이들을 데리고 샌프란시스코에서 오클랜드로 이주하여 생활했다. 이처럼 던컨은 태어나면서부터 아버지를 잃었고, 경제적 곤궁에 빠진 가정에서 자랐다. 하지만 그렇다고 해서 그녀의 어린 시절이 불행했던 것은 결코 아니었다.

어머니 메리는 당시로서는 교육을 받은 이른바 신여성으로, 생계를 꾸리기 위해 음악 교사로 일하고 남는 시간에는 모자나 장갑 등의 편물을 짜 그것을 내다 팔면서 아이들을 키웠다. 배불리 먹을 수는 없는 생활이었지만, 대신 그들의 삶에는 음악과 문학이 가득했다. 메리는 밤마다 아이들에게 셰익스피어, 셸리, 브라우닝, 디킨스, 휘트먼과 같은 작가들의 문학을 읽어주었고, 때때로 저녁에는 아이들을 위해 몇 시간씩 베토벤, 모차르트, 슈만의 피아노곡들을 연주했다. 던컨은 이러한 어린 시절을 목가적이고 황홀한 풍경으로 기억하고 있었고, 이처럼 음악과 시가 충만한 삶은 던컨가(家) 아이들의 예술성에 지대한 영향을 미쳤다. 하지만 반면에 학교 교육은 던컨에게 아무런 도움도, 감흥도 주지 못했다. 이미 삶의 고단함과 예술적 감수성에 눈을 뜬 던컨에게 책의 내용만을 읊어 대는 학교 선생님의 말은 아무런 쓸모가 없었다. 그녀는 열 살 때 학교를 그만두었고, 어머니 메리도 그것에 반대하지 않았다.

소녀 이사도라는 학교 교육 대신 자유롭게 나가 놀았고, 인적이 없는 숲속이나 해변에서 맨발로 춤을 추곤 했다. "[어머니의] 그러한 방임주의는 나자신에게 무척이나 다행스런 일이었다. 왜냐하면 내 춤의 영감은 어린 시절의 자유분방하고 구속 없는 삶 속에서 내가 만들어 낸 자유의 표현으로부터 솟아나기 때문이다. 나는 아이들의 삶을 불행으로 물들이는 '이건 하지 마, 저건 안 돼'라는 끊임없는 주문에 절대 복종하지 않았다." 한 번은 던컨이 유명한 발레 선생님을 찾아갔다. 선생님이 던컨에게 발가락 끝으로서 보라고 지시했다. 그녀는 왜 그래야 하냐고 물었고, 선생님은 "그렇게 하는 게 아름다우니까."라고 대답했다. 던컨에게 발레에서 하는 이 같은 기본자세는 아름다운 것이 아니라 오히려 부자연스럽고 흉했다. 던컨은 세 번의 레슨 후에 더 이상 그 선생님에게 배우러 가지 않았다.

던컨에게 있어 춤이란 몸을 불편하게 만들면서까지 아름다움을 만들어내는 것이 아니었다. 그녀는 자신의 창조력의 원천이 '바다와 바람, 어머니가 피아노로 들려주신 음악, 보티첼리의 프리마베라, 셸리의 미모사, 꽃의 개화, 벌들의 비행, 오렌지와 캘리포니아, 양귀비의 자유분방하고도 찬란한 금빛'이라고 말했다. 이처럼 던컨을 움직이게 하는 것은 자연의 아름다움과 단순함이었다.

던컨이 15세가 되던 해인 1892년에는 이미 그녀의 이름이 오클랜드 시(市) 인명록에 무용 교사로 등록되어 있었다. 그리고 그녀는 18세에 본격적으로 춤으로 돈을 벌기 위해 당시 미국에서 가장 진보적인 도시로 알려진 시카고로 간다. 이곳에는 당대의 저명인사들이 즐비했으며 산업, 상업, 교통, 예술의 중심지로 세계적인 명성을 얻고 있는 도시였다. 던컨은 시카고에서 당시 미국 최고의 극단에 들어가지만 그러한 상업적 극단에서는 자신의 춤이 독자적인 예술로 인정받을 수 없다는 것에 실망했다. 하지만 기회는 아직 끝나지 않았다. 던컨의 예술성이 인정받은 것은 시카고가 아닌 뉴욕이었고, 뉴욕에서의 성공은 그녀의 인생에 중요한 전환점이었다.

2. 새로운, 하지만 새로운 것이 아닌 춤을 추다

1898년 3월 24일, 던컨은 미국 작곡가 에델버트 네빈이 만든 「수선화」, 「오필리어」, 「물의 요정」 등의 아름다운 피아노곡에 맞춰 춤을 추었다. 「뉴욕헤럴드」지는 이 공연에 대해 다음과 같은 리뷰를 했다. "발의 보행 자세, 몸의 뒤흔듦, 동정심을 자아내는 표정의 표현을 통해 고대 그리스의 시에서 비롯되는 우아한 예술을 재현해 냈다. 이사도라의 춤이 뉴욕의 교양인들에게 커다란 반향을 불러일으켰으며, 예술에 있어서 새로운 창조의 도래를 알리고 있다." 그리고 공연 후 던컨은 카네기 홀의 관객들에게 다음과 같이 연설했다. "춤이란 단순히 춤추는 동작이 아니라 춤추는 사람의 정신과 사상을 몸짓에 담아내 표현하는 것입니다. 만약 춤이 예술로서의 생명력을 얻지 못한다면, 춤이라는 명칭을 고대의 먼지 속에 묻어 두는 편이 훨씬 더 나을 것입니다. 나는 어떤 것이든 개량하는 것에는 전혀 흥미가 없습니다. '춤이 예술로 존속할 것인가.
만약 그렇다면, 어떻게
예술로서의 춤이 인간의
삶으로 옮겨질 것인가.'
이것이 내가 유일하게 갖
고 있는 관심사입니다."

발레를 국가적으로 육
성하고 있는 러시아를 제
외하고, 사실 당시 유럽
에서 춤이란 그것이 발레
일지라도 음악처럼 고상
하고 우아한 것이라기보
다 오락거리나 여흥에 불

▌ 발레리나를 그린 드가의 그림. 양복 입은 신사가 한쪽에서 발
레리나들을 유심히 쳐다보고 있다.

과한 것이었다. 이것은 무용수들의 사회적 지위와도 직결되는데, 특히 여
자 무용수들은 '창녀'처럼 취급되었고, 실제로도 후원이라는 명목하에 부
유한 신사들이 젊고 예쁜 무용수들을 애인으로 두었다. 이는 프랑스의 대표
적인 인상파 화가 중 하나인 드가의 유명한 발레리나 그림들에도 간접적으
로 나타나 있다. 따라서 춤을 진지하게 예술과 삶의 성찰로 연결 짓는 던컨
의 이 말은 청중들에게 신선하고도 깊은 울림으로 다가왔다. 그리고 이때부
터 공연 후 간단한 연설을 하는 것이 던컨의 공연 순서로 자리 잡았다.

"새로운 창조의 도래"라는 평을 받은 던컨의 춤은 그녀 자신에게 있어서
는 새로운 것이 아니었다. 그녀는 자신의 춤이 전혀 새로운 것이 아니며, 아
름다움과 몸짓의 형식에 대한 고전적 형식의 재발견이라고 말한다. 그리스

┃ 던컨의 트레이드마크와 같은 그리스식 튜닉 무대 의상. 이렇게 팔다리가 드러나는 의상은 당시로서는
엄청난 노출 의상으로, 보수적인 사람들에게 충격을 주었다.

고전 문화에 몰두해 있던 던컨은 고대 그리스인들의 예술이 자연의 움직임
을 발전시킨 것이라고 생각했다. 따라서 대자연의 아름다움과 고대 그리스
의 미적 기준이 그녀의 춤에서 조화롭게 표현될 수 있었던 것이다.

"그리스인들은 자연의 움직임으로부터 발전시켜 낸 자신들의 움직임을 회화
와 조각, 건축, 문학, 춤과 비극을 통해 표현했다. 이는 자연적인 힘들의 표상물인
그리스 신들이 언제나 그러한 힘의 집결과 방출을 표현하는 자세로 디자인되어
있다는 것에서 쉽게 알 수 있다. 이것이 바로 그리스 예술이 그리스만의 것이거
나 제한적인 예술이 아니라 시공을 초월한 인간의 예술이고, 앞으로도 그러할
수 있는 이유이다. 그러므로 흙을 밟고 서서 나체로 춤을 추면서, 나는 자연스럽
게 그리스 예술이 나타나는 자세를 취하게 된다. 그리스의 자세야말로 흙의 자
세이기 때문이다."

하지만 이 같은 던컨의 춤의 정신과 미의식이 좋게만 받아들여진 것은 아니었다. 어느 중년 부인은 공연에서 그녀의 맨 팔다리를 보고 겁에 질려 뛰쳐나오기도 했다. 고대 그리스의 의상과 비슷한 던컨의 작은 흰색 튜닉은 당시 사람들의 기준에 너무 벌거벗은 상태였으며, 살색 그대로의 다리가 치마 사이로 적나라하게 나오는 것은 문란하고 비도덕적으로 느껴졌다. 시대를 앞서간 의상을 만든 '샤넬'의 창시자 코코 샤넬조차도 훗날 파리에서 던컨의 춤을 보고 너무 노골적이고 야하다고 느꼈고, 그 외에 별다른 감흥을 받지 못했다. 노출 문제는 던컨의 춤이나 그 밖의 문제, 혹은 그녀의 화려한 연애 편력에 대해 비난받을 때 빠지지 않는 단골 소재였다.

나체로 춤추고 싶어 했을 만큼 파격적인 던컨의 작품이니 만큼 너무 시대를 앞서간 그녀의 춤은 비판도 받았지만, 동시에 새로운 시대를 받아들이고 있던 당시 서구인들에게 새로운 예술의 하나로 평가받았다. 뉴욕에서의 성공에 힘입어 던컨은 이제 유럽이라는 더 큰 무대에서 인정받고 싶었다. 영국 런던으로 간 던컨은 특유의 당당함과 춤에 대한 자부심으로 저명한 사교계 인사들, 예술가들과 교분을 쌓았고 왕실 후원자까지 만나게 되었다. 그리고 드디어 예술의 중심지인 프랑스 파리까지 진출하게 된다. 던컨은 런던에서의 인맥으로 파리에서도 어렵지 않게 유명 인사들과 만나게 되었고 당대의 예술가들이 모인 공연에서 자신의 춤을 선보였다. 이 파리에서 던컨은 당대 최고의 조각가 로댕을 만나 깊은 감명을 받았으며, 파리에서 오직 그만이 자신에게 예술적 영감을 주었다고 회상했다.

연이은 성공으로 던컨은 빈을 포함한 독일의 여러 지역에 순회공연을 다니게 되는데 연일 매진을 기록하며 엄청난 성공을 거두었다. 이제 26세가

된 던컨은 미모도 실력도 명성도 화려하게 꽃피웠다. 그녀의 천재성과 그녀가 창조해 낸 새로운 예술에 지식인들은 찬사를 보냈고, 유럽의 황실에서는 앞 다투어 그녀를 초청하고 싶어 했다. 그녀는 발레가 아닌 새로운 춤의 영역을 개척하며 독보적인 위치에 올랐다. 그리고 드디어 발레의 성지인 러시아에 입성하여 그녀의 춤을 보여 줄 기회가 왔다.

┃ 맨발로 춤추는 이사도라 던컨. 1915년부터 1918년 사이 미국 순회공연 중 찍힌 사진이다.

러시아에서 발레는 황실이 지원하는 국가적인 예술이었고, 그만큼 집중적으로 무용수들을 육성하여 테크닉적으로나 규모적으로도 다른 유럽 국가들보다 뛰어났다. 따라서 장대하고 화려한 무대와 뛰어난 기술로 무장한 발레리나들의 춤에 익숙해진 러시아 관객들에게 자신의 춤을 인정받는다는 것은 던컨에게도 하나의 큰 도전이었다. 러시아에서도 그녀는 얇은 그리스식 의상에 다리를 드러내고 머리를 늘어뜨린 채, 훗날 '던컨 블루'라는 이름이 붙는 푸른색 천만을 가지고 쇼팽의 곡에 맞추어 춤을 췄다. 결과는 또다시 성공이었다. 러시아 관객들은 그녀의 꾸밈없고 자유로운 스타일에 충격을 받음과 동시에 깊은 감명을 받았던 것이다. 이러한 던컨의 춤은 당시 러시아 발레의 변혁을 이끌고 있던 젊은 안무가인 미하일 포킨(Michel Fokine)의 작품에 영향을 미쳤다. 포킨은 나중에 러시아 발레를 유럽에서 부활시키는 걸출한 예술가가 된다.

던컨의 인생은 그야말로 날개를 단 듯했다. 게다가 매우 부유한 애인을 만나 사치스러운 생활을 했으며, 비록 사생아이긴 하지만 사랑스러운 딸과 아들도 낳았다. 무용가로서의 명성과 사랑 그리고 아이들까지 얻은 35세의 던컨은 그야말로 성공의 절정에 있었다. 하지만 말 그대로 절정에 있었기 때문에 이제 추락만이 남은 것도 사실이었다. 세계정세와 사회 분위기의 변화는 던컨의 춤에 대한 인식을 또 한 번 바꾸어 버렸다. 게다가 개인적인 비극도 이어졌다. 바로 아이들의 죽음이었다. 그녀가 그토록 사랑해 마지 않던 아이들이 타고 있던 자동차가 미끄러져 센느 강에 빠져 익사하고 만다. 일시적이지만 던컨은 아무것도 할 수 없을 정도로 비탄에 빠져 괴로워했다. 기운을 차려 다시 자신의 에너지를 춤에 쏟고자 했지만, 또 다른 남자와의 사이에서 아이를 갖게 된다. 새로운 생명을 잉태한 것에 기뻐한 것도 잠시, 제1차 세계 대전이 터지면서 유럽 사회는 공포와 불안에 빠졌고, 던컨도 그것을 고스란히 느끼고 있었다. 그리고 그 와중에 그녀는 아이를 사산하면서 다시 한 번 슬픔에 빠지게 된다.

1919년, 전쟁은 끝났지만 러시아에서는 혁명이 일어나 세상이 뒤바뀐다. 일명 볼셰비키 혁명은 황제를 끌어내리고 새로운 혁명 정부를 세웠다. 던컨은 황실 발레단이 무너진 그때 새로운 사상과 자유로 가득 찬 러시아에서 자신의 예술 세계를 다시 한 번 펼치고자 러시아로 향했다. 그리고 그곳에서 그녀의 삶의 유일한 남편인 혁명 시인 세르게이 예세닌을 만나 결혼한다. 하지만 그 결혼은 결국 불행하게 끝이 났고, 러시아에서의 활동 또한 생각만큼 성공적이지 못했다. 그녀의 혁명적 사상을 담은 춤이 레닌의 찬사를 받기는 했지만 돈이 되지는 못했고, 그녀의 궁극적 목표였던 무용 학

▌던컨의 남편이었던 러시아의 혁명 시인 세르게이 예세닌. 무려 열여덟 살의 나이 차이가 났던 이 둘의 결혼 생활은 순탄치 않았고 결국 파경을 맞았다.

교 설립도 가난한 국가 재정으로 인해 실현되지 못했다. 일시적으로 미국으로 가서 다시 공연을 하기도 했으나 관객들은 마흔이 훌쩍 넘어 더 이상 젊지 않고 몸도 변한 던컨에게 싸늘한 시선을 보냈다. 또한 러시아의 공산주의와 미국의 자유민주주의가 격돌하고 있는 상황에서 러시아의 혁명 시인을 남편으로 가진 그녀를 미국인들은 더욱 곱게 보지 않았다. 시카고에서의 공연에 실패하고 모욕적인 비판을 받은 던컨은 다시는 미국 땅을 밟지 않겠다고 결심하며 미국을 떠난다. 그녀의 최종 정착지는 프랑스였다.

던컨이 사망한 해인 1927년, 그녀는 니스에 있었다. 50세가 된 그녀는 가난에 허덕였다. 신문사와 자서전을 내기로 계약하고 책을 쓰고 있었지만, 그녀의 몸에 밴 사치스런 생활은 재정 상태를 더욱 악화시켰다. 먹을 것을 살 돈이 없을 정도였으나, 조금의 돈만 생기면 최고급 레스토랑에서 최고급 와인을 마셨고 최고급 호텔에 묵었다. 그러다가 드디어 던컨은 사람들의 뇌리에 깊이 박히는 안타까운 죽음을 맞이한다. 9월 14일, 던컨은 자동차를 사기 위해 알게 된 청년과 드라이브를 나가게 되는데, 그때 그녀는 절친한 친구가 선물한 붉은색 긴 스카프를 목에 두르고 있었다. 차에 탄 그녀의 스카프 한쪽이 바닥에 떨어졌고 차가 출발하면서 바퀴에 말려들어 간 스카프가 그녀의 목을 순간 강하게 압박했다. 차가 출발하자마자 던컨은 비명을 지를 새도 없이 목이 부러져 즉사했다. 미국과 전 유럽을 열광시킨 아름다운 무용계의 이단아이자 화려한 사교계 스캔들의 주인공이었던 던컨은 그렇게 허무하게 세상을 떠났다. 그녀는 수많은 사람들의 애도 속에 파리에 있는 페르라세즈 공동묘지에 안장되었다. 그리고 얼마 후, 그녀가 쓰던 자서전이 『나의 인생(*My Life*)』이라는 제목으로 출간되었다.

3. 나는 춤을 추기 위해 산다

던컨은 생전에도 그렇고 사후에도 가장 위대한 발레리나로 손꼽히는 러시아 출신의 안나 파블로바(Anna Pavlovna, 1881~ 1931)와 종종 비교되곤 한다. 동시대에 활약했던 것도 있지만, 그 둘의 예술 세계와 목표는 그야말로 하늘과 땅 차이였다. 우선 발레는 중력에 저항하는, 중력을 거스르려는 춤이다. 발레 무용수들은 발끝으로 서서 가급적 바닥에 발이 닿는 시간과 면적을 줄이면서 발끝으로 돌고, 하늘로 높이 도약한다. 실제로 일류 발레리나들은 마치 중력의 영향을 받지 않는 듯 공기처럼 가볍게 점프하고, 곡예와 같은 고난이도의 동작을 무게가 느껴지지 않을 정도로 소화해 낸다. 그야말로 천상의 세계를 갈구하는 무용이며, 인간이 아닌 요정의 춤 같다. 파

▎「빈사의 백조」를 연기하는 안나 파블로바

블로바는 이러한 발레의 세계를 가장 단적으로 아름답게 보여 준 발레 역사의 전설적인 인물이다.

원래 러시아의 발레단에 있을 때도 일류였지만, 이러한 그녀의 명성은 「빈사의 백조」란 희대의 명작으로 인해 더욱 확고해졌다. 이 작품은 3분이 채 안 되는 짧은 작품으로, 생상스의 「동물의 사육제」 중 '백조'란 곡을 사용하여 미하일 포킨이 파블로바를 위해 안무한 작품이다. 내용은 제목 그대로 빈사(瀕死), 즉 죽어 가는 백조가 살아 보려고 파르르 떨다가 결국 가련하게 죽는다는 다소 잔인하고 허무한 스토리다. 하지만 죽어 가는 가련한 백조를 표현하는 발레리나의 감성과 표현력, 그리고 살아있는 백조가 죽는 과정을 안무 동작으로 섬세하게 표현해야 하는 테크닉까지 갖춰야 하는 그야말로 클래식 발레의 정수를 응축해 놓은 작품이다. 파블로바는 이 작품을 완벽하게 소화해 내 유럽과 미국에서 대성공을 거두었고, 던컨의 명성이 점점 떨어질 때에도 파블로바의 인기는 식을 줄 몰랐다. 이 「빈사의 백조」는 지금까지도 일류 발레리나의 증명서와 같은 작품으로, 아무나 도전할 수 없는 어려운 작품으로 남아 있다.

반면 현대 무용의 시발점이 된 던컨의 춤은 대지와 자연의 춤이다. 그녀는 발끝으로 서야 하는 토슈즈를 벗어던지고 맨발로, 거기다 발바닥으로 바닥을 딛고 자유롭게 춤췄다. 그녀의 춤에서 발레와 똑같이 '환상적'이라는 느낌을 받아도, 그것은 발레처럼 중력을 느끼지 못하기 때문이 아니다. 던컨은 오히려 중력을 받아들이고 중력을 가진 땅의 신성함과 그것을 딛고 있는 인간 육체의 아름다움을 표현했다. 발레리나들이 정해진 스토리의 인물과 정해진 안무를 따라 정제된 아름다운 자세와 고난이도의 회전을 해야 한다면, 던컨의 무용은 개인적인 사상과 감정을 토대로 무용수의 자유로운 안무를 존중하고 '자연스러운 몸짓'으로 춤을 춘다. 여기서 던컨이 말하는 '자연스러운 몸짓'이란 누구나 출 수 있고 할 수 있는 동작을 말한다. 발레와 비교해 던컨의 춤에서 가장 독특한 점은 안무에 곡예적인 동작이 전혀 없다는 것이다. 즉, 던컨은 보통의 신체를 가진 사람들이 특별한 훈련을 받지 않고도 출 수 있는 춤을 추구했다. 이는 그녀가 어렸을 때부터 품어 온 발레에 대한 의문, 즉 '왜 저렇게 불편한 신발로 어려운 춤을 춰야만 할까?'라는 문제에 대한 그녀의 답이었다. 그녀에게 발레의 그런 어려운 동작들은 불편할 뿐 아니라 전혀 아름다워 보이지 않았다.

던컨은 안무와 그것을 위한 신체는 무용수의 사상과 감정을 표현하기 위한 매개체일 뿐 몸 그 자체가 춤의 본질은 아니라고 주장했다. "춤을 추는 데 있어 몸이란 조화를 이루고 호응하는 도구에 지나지 않다. 따라서 좋은 춤을 추기 위해서는 부단한 연습과 반복에 의해 몸을 움직이도록 훈련받는 게 아니라 영혼의 정서와 정신의 표현을 위해 스스로의 충동과 영감에 이끌려야 한다." 무용사에서는 '현대 무용'을 동작이 아닌 정신에서 파생된 양식으로 보고 있으며, 던컨의 '현대 무용'은 이미 알려지거나 정해진 양식이 아닌 무용수 개인의 본연적 주장의 발현으로 본다. 따라서 이러한 던컨

┃ 구슬을 들고 가운데 앉아 있는 던컨과 그리스식 튜닉 의상을 입은 무용수들

의 예술 철학의 결과로 「빈사의 백조」는 완성도야 어찌됐든 모방은 할 수
있지만, 던컨의 춤과 그녀가 사용한 춤의 리듬은 그녀의 직계 제자조차도
재연할 수 없다고 한다. 또한 던컨은 실제적인 안무 교재도 남기지 않았기
때문에 우리가 던컨의 춤에 대해 갖고 있는 이미지는 순전히 동시대인들이
간직하고 있는 기억 덕택이라고 한다.

　기존 예술에 반기를 들면서 나타난 던컨이 만들어 낸 '현대 무용'은 이제
서구 창작 무용의 주류 양식이 되었다. 하지만 현대 무용은 발레만큼 대중
을 장악하지는 못했다. 누구나 이해할 수 있는 스토리도 거의 없고 안무 이
외의 시각적인 즐거움도 떨어지는 현대 무용은 난해하고 현학적이라는 대
중의 평을 받고 있다. 물론 모든 현대 무용이 그런 것은 아니지만 누구나 출
수 있는 자연스런 예술을 추구했던 던컨에게 있어 현재 현대 무용의 위치

는 다소 역설적이다. 주류 예술이고 고급문화이긴 하지만 아무나 이해하거나 즐길 수 없다니 말이다. 그럼에도 던컨의 이상은 살아 있다. 그녀의 고국인 미국에서는 중·고등학교와 대학교의 체조에 현대 무용의 기본 동작이 응용되어 가르쳐지고 있고, 대학에서는 여학생들의 교양 과목에 필수적으로 들어 있다.

많은 사람들이 즐기지만 아무나 할 수 없는 발레와 많은 사람들이 즐길 수는 없지만 누구나 따라할 수 있는 현대 무용. 파블로바는 자신과 던컨의 차이에 대해 다음과 같이 말했다. "이사도라 던컨과 나의 차이점은 이거랍니다. 그녀는 춤추기 위해 살고, 나는 살기 위해 춤춘다는 것이죠." 파블로바의 이 말은 던컨의 예술 세계와 그녀의 삶을 정확히 표현하고 있다고 할 수 있다. 춤추기 위해 사는 던컨의 예술은 모두의 것은 될 수 없어도 누구만의 예술은 될 수 있다는 무용의 새로운 길을 열어 주었던 것이다.

9.
코코 샤넬

코코 샤넬(Coco Chanel, 1883~1971, 프랑스)
패션의 영원한 기준을 세우다

> Q 왜 여자들은 코르셋으로 허리를 조이고
> 치마를 땅에 끌고 다녀야만 할까?

0. 들어가며

▎코코 샤넬

"나는 패션을 만드는 사람이 아니다.
내가 바로 패션이다."

– 코코 샤넬

세상에는 수많은 유명 브랜드들이
있다. 소위 '명품'이라 유명한 브랜드
가 있고, 옷이 좋아서 유명한 브랜드
가 있고, 가격이 합리적이어서 유명
한 브랜드가 있다. 우리가 이런 브랜
드들을 떠올릴 때 대부분은 옷 자체
나 브랜드 로고, 혹은 유명한 광고 모

델을 떠올리게 된다. 그런데 그것을 만든 '사람'은 사람들의 기억 속에 거의 없다. 브랜드와 옷 그리고 '사람'까지 인상에 남는 경우는 디자이너가 특출하거나 유명한 경우이며, 그 경우에도 그 디자이너가 죽거나 떠나면 사람들의 기억에서 사라지는 경우가 대부분이다. 하지만 브랜드, 옷 그리고 그것을 만든 '사람'까지 완벽한 조화를 이루는 브랜드가 있다. 세월이 반세기가 넘게 흘러도, 디자이너가 죽어도, 패션 스타일이 변해도 여전히 사람들의 뇌리에 박혀 있으며, 하물며 더 잘 팔리기까지 한다! (진부한 표현이지만) 바로 그 이름도 유명한 '샤넬(CHANEL)'이 그 브랜드다.

'샤넬'은 브랜드 이름이면서, 창립자이자 디자이너인 가브리엘 샤넬1의 이름이기도 하다. 창립자이자 디자이너의 이름이 브랜드명인 경우는 많다. 크리스찬 디올이 그렇고 조르지오 아르마니도 마찬가지다. 하지만 복식사에서 '샤넬'이 가진 의의와 브랜드의 상징성을 생각할 때 그들은 가브리엘 샤넬에 미치지 못한다. C가 대칭으로 겹쳐진 모양의 샤넬 로고는 소위 '패션 피플'들에게는 물론이고 일반 사람들에게도 강력한 영향력을 갖는다. 일종의 뿌리칠 수 없는 마력이랄까? 패션이나 고급 브랜드에 관심이 없는 사람도 샤넬을 모르는 사람은 거의 없다. 왜냐하면 샤넬은 단순한 스타일이나 옷이 아니라, 하나의 문화 아이콘이기 때문이다. 지금의 우리가 당연히 여기는 여성복 스타일의 상당 부분은 서구 여성 복식사를 바꿔 놓은 샤넬 스타일의 결과이다.

영화 「바람과 함께 사라지다」를 보면 여주인공 스칼렛 오하라가 하녀의 도움을 받아 침대 기둥을 붙잡고 안간힘을 쓰며 코르셋을 조이는 장면이

---

1 샤넬의 본명은 가브리엘이고, 코코는 나중에 만들어진 그녀의 애칭이다.

있다. 샤넬은 여성들을 이 코르셋에서 해방시킨 대표적 인물이다. 그리고 바닥을 질질 끄는 긴 치마에서도 여성들을 자유롭게 만들었다. 그녀는 여성들에게 있어 일종의 '해방자'인 셈이다. 물론 샤넬이 아니었어도 언젠가는 여성들이 허리를 조이는 코르셋을 벗어던지고 거치적거리는 치마를 입지 않았을 것이다. 그런데 과연 샤넬만큼 세련되고 우아하게 벗게 해 줄 수 있었을까?

여기서 샤넬의 질문을 되새겨 보자. '왜 여자들은 움직이기도 힘든 과도한 장식의 모자와 긴 치마를 입고 다녀야 하는가?', '단순한 것은 아름답지 않은 것인가?' 샤넬의 이러한 문제의식은 그녀를 패션 해방자로 만들었고, 영원한 스타일의 공식을 만들게 했다. 그녀의 말처럼 '샤넬'이라는 자신의 정체성이 곧 스타일이 된 것이다.

1. 진취적이고 독립적인 소녀, 가브리엘

　샤넬의 출생과 어린 시절은 별로 되새길 만한 것이 아니었고, 불행했다고 해도 과언이 아니다. 샤넬은 그녀의 부모가 결혼하지 않은 상태에서 아이를 낳아 사생아로 태어났고, 결혼한 후 가난과 병에 시달린 어머니는 샤넬이 여섯 살 때 죽고 말았다. 게다가 어머니가 죽자 아버지라는 사람은 어린 샤넬을 오바진에 있는 수도원으로 보내고 자신은 떠나 버렸다. 그리고 다시는 딸을 찾지 않았다. 한마디로 버린 것이었다. 아버지의 성인 샤넬이 그 유명한 '샤넬'이 되었다는 것은 어찌 보면 불공평하다. 자식을 버리고 떠난 아버지의 이름이 브랜드명이 되어 역사에 길이 남을 이름이 되었으니 말이다. 샤넬은 자신의 처지와 삶을 비참하게 만들고 싶지 않았기 때문이었는지 아버지를 원망하지 않았고, 오히려 자신의 아버지가 미국에 사업하러 떠났다고 거짓말을 했다. 이러한 아버지 감싸기는 그녀가 성인이 되어서도 마찬가지였고, 성공한 후에 그녀는 자신의 또 다른 이름이 된 '코코'가 아버지가 지어 준 애칭이라고 거짓말을 했다. 사실 '코코'라는 애칭은 샤넬이 잠시 가수를 꿈꾸며 술집에서 노래 불렀을 때 붙여진 별명이었다.

　샤넬은 오바진의 수도원에서 소녀 시절을 보냈다. 이 시절 그녀가 훗날 디자이너가 되기 위해 조금이나마 도움이 되었던 것은 여학생들이 배워야 하는 바느질, 즉 재봉 기술뿐이었다. 하지만 그마저도 다른 여학생들보다 뛰어난 것은 아니었고, 그녀 자신도 바느질을 그다지 좋아하지 않았다. 훗날 샤넬이 모자 디자이너로 시작해 의상실을 열었을 때도 그녀의 재봉 솜씨는 그다지 좋지 않았다. 샤넬이 패션 디자이너가 되기로 결심한 데에 이 시절의 재봉 기술이 얼마나 영향을 주었는지는 미지수지만(사실 거의 없다고 봐도 무방하다), 전기 작가들이 유명한 인물들의 삶을 추적하고 그것을 좀 더 드라마틱하게 만드는 과정에서 이 오바진 수녀원은 중요한 역할을 한다.

가장 흥미로운 것은 오바진 수녀원 성당의 스테인드글라스 무늬가 샤넬 패션 제국의 상징인 C 두 개를 서로 반대가 되게 겹쳐 놓은 로고에 영감을 주었다는 것이다. 그 스테인드글라스가 빛을 받아 만들어 낸 모양을 보면 C 두 개가 교차된 것이 보인다. 모든 작가들이 이 두 가지를 직접적으로 연

▌ 오바진 수도원의 스테인드글라스. '샤넬' 로고와 비슷한 부분이 있다.

결시키고 있는 것은 아니지만, 소녀 시절 샤넬이 바라보았던 이 성당 창문의 무늬와 훗날 '샤넬' 브랜드 로고의 유사성을 일종의 운명적 연결고리로 묘사하고 있다. 또 하나는 수녀원 시절의 단순하고 칙칙한 교복이 샤넬의 패션 철학인 '단순함'의 미학에 영향을 주었다는 것이다. 사실 지금에 와서는 이 모든 것들이 실제 샤넬의 디자인에 얼마나 영향을 주었는지 알 수 없지만, 그녀의 암흑기와 같았던 그 시절에서 성공의 단서를 찾을 수 있다는 것이 흥미로운 것이 사실이다.

샤넬은 이미 18세에 가난한 보통 여자들의 '평범한 삶'을 거부했다. 그녀는 도시로 가서 성공하고 싶었다. 오바진 수녀원에서 지내던 샤넬은 물랭

에 있는 노트르담 여자기숙학교에 입학해, 20세인 1902년에 졸업했다. 그리고 그녀와 나이가 비슷한 어린 고모이자 같이 학교를 다닌 아드리엔과 함께 학교에서 소개해 준 시내의 유명한 의류 전문점인 '생트 마리'에 취직했다. 물랭은 파리만큼은 아니어도 군대가 주둔해 있고, 많은 사람들이 오가는 복잡하고 부유한 도시였다. 따라서 샤넬이 일하는 이 의상실은 유명했던 만큼 사교계의 중심지였다. 부유한 여성들뿐 아니라 그들을 에스코트하는 많은 남성들 또한 이 의상실에 드나들었다. 그러는 사이 이 두 여성에 대한 소문은 금세 퍼졌다. 우선 사교계 여성들은 당시의 유행 스타일에 맞게 색상과 스타일을 잘 골라 주는 샤넬을 맘에 들어 했다. 이런 것을 보면 그녀가 패션 센스를 가지고 있었던 것은 확실하다. 당시의 패션 스타일과는 아주 거리가 먼 취향을 갖고 있던 샤넬로서는 그야말로 '고객의 입장에 선 것'이었다.

당시 프랑스는 19세기 말에서 1차 세계 대전 전까지 프랑스의 풍요로운 시기를 의미하는 '벨 에포크(아름다운 시대, 좋은 시절이라는 의미)' 시대였다. 부와 화려함, 향락이 넘치는 시절이었고, 파리는 유럽의 패션을 선도하는 유행의 최첨단에 있는 도시였다. 하지만 '최첨단'이라고 해도 패션, 특히 여성 패션은 사실 드레스를 바닥에 끌고 다니던 루이 14세 시절과 별반 달라진 것이 없었고, 모자는 조선 시대 왕비들의 가체만큼이나 장식이 너무 많아 무겁고 챙이 넓어서 하녀 없이는 쓰고 벗지도 못할 정도였다. 기차가 달리고 거대한 에펠탑이 세워질 만큼 과학 기술이 발전했지만, 여성들의 옷차림, 특히 상류층 여성들의 옷차림은 여전히 마리 앙투아네트 시대의 화려한 로코코풍에서 별반 달라지지 않았다. 당시의 '최첨단' 패션이란 실용성이나 심플함과는 거리가 먼 것이었다.

샤넬은 당시의 이런 유행 스타일을 무척 싫어했다. 풍만한 가슴과 잘록한 허리를 강조하기 위한 거의 고문에 가까운 코르셋 조이기와 "크리스마스트리처럼 주렁주렁 매달고" 다니는 과도한 장신구들을 혐오했다. 그녀는 이런 것들이 여자를 남자의 장식품으로 만든다고 여겼다. 이런 것을 보면 아버지에 대한 기억까지 바꿀 정도로 비관하지 않는 진취적인 자세

▌가브리엘 샤넬(Gabrielle Chanel)

와 독립심은 샤넬의 패션 스타일에 지대한 영향을 미친 것 같다. 이때부터 샤넬은 이미 장식을 배제한 단순하고 실용적인 옷을 입고 다녔다.

한편 남자 손님들은 독특한 매력을 가진 샤넬에게 끌렸다. 굴곡 있는 풍만한 여자들이 미인형이었던 데 반해 샤넬은 마르고 약간 남자 같은 얼굴형에 검은 머리와 검은 눈동자를 가지고 있었다. 깡마른 몸매에 전형적인 미인상도 아니었지만 매력적인 눈매를 가진 당돌한 샤넬은 남자들에게 인기가 많았다. 샤넬은 의상실을 나와 따로 수선 손님을 받을 만큼 센스 있는 재봉사로서 제법 성공을 거두고 있었지만, 그녀의 마음은 의외의 곳에 가 있었다. 바로 가수였다. 그녀를 쫓아다니던 남자들과 데이트하러 다녔던 카페에서 노래하는 유명 가수들을 보고 그녀는 자신도 저런 가수가 되고 싶다는 꿈을 품었으며, 하물며 노래를 부르는 것이 자신의 소명이라고까지

생각했다. 그녀는 하던 일을 그만두고 카페에 오디션을 보러 갔고, 무명 가수로 노래를 불렀다. '코코'라는 그녀의 애칭은 그녀가 부르던 노래 가사에서 따온 것이다.

하지만 다행히도 샤넬은 노래에 소질이 없었고, 그것을 자신도 잘 알고 있었다. 이제 그녀는 자신의 미래에 대해 고민해야 했다. 당시 그녀는 에티엔 발장이라는 부유한 남자와 사귀고 있었는데, 이 발장은 샤넬에게 콩피에뉴에 있는 자신의 루아얄리외 성에 가자고 제안한다. 가수로서 이렇다 할 전망도 없었던 샤넬은 흔쾌히 그의 제안을 따랐다. 발장을 따라간 그곳에서 샤넬 인생의 2막이 펼쳐진다. 그리고 그것은 '샤넬'의 시작이기도 했다.

2. 일상이 곧 패션이다 – 단순한 것이 우아하다

"패션은 단지 드레스로만 존재하는 것이 아니다. 패션은 하늘에도 있고 거리에도 있다. 패션은 아이디어와 우리가 사는 방식과 일어나는 일과 관련된다."

– 코코 샤넬

샤넬과 에티엔 발장이 사귀었다고는 하지만 그것은 평범한 연인 관계가 아니었다. 그들은 서로 사랑해서 결혼을 전제로 사귀는 '바람직하고 아름다운' 관계가 아니라 일종의 후원자와 정부(情婦)의 관계였다. 발장이 같이 루아얄리외에 가자고 한 것도 진지한 의미가 있었던 것이 아니라 언제든지 끝날 수 있는 가벼운 관계를 전제로 한 제안이었다. 그리고 샤넬도 그것을 잘 알고 있었다. 부유한 사업가 집안의 상류층 남자가 자신같이 가진 것 없는 여자와 미래를 계획할 것이라고 생각할 만큼 샤넬은 순진하지 않았다.

단적인 예로 발장을 따라간 그곳에는 그의 또 다른 정부이자 당대의 유명한 고급 매춘부인 에밀리엔 달랑송도 있었다. 달랑송은 사교계의 가십을 화려하게 장식하는 유명한 여자였다. 남들이 보기엔 샤넬도 달랑송 같은 부류와 다를 바 없었지만 샤넬은 자신이 그런 여자들과는 다르다고 생각했고, 남자의 변덕에 의존해서 그렇게 인생을 끝낼 마음은 없었다.

그녀는 확실히 보통 정부와는 달랐다. 화려하게 몸치장을 하기 위해 발장에게 돈을 요구하지도 않았고, 다른 여자들과 달리 미모가 아닌 발장이 가장 좋아하는 승마로 그와의 관계를 돈독하게 했다. 그 결과 시간이 지나면서 그들의 관계는 남녀 사이라기보다 좋은 친구로 발전했고, 그것은 샤넬이 발장의 취향을 정확히 알고 있었기 때문이었다. 샤넬이 유행하는 옷으로 몸단장을 하지 않은 이유는 발장에게 돈을 달라고 하는 것이 싫기도 했고, 자신의 취향과도 맞지 않았기 때문이었다. 이러한 그녀의 행동은 '샤넬'의 탄생에 중요한 역할을 한다. 그녀가 직접 자신에게 맞는 옷과 모자를 제작해서 입었기 때문이다.

우선 그녀는 남자들처럼 말을 잘 타기 위해 승마복부터 바꿔야 했다. 당시의 사교계 여성들의 옷으로는 제대로 안장에 앉아 말을 탈 수 없었다. 승마를 배우느라 마구간에서 보내는 시간이 많았던 샤넬에게 마부들이 입는 승마복은 실용적이고 편해 보였다. 샤넬은 그 옷을 들고 상류층을 상대하는 고급 의상실2이 아닌 마을 의상실을 찾아가 똑같이 만들어 달라고 의뢰했다. 재단사는 남편 분을 데리고 와야 한다고 했고, 샤넬은 자기가 입을 것이라고 대답했다. 그런 승마복을 입는 여자는 없었기 때문에 그 재단사는

---

2 당시 귀족들이나 부자들은 지방에 있어도 파리의 재단사에게 옷을 맞춰 입었다.

▌1920년대 말경의 샤넬. 사진 속 샤넬은 스트라이프 티를 입고 있는데, 원래는 죄수복의 무늬로 유명했던 이 스트라이프를 샤넬은 후에 자신의 패션에 도입했다. 이 스트라이프 티는 현재까지도 '프렌치 시크' 스타일의 대명사로 여성들의 필수 아이템이 되었다.

놀랄 수밖에 없었다. 그리고 그런 옷을 입고 자유롭게 말을 타는 샤넬의 모습은 발장과 그의 친구들을 놀라게 했지만 한편으로는 더없이 그녀의 매력을 돋보이게 했다.

또한 샤넬은 자신이 쓸 모자를 직접 만들었다. 목이 아플 정도로 주렁주렁 장식이 달린 "커다란 빵 덩어리" 같은 모자가 아닌 단순하고 수수한 모자였다. 그런 모자를 쓰고 나타난 샤넬을 본 숙녀들은 처음에는 이상한 듯 힐끔힐끔 쳐다봤지만, 곧 그 모자의 매력을 알아보고 너도나도 샤넬에게 같은 모자를 만들어 달라고 부탁하기에 이른다. 이런 샤넬의 모자는 유명한 달랑송이 쓰고 다녔고, 이는 곧 걸어 다니는 광고판이었다. 처음에는 주변 지인들에게만 조금씩 만들어 주던 것이 인기가 많아져 주문이 밀려들게 되었다. '샤넬' 패션은 바로 이 모자에서 시작되었다. 수수한 흰색 셔츠와 직선 라인으로 재단한 튼튼한 플란넬 치마를 입고 다니는 샤넬은 사교계의 이단아였지만, 그런 그녀야말로 최첨단의 패션을 걸고 있었던 것이다. 이제 20세기가 되면서 시대는 변하고 있었다. 샤넬은 일찍부터 새 시대가 원하는 스타일을 몸소 실천하며 추구하고 있었다. 적당한 길이의 치마와 활동성이 뛰어난 상의는 곧 시대의 요구가 될 것이었다.

샤넬은 일상의 모든 것이 패션과 관계가 있다고 생각했다. 패션은 단지 치장의 일부이고 거추장스러운 것이 아니라, 삶 그 자체였던 것이다. 그녀가 장소와 목적에 맞는 실용적이고 활동적인 옷에 대한 영감을 얻은 곳은 치장한 것을 과시하려는 사교계가 아니라 마부들과 어울린 마구간이었고, 편안함이 중요한 요소인 그녀의 일상에서였다.

루아알리외에서의 삶은 편안했지만 시간이 흐를수록 샤넬은 점점 불편해졌다. 남의 능력으로 무위도식하는 생활은 그녀에게 진정한 자유가 아니었다. 그리고 그녀의 나이도 어느덧 이십 대 중반이 되었다. 자신의 미래에 불안을 느낀 샤넬은 자신의 능력을 인정받은 모자로 본격적인 가게를 차려 장사를 하고 싶었다. 샤넬은 발장에게 모자 가게를 여는 것을 도와 달라고 부탁하지만, 소위 부잣집 도련님인 발장은 그녀의 불안감을 전혀 이해하지 못하고 가게를 내는 데 반대했다. 여기에는 남자로서의 체면 문제도 있었다. 자신의 정부가 돈을 벌기 위해 일한다면 자신이 구두쇠이거나, 여자 하나 건사하지 못하는 능력 없는 남자라는 소리를 듣게 될 것이었다. 발장은 그런 상황을 만들고 싶지 않았다.

하지만 또 한 명의 남자가 샤넬의 인생을 바꾸었다. 그녀가 평생에 걸쳐 유일하게 사랑한 남자라고 알려진 아서 카펠이란 남자였다. 그는 석탄 수

송 화물선으로 사업을 하는 부유한 사업가였다. 그리고 '샤넬' 브랜드의 성지인 파리 캉봉가에 샤넬의 첫 매장을 열어 준 남자이기도 했다. 샤넬의 새로운 남자 카펠은 발장의 친구로, 루아알리외에 온 손님이었다. 샤넬과 카펠은 서로에게 끌렸고, 곧 연인 사이가 되었다. 발장은 둘 사이의 관계를 알고 있었지만, 그는 신사였다. 어차피 그도 샤넬이 유일한 연인은 아니었기에 너그럽게 그 둘을 지켜봤다. 한편 발장은 파리에서 모자 상점을 열고 싶다는 샤넬의 설득에 못 이겨, 파리에 있는 자신의 빈 아파트를 빌려 주었다. 그리고 1909년 봄, 샤넬은 드디어 패션과 유행의 성지 파리에 입성하게 된다. 그녀의 나이 26세였다.

3. CHANEL(샤넬), 여성들을 사로잡다

아파트에서 시작한 샤넬의 모자 판매는 초반부터 순조로웠다. 부인들의 호기심을 자극했기 때문이었다. 화려하고 장식적인 모자가 아닌 단순하고 독특한 디자인의 모자는 유행을 좇는 여성들의 관심을 끌었고, 부자의 후원을 받아 파리에 상점을 연 '예쁜 코코'에 대한 소문도 호기심의 대상이었다. 1년 후, 샤넬은 가내수공업 같은 장사를 접고 파리에 매장을 열어 본격적으로 패션 사업에 뛰어들었다. 아마추어가 아닌 프로 디자이너로 이름을 날리고 싶었기 때문이었다. 그리고 그 초기 자금은 카펠이 지원해 주었다. 1910년, 샤넬의 전설이 시작된 캉봉가 21번지에 '샤넬 모드'가 문을 열었다.

샤넬이 대단한 것은 1년 후 카펠이 대 준 자금을 모두 갚았다는 것이다. 샤넬은 초반에 자신이 버는 돈으로 충당이 되는 줄 알고 카펠이 내 준 수표

┃ 자신이 만든 모자를 쓰고 있는 노년의 샤넬

책으로 돈을 펑펑 썼다. 디자인만 할 줄 알았지 경영에는 무지했기 때문에 가게의 수익에 대해 크게 관심을 두지 않았다. 하지만 얼마 안 있어 자신이 수표책으로 돈을 쓸 수 있었던 것은 자신의 수입 때문이 아니라 카펠의 재력과 신용 때문이었다는 것을 알고 충격을 받는다. 샤넬은 재봉 주임에게 다음과 같이 말했다. "난 단순히 즐기려고, 돈을 마구 탕진하려고 장사를 하는 게 아니야. 나는 성공하려고 이걸 하는 거야. 이제부터는 나한테 결재를 받지 않으면 한 푼도 쓸 수 없다는 걸 명심해." 그리고 1년 뒤 그녀의 경영 방침과 '샤넬 모드'의 인기로 카펠의 돈을 모두 갚을 수 있었다. 이는 샤넬이 돈 많은 남자들의 후원을 받으며 취미로 디자인을 하는 것이 아니라는 것을 명백히 보여 주는 것으로, 그녀는 남에게 의존하며 사는 것을 강하게 거부했다. 그녀의 높은 자존심과 강한 독립심은 '샤넬' 성공의 근본적인 힘이었다.

'샤넬 모드'는 처음엔 모자만 팔다가 1912년에는 스웨터와 스커트 그리고 몇 가지 드레스를 팔았다. 지난 몇 년간 자신이 입기 위해 디자인했던 옷들이었다. 샤넬의 디자인 모티브들은 곳곳에 널려 있었다. 경마장에서 소년 마부에게 빌려 입은 스웨터도 그녀의 스타일로 재탄생했고, 어부들이 입은 세일러복도 디자인 모티브가 되었다. 코트에 벨트를 매는 스타일도 남자들의 스타일을 샤넬이 여성을 위해 재창조한 실용적이고 세련된 스타일이다. 샤넬은 자신이 만든 옷을 먼저 입어 보고 판단했으며, 완성된 옷을 자신이 입고 다녔다. 그녀 자체가 브랜드의 광고판이었다.

샤넬의 독창성은 디자인뿐 아니라 소재에서도 돋보였다. 신축성이 좋고 야들야들한 저지 천은 상류층은 절대 쓰지 않는 싸구려 옷감이었다. 하지만 샤넬은 과감히 이 옷감을 대량으로 사들여 검은색 저지 드레스를 만들고 투피스를 제작해 판매했다. 지금은 샤넬의 상징이 된 어마어마한 가격의 트위드 재킷의 소재와 양모도 이전에는 비싼 옷에는 쓰이지 않는 소재들이었다. 이 '하찮고' 새로운 소재에 여성들이 열광한 것은 편안함과 활동의 자유, 그리고 무엇보다도 단순하지만 세련된 디자인에서 오는 우아한 매력 때문이었다.

디자이너로 점점 명성을 얻어 가고 있을 때, 샤넬의 연인인 카펠은 휴양도시인 도빌에도 매장을 열어 주었다. 단순히 그녀를 좋아해서가 아니라 사업가적 판단으로 샤넬 스타일이 더 성공할 수 있을 거라고 판단했기 때문이었다. 그리고 그 판단은 틀리지 않았다. 샤넬은 파리에서와 같은 화려하고 갑갑한 옷이 아닌 휴양지에 걸맞은, 여가를 즐기기 위한 옷을 디자인했다. 세일러복, 조끼, 얇은 재킷, 마직물 스커트, 실크블라우스, 간절기 외투, 장신구 등을 만들어 상점에 진열했다. 그녀가 직접 입고 다니는 이 의상들은 반응이 매우 좋았고, 운 좋게 부유한 남작부인의 눈에 들어 그녀뿐 아니라 그녀의 친구들에게도 소개되어 샤넬의 상점은 날로 번창해 갔다.

그리고 1914년 제 1차 세계 대전이 터진다. 프랑스와 가까웠던 독일과의 관계가 험악해지고, 전선 상황이 어려워지자 샤넬 또한 가게를 계속 열어야 할지 말아야 할지 고민했다. 하지만 사업 감각이 있고, 고급 정보를 알고 있는 카펠의 조언 덕분에 샤넬의 사업은 이 전쟁을 계기로 더욱 번창하게 된다. 카펠은 그녀에게 철수하지 말고 그대로 기다리라고 말했고, 샤넬은 그

▌ 자신이 디자인한 옷을 선보이는 샤넬

말에 따라 전쟁 통에 고객이 없는데도 불구하고 가게 문을 닫지 않았다. 그리고 기회가 왔다. 파리가 안전하지 않다고 여긴 사람들이 상대적으로 안전하다고 여긴 노르망디 지역의 도빌로 몰려든 것이다. 남자들은 대부분 전장으로 나갔기 때문에 여성들이 대다수였고, 특히 그들은 입을 옷을 다 싸 올 여유가 없어서 옷이 별로 없는 상태였다. 그리고 도빌에 문을 연 의상실은 '샤넬 모드' 한 곳뿐이었다.

전쟁으로 인해 남성 대신 활동할 일이 많아진 여성들에게 샤넬의 참신한 디자인의 옷들은 안성맞춤이었다. 세련됐으면서도 편안한 긴 저지 재킷과

슬림한 니트 스커트, 벨트를 매는 넉넉한 스웨터는 전시 상황과 딱 맞아떨어져 엄청난 인기를 누렸다. 샤넬이 파리의 캉봉 거리로 돌아온 후에도 도빌에서 생긴 그녀의 고객들이 파리에서도 그녀를 찾아가 옷을 맞췄다. 샤넬은 1차 대전이라는 위기를 딛고 엄청난 성공을 거두었다. 스페인 귀족들과 미국의 부유한 여성들도 그녀의 고객이었다. 1915년, 유명한 패션지 『하퍼스 바자』에 다음과 같은 글이 실렸다. "샤넬 의상을 최소한 한 벌이라도 갖고 있지 않으면 유행에 뒤져 있는 여성이다." 그리고 전쟁이 끝나고 1919년이 되자 샤넬은 이미 엄청난 유명 인사가 되어 있었다. 고급의상 디자이너로 꿈에 그리던 성공을 이룬 것이었다. 이젠 그 누구의 후광도 필요 없었다. 어머니를 여의고 아버지에게 버림받았던 가난한 소녀 샤넬은 이제 모든 여성들이 선망하는 브랜드의 수장이었다.

▌전설적인 향수 샤넬 No. 5

1930년, 샤넬은 파리에서 가장 비싼 옷을 만드는 유명 디자이너였다. 2천4백 명의 직원을 두고 26개의 공방(옷을 제작하는 작업실)을 운영했으며, 한 해에 1억 2천만 프랑을 벌어들였다. 하지만 인생지사 새옹지마라고 했던가, 샤넬의 성공에 브레이크가 걸렸다. 세상은 또다시 변하고 있었다. 제2차 세계 대전이 시작된 것이다. 거기다 사회주의 사상의 확산과 노동자들의 임금 인상 요구도 샤넬을 피곤하게 만들었다. 그녀는 정치나 전쟁에 별로 관심이 없었다. 단지 옷을 디자인하고,

직원들에게는 일한 만큼 돈을 주고 자신의 가치만큼 옷을 비싸게 파는 것이 전부였다. 히틀러의 프랑스 침공으로 프랑스가 전쟁을 선포한 지 3주가 지난 1939년 가을, 샤넬은 갑자기 캉봉의 매장 문을 닫았다. 그녀가 탄생시킨 전설적인 향수 No. 5만이 여전히 생산되어 불티나게 팔려 나갔다. 수입이 없던 이 시절 샤넬이 이 향수로 먹고 살았다는 말이 나올 정도였다.

1944년, 프랑스가 독일에게서 해방되고 전쟁이 끝났지만 샤넬은 여전히 매장 문을 열지 않았다. 게다가 그녀는 나치 장교와 사귀었다는 혐의로 체포되어 재판에 회부되었다. 그녀는 곧 석방되어 처벌을 피했지만, 나치와 사귀었다는 것은 그녀가 죽은 후에도 지고 가야 할 책임이 되었다. 이후 샤넬은 스위스로 망명해 8년의 시간을 보낸다. 이제 그녀는 60대가 되었다. 다시 파리로 돌아왔지만 '샤넬'이라는 브랜드는 더 이상 유행을 선도하는 브랜드가 아니었다. 그녀의 스타일은 잊혀 갔고, 크리스찬 디올 같은 신진 디자이너가 등장하면서 새로운 시대를 열었다. 하지만 샤넬의 전성기는 아직 끝나지 않았다.

샤넬은 재기의 의지를 불태웠다. 그녀는 캉봉가 31번지의 매장을 다시 열었다. 그녀의 복귀는 언론과 대중의 관심을 끌었지만, 그녀의 성공을 예측하는 사람은 많지 않았다. 그리고 1954년 2월 5일, 부유한 사교계 여성들과 패션지 기자들을 포함한 수많은 사람들이 샤넬의 복귀전을 보기 위해 모였다. 결과는 대실패였다. 옷깃이 없는 검은 수트와 네이비블루의 저지 수트에 사람들은 별 반응을 보이지 않았다. 언론은 샤넬이 이제 늙고 한물 갔다고 비웃었다. 하지만 샤넬은 포기하지 않고, 다시 디자인과 재단에 몰두했다. 단순하지만 세련되고, 입었을 때 편하고, 활동하기 좋은 옷을 만든다는 샤넬의 철학은 변함이 없었다. 지금은 전후의 해방감으로 다시금 화

┃ 1965년 샤넬의 아파트에서 찍은 사진. '샤넬'의 상징적 아이템이 된 트위드 재킷과 무릎길이의 스커트를
입고, 여러 줄의 진주목걸이를 한 샤넬의 모습은 전형적인 '샤넬 스타일' 그 자체다. 샤넬은 옷은 단순하고
깔끔한 스타일을 즐겼지만 자신의 개인적 공간은 화려하게 꾸몄다. 심플한 의상과 화려한 공간이라는 그
녀의 삶의 스타일은 장식과 화려함에 대한 그녀의 균형 감각에서 비롯된 것일지도 모른다.

려한 옷에 사람들이 몰려들고 있
지만, 그녀는 결국 그들이 자신
의 옷으로 돌아올 것이라는 확신
이 있었다.

그녀의 확신은 정확히 맞아떨
어졌다. 1955년, 디올의 '뉴 룩'은
유행을 타 한물간 것이 되었다.
얼마 후 디올이 52세라는 젊은
나이로 죽기도 전에 '뉴 룩'의 시
대가 끝난 것이다. 또한 파리 대
신 뉴욕이 패션의 새로운 중심지
로 부상하면서, 현대적이고 기능

▌ 샤넬의 상징적 아이템, 2.55 퀼팅백

적인 옷을 선호하는 미국 여성들의 취향이 샤넬의 명성을 되살려 주었다.
이제 샤넬은 미국의 사교계 명사들과 할리우드 스타들에게 자신의 옷을 입
혔다. 그레이스 켈리와 엘리자베스 테일러 같은 전설적인 여배우들도 샤넬
의 옷을 입었다. 유명한 샤넬의 2.55 퀼팅백도 이때 탄생했다.

1960년 샤넬이 내놓은 컬렉션은 전 세계적인 유행을 일으켰다. 패션계
의 왕좌를 다시 차지한 것이다. 특히 미국 여성들은 샤넬 수트를 사기 위해
줄을 섰으며, 1964년 오바크 백화점에서는 반나절 만에 그 비싼 샤넬의 옷
이 2백 장이나 팔려 나갔다. 1970년 8월, 샤넬은 자신의 마지막 컬렉션을 선
보였다. 그녀의 나이 87세였다. 그녀의 디자인 철학은 한결같았다. 그녀에
게는 미니스커트 열풍도 한때의 유행에 지나지 않았다. 그토록 짧은 치마
를 여성들이 언제 어디서나 입을 수는 없는 노릇이기 때문이다. 완벽한 비

율을 가진 무릎길이의 스커트와 몸에 잘 맞는 재킷, 실크 블라우스와 검은색 이브닝드레스 그리고 여러 줄의 긴 진주 목걸이. 이것만으로도 여성은 우아해질 수 있었다. 모두 샤넬의 상징적 아이템들이었다.

1971년 1월 10일, 샤넬은 산책 후 돌아와 피로를 느끼다가 가정부에게 "이것 봐, 이렇게 죽는 거야"라는 말을 남기고 숨을 거두었다.

4. 명품의 일반명사, '샤넬'

"눈에 띄게 값이 비싼 것 그리고 복잡한 것보다 여자를 나이 들어 보이게 하는 것은 없다."
　　　　　　　　　　　　　　　　　　　　　　　　　　　　　　 – 코코 샤넬

검은색 미니드레스, 무릎길이의 스커트, 벨트가 있는 카디건, 검은색 저지 이브닝드레스, 긴 진주 목걸이, 트위드 재킷, 퀼팅 백, 베이지와 검은색의 투톤 펌프스3와 슬링백,4 동백꽃 모티브 그리고 No. 5 향수까지. 현재까지도 그 가치와 스타일을 잃지 않고 있는 샤넬의 대표적인 상징들이다. 샤넬 이후 많은 브랜드들이 표방하는 스타일과 아이템들은 바로 이 샤넬 스타일에서 나왔다고 해도 과언이 아니다.

샤넬의 캉봉가 31번지 매장은 샤넬 제국의 성지가 되었다. 그곳은 샤넬의 시작이자 본거지였다. 관광객들이 이곳에 들어가진 않아도 그 앞에서 사진은 찍을 만큼 '샤넬'이라는 브랜드는 소위 '명품'계의 상징적 존재다.

---

3 끈이나 고리가 없고 발등이 깊이 파여 있는 여성용 구두.
4 앞은 막혀 있고 뒤꿈치는 드러난 샌들.

크고 화려하진 않아도 이 캉봉가의 매장은 단순하지만 세련되고 우아한 분위기를 풍긴다. 이것이 바로 샤넬의 철학이다.

복식사에 있어 샤넬 스타일의 의의는 남성복의 실용성과 편안함을 여성복으로 옮겨 와 새로운 여성복 스타일을 탄생시켰다는 것과 새로운 소재로 만든 심플한 샤넬의 드레스가 수백 년간 변하지 않았던 여성들의 거추장스러운 드레스 스타일을 바꾸고 허리를 조이는 코르셋을 벗어던지게 했다는 데 있다. 여권 운동가들이 여성의 정신을 각성시켰다면, 샤넬은 여성의 몸

을 해방시켰다. 이제 여성들은 가볍고 편한 옷을 입고 어디든 갈 수 있었고, 어떤 활동도 할 수 있었다. 샤넬은 20세기 여성들에게 스타일과 함께 편안함까지 선사했다. 지금은 명품백의 대명사가 되어 가장 비싼 가방에 속하는 샤넬의 2.55 퀼팅백도 가방에 끈을 달아 여성들이 편하게 어깨에 멜 수 있도록 한 샤넬의 아이디어에서 나온 것이었다. 이 퀼팅 백의 일러스트는 너무 전형적이 되어서 핸드백의 국제 기호로까지 등극

단순한 모자를 쓰고, 검은색 저지 드레스에 긴 진주 목걸이를 여러 겹 하고 있는 샤넬

한다. 사과 그림이 사과를 의미하듯, 퀼팅 백 그림은 바로 핸드백을 의미하게 된 것이다.

샤넬은 터무니없이 비싼 것이 여자를 아름답게 만들지는 않는다고 믿었다. 당시에도 비쌌지만, 현재 '샤넬'의 옷과 가방이 일반인은 엄두도 못 낼 정도로 비싸서 평생에 한 번 살까 말까 한 것을 보면 그녀의 생각에 동의하지 않을지도 모른다. 손대기도 무서운 고가의 옷에 실용성이니 편안함이니 하는 그녀의 패션 철학이 웃기게 들릴지도 모른다. 하지만 샤넬을 보라. 그녀는 자신만의 스타일의 옷을 입은 것이지 고가의 '명품 샤넬'을 입은 것이 아니다. 그녀가 본격적으로 패션 사업에 뛰어들기 전에도, 그녀는 심플한

블라우스에 바닥을 끌지 않는 실용적인 스커트와 간편한 모자를 착용했다. 그것이 '샤넬 스타일'이다. 샤넬이 입은 것은 그녀의 패션 철학이 담긴 옷이지 비싼 명품이 아닌 것이다.

이제 샤넬이라는 이름은 고가의 명품을 대표하는 상징이 되었지만, 그녀의 삶을 한 번 더 생각해 보면 '샤넬' 옷을 입는 것이 패셔니스트가 되고 우아한 스타일을 완성하는 것이 아님을 알 수 있다. 새로운 변화의 요구를 빠르게 받아들이고, 적은 것으로 큰 효과를 내는 실용적 디자인과 단순함의 미학을 아는 것이 바로 '샤넬'을 입는 것이다. 따라서 그녀의 현실적 의문들, 즉 왜 여자들은 저런 치렁치렁한 옷을 입어야 하는가에 대한 샤넬의 문제의식에서 우리는 명품의 가치를 재발견해야 한다.

'샤넬'을 입었다고 반드시 우아한 여성이 되는 것이 아니다. '샤넬'을 입지 않아도 우리의 스타일은 '명품'이 될 수 있다. '샤넬'이라는 희대의 명품 브랜드는 바로 그렇게 탄생했다.

10.
애거사
크리스티

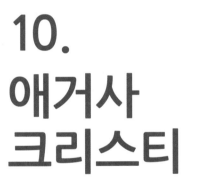

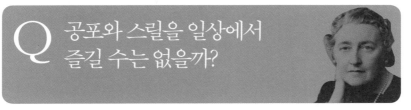

애거사 크리스티(Agatha Christie, 1890~1976, 영국)

살인 사건, 범인 그리고 탐정이 있었다! 일상 속의 비일상을 창조하다

Q 공포와 스릴을 일상에서
즐길 수는 없을까?

0. 들어가며

■ 애거사 크리스티

평범한 일상에 갑자기 찾아온 살인 사건과 상황을 더욱 긴장 속으로 몰아넣는 연속된 죽음! 그리고 그 속에 도사리고 있는 음모와 공포! 범인을 알 수 없고 누구도 믿을 수 없는 상황! 그리고 그 상황을 화려한 논리로 일시에 정리하며 범인을 지목하는 명탐정! 추리 문학의 인기 비결은 (과장되고 단순화되기는 했지만) 이러한 일련의 과정을 소설로 읽으며 독자들이 느끼는 긴장감, 그리고 범인 지목과 수수께끼의 해결이 주는 일종의 카타르시스에 기인한다.

추리 소설도 다양한 하위 장르로 나뉘지만 독자들이 원하고 작가들이 제공하고자 하는 추리 소설의 본질은 하나다. 바로 긴장과 공포 그리고 해결에서 오는 '재미'다. 모든 문학 장르에서 각각의 재미와 감동을 찾을 수 있지만, 즐거움을 주는 장치는 장르마다 다르다. 그리고 추리 문학이 독자들에게 '즐거움'을 주기 위해 사용하는 장치는 바로 범죄 사건을 통해 느껴지는 스릴과 문제 해결에서 오는 지적 쾌감이다.

실제로 일어나는 살인과 유괴, 절도 등의 범죄를 좋아하고 즐기는 사람은 없다. 오히려 그것은 일반 사람들에게는 평생 단 한 번도 경험하고 싶지 않은 공포다. 그렇다면 사람들은 왜 추리 소설을 즐겨 읽을까? 바로 반복되는 일상에서 벗어난 긴장감과 재미 때문이다. 그리고 이 '재미'를 즐길 수 있는 것은 '책 속의' 이야기이고, 사건이 언제나 해결되기 때문이다. 즉, 안전한 놀이기구인 셈이다. 무서워하면서도 공포 영화를 보고, 소리를 지르면서도 롤러코스터를 타는 것과 비슷한 심리다.

평화로운 오후에 끔찍한 살인 사건이 벌어지는 '일상 속의 비일상적 공포'를 만들어 내고, 그 사건을 해결하기 위해 추리 소설사에 길이 남을 명탐정을 창조한 작가가 있다. 이 작가는 자신이 매일 마주치는 일상의 풍경을 글의 배경으로 묘사하고, 그 중심에 비일상적인 사건을 앉혀 사람들을 매혹시켰다. 바로 명탐정 에르퀼 푸아로와 미스 마플을 탄생시키고, 추리 문학의 황금기를 완성시킨 애거사 크리스티다. 크리스티는 추리 문학을 탄생시키지는 않았지만, 추리 문학의 장르적 정체성을 구성하는 수많은 장치들을 완성시킨 사람이다. 크리스티의 책이 가장 유명한 추리 소설은 아니지만, 가장 뛰어난 작가들 중 하나인 것은 분명하다. 그녀의 80편이 훌쩍 넘는 장·단편은 1백 여 개국에서 번역되었으며, 전 세계적으로 23억 권 이상의 판매 부수를 올렸다. 이 판매량은 성경 다음이라고 하니 추리 소설 작가 중 자신의 책을 가장 많이 판 작가인 셈이다. 게다가 대표작 중 하나인 『쥐덫 (The Mousetrap)』은 런던에서 50년 이상 연극 무대에 올라가고 있는 장기 공연작이다. 그 인기로 보나 수치로 보나 아서 코난 도일의 셜록 홈즈 시리즈가 부럽지 않을 정도다.

추리 소설은 열에 아홉이 살인 사건과 같은 범죄들로 이야기가 시작된다. 그래서인지 추리 소설이 무섭다거나 끔찍하다는 이유로 멀리하는 사람들도 있다. 그렇다면 그러한 작품들을 구상하고 쓰는 작가들은 어떨까? 그들은 그런 범죄들을 즐기거나 좋아해서 추리 소설을 쓰는 것일까? 당연한 이야기지만 절대 그렇지 않다. 앞서 언급했듯이 추리 소설은 '안전한' 긴장감과 공포를 제공하며, 작가들은 그 긴장 상태를 해결해 줌으로써 독자들에게 지적 유희와 쾌감까지 선사한다. 크리스티 또한 독자들이 편안하게 안락의자나 침대에서 공포와 스릴, 쾌감을 즐길 수 있는 소설을 썼다. 크리스티만의 특징은 아니지만 그녀의 소설 속에는 매우 일상적인 배경이 자주 등장한다. 단란한 가족 모임, 평화로운 마을 풍경, 즐거운 여행. 하지만 그곳에서 갑자기 벌어지는 살인, 식사 중의 독살, 서재에 쓰러져 있는 시체, 기차 안의 살인. 크리스티는 너무나 일상적인 풍경에 특별한 분위기 전환이나 박진감 넘치는 묘사 없이 갑자기 엄청난 사건을 그저 툭 던져 놓는 재주가 있다. 독자들은 오히려 이러한 일상의 비일상적 풍경에 더 공포를 느끼며 빠져든다.

이후 추리 소설가가 되는 크리스티의 의문은 이렇게 시작한다. 안전하고 재미있게 공포를 즐길 수는 없을까?

1. 애거사 크리스티는 왜 추리 소설을 썼을까?

> "삶의 대부분의 경우에 그러하듯이 우리는 약간의, 지나치지 않을 만큼 약간
> 의 공포를 원한다."
>
> – 애거사 크리스티, 『자서전』 중에서

추리 소설 작가 '애거사 크리스티'는 그녀 자신의 일상과 떼어놓을 수 없다. 크리스티는 자신이 본 장소나 생활하는 공간을 그대로 소설로 옮겨 놓고, 자신도 무섭지만 즐기게 되는 '안전한 공포'를 그 안에 던져 놓는다. 그녀는 자서전에서 자신이 공포를 즐긴다는 사실을 밝혔다. 사실 이것은 이상한 것이 아니며 많은 사람들이 다양한 방식으로 일상에서 비현실의 공포를 즐긴다. 대부분의 아이들이 두려우면서도 새로운 것이나 장소에 호기심을 갖고 다가가려 하는 모험심도 이와 비슷하다. 크리스티의 어린 시절도 마찬가지였다. 그녀는 언니와 하는 일종의 무서운 귀신 놀이에 공포를 느꼈음에도 즐겼고, 이모할머니에게 살인 사건이 실린 신문 기사를 읽어 주

면서 상상의 나래를 펼쳤으며, 언니가 들려준 셜록 홈즈 이야기에 매료되었다. 다른 아이들과 크리스티의 차이라면, 크리스티는 어른이 되어서 자신이 느끼고 즐긴 것들을 글로 재창조했다는 것이다.

크리스티는 어린 시절 거의 혼자 놀았다. 부모님의 사랑이나 형제자매가 없었던 것이 아니라, 또래 친구들과 거의 놀지

▌애거사 크리스티의 어린 시절 모습

못했기 때문이다. 그녀에게는 언니와 오빠가 있었지만 나이 차이가 열 살 이상 나서 같이 놀 수 있는 기간이 짧았고, 그녀의 부모님은 아이는 부모와 지내야 한다고 생각해 크리스티를 학교에 보내지 않고 집에서 교육시켰다. 그녀가 학교에 가서 또래 친구들과 만난 것은 십 대가 되어서였다. 그래서 인지 크리스티는 상상의 친구를 만들어 놀았고, 심지어 굴렁쇠가 그녀의 가장 절친한 놀이 친구였다. 그녀는 혼자서 혹은 많은 장난감을 가지고도 잘 놀지 못하는 아이들을 의아하게 생각했다.

크리스티는 혼자서도 잘 놀았다는 점을 제외하고는 남달랐던 점이나 유년 시절에 특별한 사건이 일어나지 않았다. 하지만 그녀는 반복되는 악몽에 시달렸다. 그녀는 꿈속에서 자신과 가족들의 행복한 삶에 갑자기 총을 든 한 남자가 나타나 방해하는 악몽을 꾸었다. 그녀는 꿈속의 이 남자를 '건맨'이라고 부르면서 두려워했다. 이 '건맨'은 그녀가 어른이 되어서까지도 괴롭혔다. 이를 통해 크리스티는 어린 시절 가족을 잃을지도 모른다는 이유 없는 불안감에 시달렸고, 그 불안감이 고조되어 신경쇠약에 가까운 증상까지 나타났다. 후대의 정신과 의사들은 이러한 증상을 단순한 악몽보다는 '야경증'[1] 으로 진단하고 있다. 이러한 불안감 때문인지 크리스티는 행복한 가정을 이루고 사는 것을 매우 중요하게 여겼고, 행복한 결혼 생활이 자신의 인생 목표라고 말했다. 하지만 안타깝게도 그녀의 첫 번째 결혼은 불행하게 끝났다.

---

1 전형적으로 깊은 잠에서 발생하는 장애로, 두려움에 소리를 지르지만 아침에는 기억하지 못하는 경우가 많다. 야경증은 주기적으로 나타난다. 매일 밤이나 몇 주에 한 번씩 나타나다가도 몇 달 동안 나타나지 않는 경우도 있다. 50퍼센트는 8세 이후 야경증에서 완전히 벗어나지만 33퍼센트는 청소년기까지 야경증이 계속된다고 한다.

크리스티의 첫 번째 남편이자 그녀의 작가로서의 이름인 '애거사 크리스티'의 성을 부여한 아치볼드 크리스티. 1928년, 그와의 결혼 생활은 파경으로 끝이 났다.

크리스티는 1914년 12월, 제 1차 세계 대전이 터진 후 아치볼드 크리스티(Archibald Christie)라는 육군 장교와 결혼했다. '애거사 크리스티'의 크리스티는 바로 이 첫 번째 남편과의 결혼으로 갖게 된 성이다. 응급 치료와 가정 간호 자격증이 있었던 크리스티는 전쟁 발발 후 사상자들을 치료하는 임시 병원의 보조 간호사로 일했다. 1915년 말에는 약사 시험을 준비하며 약국 조제실에서 일했는데, 이때의 경험은 그녀의 첫 작품을 탄생시킨 영감의 원천이자, 이후 펼쳐질 추리 소설가 '애거사 크리스티'의 삶에 지대한 영향을 미쳤다고 할 수 있다. 이 약 조제실에서 일하면서 그녀는 수많은 약품과 독약들에 둘러싸여 지냈고, 독극물에 대한 지식을 익힐 수 있었다. 그녀의 첫 작품인 『스타일즈 저택의 괴사건(The Mysterious Affair at Styles, 1920)』에서 독살 사건이 일어나는데, 바로 이때의 지식을 바탕으로 쓴 것이다.

또한 약국 조제실에서 일하면서 알게 된, 크리스티가 'P씨'라고 묘사한 약사와의 만남은 그녀의 '일상 속의 스릴 즐기기'에 중요한 자극을 주었다고 할 수 있다. 어느 날 그녀는 이 'P씨'가 주머니에서 어두운 색깔의 뭔가를 꺼내는 것을 보고 뭐냐고 물었다. 'P씨'는 '쿠라레'라고 답하며, 이것은 자신이 발견한 것 중 가장 흥미로운 물질로, 복용했을 경우에는 인체에 무해하지만 혈관에 주입하면 몸을 마비시키고 죽음에 이르게 하는 독극물이라고 설명해 주었다. 이러한 'P씨'의 괴이한 소지품은 크리스티의 상상력을 자극했다. 이미 시와 희극을 쓰며 글쓰기를 즐겼고, 셜록 홈즈를 읽으며 추리 소설에 관심이 컸던 그녀는 이 조제실에서 일하며 추리 소설을 써야겠다는 결심을 하게 된다.

"나는 내가 쓸 수 있을 만한 추리 소설의 종류가 무엇일까 고민했다. 독에 둘러싸여 있으니 독살에 관한 이야기를 쓰면 될 것 같았다. 아무래도 그것이 가장 가능성이 높아 보였다. 장난삼아 독살에 대해 생각하다 보니 내 마음에 쏙 들어 그대로 밀어붙이기로 했다. 다음으로는 등장인물을 설정해야 했다. 누가 독살당하지? 누가 독살하지? 언제? 어디에서? 어떻게? 왜? 그리고 나머지 온갖 것을 정해야 했다. 독살은 내밀하게 이루어져야 했다. 겉으로 드러나서는 안 될 터였다. 당연히 탐정도 등장해야 했다. (…)

어쨌든 나는 벨기에인 탐정으로 결정을 내렸다. 나는 그가 서서히 탐정의 모습을 갖춰 가도록 내버려 두었다. 전직 경위이니 범죄에 대해 상당한 지식이 있겠지. 나는 너저분한 내 침실을 치우면서 탐정만큼은 꼼꼼하고 깔끔한 성격이어야 한다고 생각했다. 자그마한 덩치의 깔끔한 남자. 언제나 물건을 정리하고, 짝을 맞추고, 둥근것보다는 네모난 것을 좋아하는 깔끔한 성격의 작은 남자가 눈앞에 선했다. 또한 매우 영리해야 했다. '작은 회색 뇌세포'가 있는 사람. 나는 그 멋진 표현을 기억해 두기로 했다. 그래, 그는 작은 회색 뇌세포가 있어야 했다. 이름은 인상적으로 짓기로 했다. 셜록 홈즈와 그 가족들처럼. 홈즈의 형 이름이 뭐였더라? 마이크로프트 홈즈였지."

– 애거사 크리스티, 『자서전』 중에서

이렇게 해서 수많은 사건을 해결한 회색 뇌세포의 명탐정 '에르퀼 푸아로'가 탄생한다. 홈즈와 왓슨 격인 푸아로와 헤이스팅스는 그녀의 첫 작품인 『스타일즈 저택의 괴사건』에 첫 등장하게 되지만, 그들이 세상에 나가기까지는 시간이 좀 걸렸다. 크리스티는 1916년 자신의 첫 소설을 완성해서 몇몇 출판사에 보냈지만 퇴짜를 맞았고, 그러는 동안 전쟁이 과열되고 시간이 지나면서 그녀 자신도 그 소설에 대해 거의 잊어버리게 되었다. 그리고 전쟁이 끝난 다음 해인 1920년, 크리스티가 마지막으로 원고를 보낸 출판사인 보들리헤드 출판사가 2년간 그녀의 원고를 갖고 있다가 드디어 출판하자는 연락을 해 왔다. 그리고 수정된 원고가 4년 만에 출판되면서 그녀는 드디어 추리 소설 작가로 데뷔하게 된다.

이렇게 세상에 나오게 된 크리스티의 소설은 좋은 평가를 받으며 괜찮은 성적을 거두었다. 특히 그녀를 가장 기쁘게 했던 것은 『약학 저널』에 실린 평이었다. "이 추리 소설에는 독에 대한 식견이 엿보인다. 여느 추리 소설과는 달리 추적 불가능한 물질에 대해 엉터리 말을 늘어놓지 않는다. 애거사 크리스티는 독에 대해 일가견이 있는 것이 분명하다." 추리 소설을 쓰도록 결심하게 만든 자신의 경험을 바탕으로 해 독살을 소재로 쓴 추리 소설에 대한 전문가들의 평가는 그녀에게 최고의 찬사였을 것이다. 하지만 이때까지만 해도 그녀는 자신이 푸아로를 주인공으로

▌드라마 시리즈에서 배우 데이비드 서쳇(David Suchet)이 연기한 에르퀼 푸아로

하는 시리즈를 쓰겠다는 계획이 전혀 없었고, 하물며 자신이 전문적으로 추리 소설을 쓰는 작가가 되겠다는 생각도 전혀 갖고 있지 않았다. 따라서 후에 그녀는 푸아로의 나이를 너무 많게 설정한 것을 후회했다(이것은 '미스 마플'의 경우도 마찬가지다). 처음에는 자신이 평생 이 명탐정과 함께하게 될 줄 전혀 몰랐기 때문이었다. 첫 책을 계약했을 때의 핵심 사항은 '내 책이 세상에 나온다'는 것이었다.

크리스티가 이어서 작품 활동을 하게 된 것도 소설가로서의 자각이나 작가적 욕심에 따른 것이 아니었다. 그녀는 자신이 유년 시절을 보낸 애쉬필드 저택에 깊은 애정을 갖고 있었는데, 전후 수입이 줄고 경제 사정이 나빠지면서 그 저택을 더 이상 유지할 수 없는 지경에 이르렀다. 그 저택을 팔고 싶지 않았던 크리스티는 남편의 권유에 따라 돈을 벌기 위해 『위클리 타임스』에 연재소설을 기고하며 돈을 벌었다. 그녀는 계속 글을 썼다. 그것만이 조금이라도 돈을 벌 수 있는 방법이라고 생각했기 때문이었다. 하지만 여전히 그녀는 글쓰기를 직업으로 삼을 생각을 전혀 못했다고 고백한다. 그녀에게 가장 중요한 것은 '행복한 가정'을 유지하는 것이었다. 한편으로 이러한 크리스티의 상황은 독자의 입장에서는 매우 흥미롭다. '행복한 가정'을 꾸리기 위해 노력하면서, 그 한 방법으로 살인의 방법과 범인상, 사건의 플롯 등을 머릿속으로 끊임없이 구상하는 가정주부라니!

이렇게 그녀는 추리 소설 작가로서 명성을 얻어 가고 있었지만, 그녀의 가정은 반대로 불안해지고 있었다. 그녀의 의도와는 너무 다른 상황이 된 것이다. 남편 아치볼드 크리스티는 골프에 푹 빠져 주말에는 집에 들어오지 않는 날이 많았고, 급기야는 같이 골프를 치던 여자와 사랑에 빠진다. 그리고 설상가상으로 이렇게 괴로운 상황에서 그녀가 사랑해 마지않는 어머니 클라라가 사망한다. 그녀의 인생 중 가장 불행했던 시기였다. 그리고 그 유명한 '크리스티 실종 사건'이 벌어진다. 그녀의 나이 36세 때의 일이다.

2. 삶이 곧 미스터리, 크리스티 실종되다

1926년 12월 3일, 유명 추리 소설 작가 애거사 크리스티가 실종되었다. 그날 밤 남편은 집에 돌아오지 않았고, 크리스티는 딸 로잘린드를 재우고 차를 타고 외출했다. 그리고 행방이 묘연해졌다. 다음 날인 4일 토요일 아침, 그녀의 집인 버크셔 서닝데일 저택에서 20킬로미터 떨어진 곳에서 그녀의 차가 발견되었다. 이 차는 그녀가 가장 아끼는 것 중 하나로, 자신의 자랑이자 즐거움이라고 말하던 차였다. 이 차는 그냥 서 있는 채로 발견된 것이 아니었고, 브레이크가 고장 난 채 언덕 아래 수풀에 떨어져 있었다. 하지만 사고가 나서 떨어진 것이 아니라 누군가 민 것 같았고 차 안에는 다른 소지품들과 함께 코트가 있었다. 뭔가 심상치 않은 상태였지만 도무지 어떻게 된 일인지 알 수 없었다.

유명 인사였던 크리스티의 실종은 연일 신문의 헤드라인을 장식했다. '경찰 5백 명, 크리스티 찾기 위해 수색', '사라진 여류 소설가', '최초로 수색에 비행기 동원'. 일주일이 지나도 크리스티가 발견되지 않자 사람들의 호기심과 궁금증은 증폭되었다. 특히 미스터리 소설을 쓰는 작가의 실종 그 자체가 미스터리여서 그야말로 세간의 화제였다. 민간인 자원자, 사냥꾼과 사냥개, 개인 소유의 경찰견들을 비롯해 약 2천 명의 인력이 크리스티를 찾아 나섰다. 하지만 집 근처의 숲과 연못까지 샅샅이 뒤졌는데도 크리스티는 발견되지 않았다. 런던 경찰청의 고흐 경감은 이러한 당시의 상황을 다음과 같이 표현했다. "크리스티 부인은 고의든 우연이든 간에 자신의 기발한 소설을 능가하는 미스터리 주인공이 되었다."

MRS. CHRISTIE FOUND AT HARROGATE

Dramatic Re-union With Husband in Famous Hydro.

"HER MEMORY GONE"

How Missing Novelist Spent Time While Police and Public Looked for Her

Mrs. Christie, the missing inventor of detective stories, was traced last night to the Hydro, Harrogate, by her husband, Colonel Christie.

In an interview after a dramatic meeting between the pair, Colonel Christie told the DAILY HERALD that his wife had suffered from the "most complete loss of memory." She did not even recognise him, he added.

"She does not know why she is here."
—Col. Christie

Mrs. Christie

Col. Christie

▌크리스티의 발견 소식이 신문의 헤드라인을 장식했다. 그 정도로 당시의 그녀는 유명인이었고, 추리 소설 작가라는 직업상 그녀의 실종 사건은 대중의 관심을 더욱 불러일으켰다.

12월 14일, 드디어 크리스티의 행방이 밝혀졌다. 요크셔의 온천 휴양지에 있는 하이드로패틱 호텔이었다. 이곳에서 일하던 두 명의 남자가 크리스티를 알아보고 경찰에 신고한 것이다. 크리스티의 남편 아치볼드는 즉시 경찰들과 함께 크리스티가 있는 호텔로 가서 그녀를 만났다. 그러나 놀랍게도 크리스티는 남편을 알아보지 못하고 그를 오빠라고 불렀다. 게다가 자신에 관한 신문 기사를 보고도 아무런 반응을 보이지 않았다. 자기 자신이 누구인지 잊어버린 것이었다!

신경 정신과 전문의는 크리스티가 기억상실증을 겪고 있다고 진단했다. 그런데 단순한 기억 상실이라면 자신이 누군지 알기 위해 경찰이나 다른 사람을 찾아가지만, 크리스티는 그렇게 하지 않고 완전히 다른 사람처럼 행동하며 호텔에서 생활했다. 당시의 정신 의학으로는 이러한 증상에 대해 더 정확한 진단을 할 수 없었지만, 후대의 정신 의학이 정의한 '심인성 기억 상실증'이라는 증상은 크리스티의 이상 행동과 유사한 설명을 제공한다. 이 '심인성 기억상실증'은 갑자기 시작되며 오랫동안 기억을 잃어버린다고 한다. 그중에서도 자신의 정체성을 잊게 되는 '심인성 둔주' 환자는 자신이 살던 환경을 벗어나 배회하고, 과거나 자신에 대한 기억이 없는 것을 제외하고는 평범하게 행동하며 정상으로 돌아온 후에는 깊은 잠에서 깬 것처럼 행동한다고 한다.

크리스티는 발견된 후 곧 정신이 돌아왔지만, 자신이 왜 그 호텔에서 지내고 있었는지 정확히 기억하지 못했다. 그녀가 그 실종 사건을 기억해 내기까지(그것도 확실하다고 장담할 수는 없지만)는 수년이 걸렸다. 대중은 정확한 병명이 무엇이든 간에 크리스티가 그러한 종류의 증상에 시달렸다는 것에 충격을 받았고, 일부에서는 (지금까지도) 그녀가 사람들의 관심을 끌기 위해, 더 정확히는 자신의 책을 더 많이 팔기 위해 벌인 자작극이라고 주장했다. 크리스티가 이전에는 그런 증상을 보인 적이 단 한 번도 없었기 때문에 그녀의 실종에 대한 미스터리는 그녀가 돌아온 후에도 증폭되었다. 하지만 당시 크리스티의 정신 상태와 그 후의 행동을 보면 자작극이라고 보기에는 무리가 있어 보인다. 이후 크리스티의 증언과 자서전을 살펴보면 그녀는 실종 당일 아침 남편 아치볼드와 말다툼을 벌였는데, 그 내용은 남편의 외도와 이혼에 관한 것이었다. 크리스티는 인터뷰에서 당시 어머니의 죽음으로 받은 충격이 가시지 않은 상태에서 남편 문제로 불면증이 생겼다고 고백했다. 제대로 먹지도 못하고 엄청난 외로움을 느끼며 심신이 다 괴로웠다고 말했다. 그리고 문제의 그날 밤 악화된 정신 상태가 절정에 달했던 것이다. 그녀는 더 이상 버틸 수 없다고 생각했다고 한다. 그리고 절망적인 심정으로 집을 나선 것이었다.

크리스티는 어린 시절부터 자신의 단란한 가정을 위협하는 '건맨'의 악몽에 시달렸다. 그녀가 어렸을 때 아버지가 죽었고, 가장 의지하던 어머니마저 떠나 보낸 상황에서 자신의 결혼 생활이 남편의 외도로 위기를 맞았다. 완벽한 결혼 생활로 행복한 가정을 꾸리는 것이 인생의 목표였던 그녀에게 몇 달 사이에 닥친 이 두 가지 불행은 크리스티의 심신을 무너뜨리기에 충분했다. 어렸을 때부터 가졌던 악몽으로 인한 가정 붕괴의 두려움이 '이혼'이라는 현실로 다가왔을 때 더 이상 견딜 수 없었을 것이다. 결국 아치볼드와 크리스티는 1928년 10월 29일, 정식으로 이혼했다. 아이러니한 것은 이미 '애거사 크리스티'란 이름으로 유명해졌기 때문에 크리스티는 이혼 후에도 자신에게 엄청난 상처를 준 남편의 성을 그대로 필명으로 쓸 수밖에 없었다는 것이다.

하지만 이러한 크리스티의 시련은 이후의 행복한 삶에 대한 신의 질투였는지도 모른다. 이후 그녀의 삶이 안팎으로 탄탄대로였던 것을 보면 말이다.

3. 안전한 공포를 창조한 크리스티의 회색 뇌세포

"근육만 사용하는 게 능사는 아닙니다. 몸을 구부리고 앉아 발자국을 조사하거나 담배꽁초를 줍고 유리 조각을 조사하는 것은 제게 아무런 의미가 없습니다. 그저 의자에 앉아 생각하는 걸로 충분하죠. (머리를 톡톡 치며) 바로 이것."

— 애거사 크리스티, 『다섯 마리 아기 돼지』 중, 명탐정 에르퀼 푸아로의 대사

크리스티에게 불행한 일이 연이어 일어났던 해를 포함한 1920년대의 10년 동안 그녀는 열 편의 장편소설과 단편집 등을 내며 활발히 작품 활동을 했다. 더군다나 추리 소설 역사의 새 장을 연 『애크로이드 살인 사건(The Murder of Roger Ackroyd)』은 그녀가 실종됐던 1926년에 출판되었다. (크리스티의 잘못은 아니지만) 추리 소설 작가가 되기 위해 모든 힘을 쏟고 있는 사람들에게는 불공평한 일일지도 모르지만, 그녀가 글을 쓴 가장 중요한 목적은 행복한 가정을 꾸리기 위한 '돈'이었다. 예를 들어 그 돈의 목적은 집의 일부를 멋지게 수리하기 위해서였고, 그 목적을 위해 크리스티는 기발한 살인 방법을 구상하며 글을 썼던 것이다. 크리스티에게 최우선순위는 집안일이었고, 자신의 직업란에는 '가정주부'라고 적었다. 후에 어디에서 영감을 얻느냐는 질문에 그녀는 "예상치 않은 순간 마음에 줄거리가 떠오른다"고 대답했다. 길을 걷다가 혹은 쇼윈도의 물건을 바라보다가 문득 범인이 어떻게 범행을 저지르는지 같은 "멋진 생각"이 스친다고 말이다. 이런 "멋진 생각"을 하는 '가정주부'라니! 그녀는 좋은 추리 소설가가 되고 싶었으나, 그 작품이 애써 성취해야 할 것이라고까지는 여기지 않았다. 그녀에게 추리 소설 쓰기는 어디까지나 '부업'이었다. 이쯤 되면 다른 사람들에게 세상은 불공평하다고 시샘을 받아도 할 수 없다는 생각이 든다.

1928년, 크리스티는 지인의 제안으로 오리엔트 익스프레스를 타고 유럽에서 이스탄불을 거쳐 중동으로 여행을 하게 된다. 이 여행은 그녀가 표현했듯이 "또 한 번의 운명"이었다. 이 여행을 통해 그녀는 고고학에 대

해 관심을 갖게 되었고, 두 번째 남편인 고고학자 맥스 맬로원(Max Mallowan)을 만나게 된다. 걸작이 될 추리 소설의 소재와 평생의 사랑을 만난 것이다. 1930년, 크리스티는 열네 살 연하인 고고학자 남편과 결혼했다. 그리고 남편을 따라 이라크와 시리아의 발굴 작업에 참여하고 여행을 하면서 점차 과거의 불행을 잊을 수 있었다. 크리스티의 많은 걸작들도 이 30년대에 탄생한다. 그중『오리엔트 특급 살인(Murder on the Orient

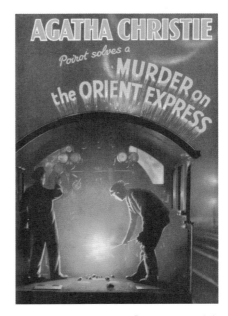

▎크리스티의 걸작 중 하나인『오리엔트 특급 살인』의 초판 표지. 이 소설의 결말은 추리 소설의 새 장을 열었다.

Express, 1934)』,『메소포타미아의 살인(Murder in Mesopotamia, 1936)』,『나일강의 살인(Death in the Nile, 1937)』등은 모두 1928년의 여행과 고고학적 배경의 소재에서 탄생했다.

특히『오리엔트 특급 살인』은 그동안의 추리 소설의 규칙을 깬 파격적인 결말로 추리 소설의 새 장을 열었다. 더 이상의 설명은 스포일러가 되어 독자들에게 방해가 될 것이 분명하므로 하지 않겠다. 다만『애크로이드 살인 사건』과 이『오리엔트 특급 살인』을 포함해, 1939년에 나온『그리고 아무도 없었다(And Then There Were None)』는 추리 소설의 역사에서 크리스티를 독보적인 위치에 올려놓았다는 것만 확실히 밝혀 둔다. 그 이유는 독자 여러분이 읽어 보고 판단하길 바란다.

남편 맬로원과의 결혼 생활도 매우 행복했던 것으로 보인다. 오죽하면 그녀는 두 번째 결혼 후의 창작 활동에 대한 기억이 거의 남아 있지 않다고 말했다. "재미있게도 결혼 후 쓴 책은 기억이 거의 없다. 일상이 너무 즐거운 나머지, 글쓰기는 잠시 쉰 후 미친 듯이 해야 할 일이 되었다." 예를 들어 그녀는 푸아로 만큼이나 유명한 탐정인 '미스 마플'이 첫 등장한 『목사관의 살인(Murder at the Vicarage, 1930)』을 언제, 어떻게, 왜, 어디에서 썼는지 기억나지 않는다고 자서전에서 밝혔다. 놀랍지 않은가? 추리 문학 역사에 길이 남을 작품들을 쏟아낸 1930년대의 작품들을 어떻게 썼는지 기억나지 않는다니! 정말 세상은 불공평하다.

세월이 흘러 1971년, 크리스티는 남자의 기사(Night) 작위에 해당하는 여

▌ 런던에 있는 애거사 크리스티 기념비

성에게 주어지는 데임(Dame) 작위를 엘리자베스 2세 여왕으로부터 수여받는 최고의 영예를 누리게 된다. 크리스티는 행복한 말년을 보냈다. 그녀는 자신의 자서전 마지막에 최고의 꿈 두 개가 모두 실현되었다고 말했다. "잉글랜드의 여왕과 만찬을 들었고, 내 자가용 주먹코 모리스를 갖게 된 것이다!" 75세의 나이에 완성된 자서전이었다. 그리고 그녀는 1976년 1월 12일, 85세의 나이로 세상을 떠났다.

170여년 추리 문학의 역사 속에서 애거사 크리스티가 차지하는 위상은 매우 높다. 그녀는 일생동안 추리 소설 84편, 단편소설 136편, 로맨스 소설 6편, 자전적 작품 2편 그리고 18편의 희곡을 썼다. 탐정이 있는 곳에서 '우연히' 사건이 일어나는 우연은 추리 소설에서 금기시되었지만 크리스티는 신경 쓰지 않았다. 푸아로는 언제나 사건 현장에 있고, 평온한 미스 마플의 마을은 자주 끔찍한 살인의 현장이 된다. 탐정이 가는 곳마다 살인 사건이 일어나는 일명 '저주받은 탐정'의 계보는 크리스티에서 시작되었다고 해도 과언이 아니다. 범인이 한 사람이어야 된다는 이전까지의 '고전파 스타일의 방식'도 크리스티로 인해 무너졌다. 그녀의 자유분방한 기법과 흥미로운 플롯이 만들어 낸 걸작들은 미국에서 시작돼 영국에서 전성기를 맞은 추리 문학의 황금기를 더욱 풍요롭게 만들었으며, 이로 인해 고전파 추리 소설을 완성시켰다는 평가까지 받고 있다. 오늘날 추리 소설의 발생지인 영미권에서는 신간 소설 네 권 중 한 권이 추리 소설이라는 통계가 있을 정도로 추리 소설은 흥미로 읽고 마는 '가벼운' 장르가 아닌 엄연한 하나의 예술이며 '묵직한' 문학의 한 장르가 되었다. 여기에는 추리 소설의 수준을 한 단계 끌어올린 크리스티의 공이 크다고 할 수 있다.

크리스티 소설의 특징은 앞서 언급했다시피 그녀가 보고 듣는 일상의 풍경을 평온하게 소설 안에 묘사하고, 책 몇 장이 지나면 그곳에 아무렇지 않게 끔찍한 살인 사건을 전개시킨다는 것이다. 비상한 머리를 갖고 있지만 잘난 척이 심하고 다소 우스꽝스러운 외모를 가진 푸아로와 어디서나 볼 수 있는 수다스러운 동네 아줌마 같은 미스 마플의 캐릭터는 독자들을 편안하게 만듦과 동시에 살인 사건의 긴장감을 배로 증폭시킨다. 하지만 이들의 화려한 논리로 사건은 언제나 해결되기 때문에 독자들은 그들을 믿고 안심하고 책 속의 범죄와 스릴러를 즐긴다.

　이러한 크리스티 소설의 미덕은 오히려 그녀가 스스로를 프로 작가라고 인식하지 않고 독자에 가까운 자세로 임했기 때문에 가능했던 것이 아닐까? 그녀의 자유로운 발상과 끝없는 상상력은 작가라는 직업적 틀에 자신을 가두지 않고 일상의 모든 것을 소중하게 바라본 '가정주부'였기 때문에 가능했던 것일지도 모른다. 크리스티는 어릴 적 범죄 사건의 신문 기사를 읽고 심장이 두근거렸고, 셜록 홈즈의 소설을 보고 추리 소설의 재미를 깨달았으며, 독약에 둘러싸여 일하면서 더 현실적인 긴장감을 즐겼다. 이렇게 자신이 그랬던 것처럼 일상에서 안전하게 즐기는 스릴과 공포를 만들어 내고 싶었던 크리스티의 '가벼운 바람'은 의도치 않게 그녀를 전문 추리 소설가로 만들었다.

　그녀는 말년에 이렇게 말했다. "나는 여전히 내가 마치 작가 흉내를 내고 있는 것만 같다." 이 말은 그녀의 삶과 소설의 관계를 단적으로 설명해 준다. 하지만 이 말로 인해 우리들은 크리스티를 질투할 자격이 있다고 이야기하고 싶다. "작가 흉내를 내고 있는" 그녀의 소설들이 너무나 재미있기 때문이다.

11.
프란츠 파농

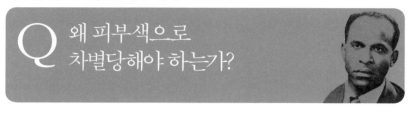

프란츠 파농(Frantz Fanon, 1925~1961, 프랑스)

투쟁하는 지식인, 고뇌하는 혁명가

Q 왜 피부색으로 차별당해야 하는가?

0. 들어가며

| 프란츠 파농

2차 세계 대전이 절정으로 치닫던 1943년, 20세도 채 되지 않은 패기 넘치는 한 청년이 조국 프랑스를 독일 나치군의 마수에서 구하기 위해 드골의 프랑스 해방군에 자원했다. 그리고 그와 그의 친구들은 목숨을 걸고 조국과 자유를 위해 싸웠다. 하지만 그에게 돌아온 것은 같은 프랑스군임에도 불구하고 '다른 한쪽'과는 확연히 다른 차별 대우와 불편한 거리두기 그리고 냉대였다. 그것은 프랑스가 연합군으로서 독일에 최종 승리하고 나서도 마찬가지였다. 그들

은 같은 승전국의 군인이었지만 조국 프랑스는 그 청년이 속한 군대를 환영해 주기는커녕 그들을 고향으로 돌려보낼 때 일부러 가장 낡은 배에 태워 보냈다. 청년은 깨달았다. 자신은 진정한 '프랑스인'이 아니었다는 것을. 아니, 애초에 '프랑스인'으로 받아들여지지 않았다는 것을 말이다. 청년은 조용했지만, 그의 가슴속은 뜨겁게 타올랐다.

이 청년은 카리브 해 프랑스령 마르티니크 섬(Martinique I.)에 사는 프란츠 파농이었다. 그리고 그는 흑인이었다. 즉, 프랑스 본토인이 아닌 프랑스의 식민 지배를 받는 섬의 원주민이었던 것이다. 그의 국적은 '프랑스'였지만, '프랑스인'이 아니었다. 더 정확히 말하면 파농은 프랑스를 조국으로 알고 프랑스인으로 자랐지만, 정작 프랑스인들은 그를 그들과 동등한 '프랑스인'으로 인정하지 않았다. 파농은 그들에게 식민지의 열등한 흑인 원주민일 뿐이었던 것이다. 파농은 자신의 피부색이 검다는 것은 알고 있었지만 자신이 '백인'과 같다고 생각했다. 하지만 그 환상은 2차 대전의 여파로 무참히 깨졌다. '진짜' 유럽인들과 전쟁터에 나가 싸우면서 그는 자신이 '백인'이 아님을 깨달았다. 그리고 자문했다. "나는 백인이 아니다. 나는 누구인가?"

1. 파농, 흑인임을 깨닫다

"그러나 나 같은 흑인의 경우 모든 것이 새로운 얼굴을 하고 나타났다. 우리에겐 아예 어떠한 기회조차 주어지지 않았던 것이다. 우리는 외부 세계에 의해 화석화된 인종이기 때문이다. 우린 타인들이 우리에게 부여한 어떤 '관념'의 노예가 아니다. 우리 자신의 노예, 외관의 노예인 것이다.

나는 더 이상 변혁을 꿈꾸지 않는 나 자신에 익숙해진 채 서서히 세상을 향해

▌카리브 해에 위치한 마르티니크 섬

나아간다. 나의 전진은 포복의 전진이다. 나란 존재는 현실적으로 존재하는 유
일한 시선인 백인들의 시선 아래에서 박살 난 지 이미 오래다. 나는 고착화된 존
재인 것이다. 백인들은 절단기를 사용해 나라는 실체를 냉정하게 절편화했
다. 나는 완전히 발가벗겨졌다. 나는 백인들의 얼굴 속에서 보고 느낀다. 새로운
인간의 출현이 아닌 새로운 인종, 새로운 종자의 출현을. 나는 검둥이이므로."

– 프란츠 파농, 『검은 피부, 하얀 가면』 중에서

19세기는 '제국의 시대'라고 일컬어질 만큼 유럽의 제국주의 팽창이 급
속도로 확장되던 시기였다. 영국을 필두로 프랑스, 독일, 벨기에, 이탈리아
등 많은 서유럽 국가들이 유럽 이외의 대륙으로 뻗어 나가 점령했고, 식민
지를 건설했다. 20세기에 들어서도 유럽의 팽창욕은 사그라지지 않았고,
그 결과 현재 우리 시대의 국경선과 국제 관계, 그에 따른 경제·사회 구조
를 결정지은 제 1, 2차 세계 대전이 일어난다. 프란츠 파농은 바로 이러한
세계사적 격변기의 사이, 잠시의 평화를 누리던 1925년 프랑스령 카리브

해의 마르티니크 섬에서 태어났다.

　프랑스는 자신들이 점령한 식민지인들에게 일명 동화 정책을 펼쳐 점령 지역의 원주민들을 프랑스식으로 교육시켰다. 따라서 식민지 아이들은 자신은 프랑스인이며 프랑스가 조국이고 자신들이 골족(Gaul, 프랑스인의 선조)의 후손이라고 교육받으며 자랐다. 강자가 점령하고 지배하며, 약자가 패배하고 지배당하게 되면 필연적으로 이러한 상황을 정당화하고 강화하기 위한 이데올로기가 생기기 마련이다. 인종 차별은 여기서 매우 중요한 역할을 한다. 마치 일제 강점기에 일본이 조선인을 열등한 민족이라고 하며 자신들의 지배를 강화하려 했던 것처럼 말이다. 역사를 돌이켜 보면 이런 사례는 허다하며, 많은 중요한 사건들이 이러한 정복과 지배, 억압과 저항의 결과로 나타났다. 이미 식민지 사회는 소수의 백인 유럽인이 상위 계층으로서 대다수의 하위 계층인 유색인들을 다스리는 사회 구조가 고착화되어 있었고, 이에 따라 식민지인들이 그나마 대접받는 길은 유럽인들과 비슷해지는 길뿐이었다. 즉, 혼혈이어도 피부색이 조금이라도 더 희고, 프랑스어를 유창하게 구사할 수 있어야 조금이라도 위로 올라갈 수 있는 구조였던 것이다. 특히 프랑스어 구사 능력은 '프랑스인'과 '식민지인'의 계층을 가르는 가장 확실한 문화적 척도였다.

　파농의 아버지 카시미르는 해방 노예의 아들로 태어난 흑인이었지만, 야심이 있었다. 그래서 독학으로 공부하여 섬의 관료가 되었고, 흑인이 아닌 백인에 가까운 혼혈 여성인 엘레오노르와 결혼했다. 조금이라도 식민지 사회의 하위 계층에서 벗어나 백인의 삶과 유사한 부유한 중산 계급으로 사는 것이 그의 꿈이었다. 파농은 이러한 부모의 기대와 노력 속에 태어난 8남매 중 다섯째였다. 백인에 가까웠던 어머니의 자식들 중 파농은 유난히 더 검은 피부를 갖고 태어났다. 그의 부모는 자식들에게 철저히 프랑스어 교육을 시켰고, 프랑스인으로 사고하고 행동하도록 교육시켰다. 파농의 어머니는 자식들의 입에서 저속한 말이 나오면, "검둥이처럼 행동해서는 안 된다"고 엄하게 꾸짖었다.

이처럼 파농은 프랑스식 교육을 받고 프랑스어를 구사하면서 그리고 나름 평화로운 마르티니크 사회의 중산층으로서, 피부색이나 식민지인이라는 이유로 부당한 대우나 차별을 경험하지 않고 자랐다. 자신의 피부가 검다는 것을 모를 리 없었겠지만, 그는 당연히 자신이 '프랑스인'이며 '백인'과 다르지 않다고 생각했다. 사실 흑백의 차이를 거의 인식하지 못하고 컸을 것이다. 하지만 이러한 착각의 세계는 제2차 세계대전이 발발하고 1940년 본토의 프랑스군이 섬에 들어오면서 서서히 부서졌다. 5천 명에 달하는 프랑스 해군이 장기 체류하면서 평화로웠던 섬의 균형이 깨지고, 흑인 주민들은 악랄하고 노골적인 인종 차별을 당했다. 그럼에도 파농은 애국심에 불타 독일 나치의 마수에서 조국을 구하고자 군에 자원했다. 하지만 그곳에서 그의 조국 프랑스는 식민지 출신의 흑인이라는 이유로 파농과 그의 친구들을 차별하고 무시했다. 그나마 그들이 오랜 프랑스 식민지로서 '문명화된' 곳에서 왔고, 프랑스어를 구사했기 때문에 남아프리카 출신의 흑인들보다는 조금 나은 대접을 받았지만 중요한 것은 그런 것이 아니었다. 파농은 비로소 유럽 제국주의가 지배하는 이 세계에서 자신의 위치와 서열을 '객관적'으로 파악했다. 그가 직접 겪은 차별은 그에게 흑과 백, 피지배자와 지배자라는 비정한 이분법적 구도를 깨닫게 해 주었다. 이제 그는 헛된 꿈에서 깨어날 수밖에 없었다. 파농은 현실을 보았다. 자신이 가지고 있던 백인성(白人性)은 진짜 백인 앞에서 한순간에 벗겨지는 '하얀 가면'에 불과했다는 것을 그리고 자신은 그들이 경멸하는 '검은 피부'라는 것을.

　파농은 스스로에게 질문할 수밖에 없었다. '백인도 프랑스인도 아닌, 나는 누구인가?', '왜 나는 피부색만으로 차별당해야 하는가?' 그의 나이 20세 때였다.

2.『검은 피부, 하얀 가면』, 흑인의 정체성을 고뇌하다

> "나의 흑인 환자가 백인이 되려는 강박관념에 사로잡혀 있다면, 그 원인은 그가 살아가는 사회가 그의 열등의식을 조장하기 때문이다. 그 사회는 이러한 콤플렉스를 영속화하고 특정 인종의 우월성을 주장함으로써 스스로를 공고하게 한다."
>
> – 프란츠 파농,『검은 피부, 하얀 가면』중에서

　제2차 세계대전은 독일의 패배로 끝이 났고, 파농은 마르티니크로 귀환했다. 하지만 그에게 마르티니크는 이제 어린 시절의 아름답고 평화로운 섬이 아니었다. 그는 이제 다른 시선으로 세상을 바라보게 되었다. 그리고 세계정세도 변화하고 있었다. 2차 대전 이후 제국의 시대는 급속히 쇠퇴했고, 식민지에서는 식민 지배에서 벗어나기 위한 자유를 향한 저항의 움직임이 더욱 거세지고 있었다. 파농이 이러한 격동 속에 뛰어드는 것은 더 나중의 일이다. 리세(우리나라의 고등학교와 같은 학제)를 졸업한 파농은 무언가 중요한 것을, 이 세상에서 의미 있는 일을 해야 한다는 열망은 컸지만 그것이 정확히 무엇인지 스스로도 알 수 없었다. 다행히 전쟁에 나가 무공훈장을 받은 그는 프랑스에서 유학할 수 있는 기회를 받았고, 그는 프랑스로 유학을 가기로 결심한다.

그러나 파리에서 치과 대학에 입학한 파농은 곧 회의를 느낀다. 그는 이것이 진짜 자신이 가야할 길인지, 세상을 위해 중요한 일을 할 수 있는 일인지 고심한 끝에, 리용의 의과 대학에 입학했다. 파리가 아닌 리용의 대학을 선택한 것은 그곳에는 흑인이 많지 않기 때문이다. 아직 파농은 흑인에 대한 유럽인들의 시선과 말들을 초연하게 받아칠 정도로 단련되지 않았다. 그는 파리의 수많은 흑인들 속에 자신의 정체성이 '파리를 구경 온 한낱 흑인'으로 치부되는 것이 견딜 수 없었고, 흑인이 별로 없는 리용의 의과 대학에서 진정한 자신을 보여 주고 싶었다. 하지만 상황은 리용에서도 다르지 않았다. 심지어 프랑스어를 잘하는 것까지도 호기심의 대상이 되었다. 흑인의 굴레는 그가 아무리 벗어나려 해도 벗어날 수 없는 올가미와 같았다. 파농의 처녀작이자 가장 중요한 저작인『검은 피부, 하얀 가면(*Black Skin, White Masks, 1952*)』에서 그는 다음과 같이 말한다. "어떤 사람들은 내가 마음에 들 때, '너의 피부색에도 불구하고'라고 말한다. 내가 마음에 들지 않을 때도 '네 피부색' 때문은 아니라고 말한다. 그 어느 쪽이든 나는 이 끔찍한 순환론을 벗어날 수가 없다."

파농은 처음 관심이 있었던 외과가 자신과는 맞지 않는다는 것을 깨닫고, 정신 의학으로 관심을 돌렸다. 계속해서 자신의 존재를 묻고, 정체성을 탐구했던 파농에게 정신 의학으로의 길은 어찌 보면 필연적인 결과였다. 파농은 헤겔, 사르트르, 야스퍼스, 라캉과 같은 학자들의 심리학과 실존주의 책들을 닥치는 대로 읽었고, 특히 니체에 완전히 빠져들었다. 인간 개인의 정신력과 의지를 중요시 여기는 니체의 사상은 백인성에 압도되어 길을 잃은 그의 자존감을 회복시켜 줄 수 있는 유일한 길처럼 보였다. 또한 이를 통해 파농은 백인의 가치를 기준으로 살아왔던 자신의 삶의 모순을 되돌아보고, 강인한 정신력을 갖고 목적하는 바를 위해 실천하는 삶만이 이를 극복할 수 있음을 깨달았다.

1951년 파농은 정신 의학 전공자로 의대를 졸업했다. 사실 파농의 가장 유명한 저작인 『검은 피부, 하얀 가면』의 원안은 그가 1949~1950년에 졸업 논문으로 내기 위해 쓴 글이었다. 「흑인과 백인의 인간성 회복을 위한 에세이」라는 제목의 논문으로 교수들에게 제출했으나 통과시킬 수 없다는 답변이 돌아왔다. 파농의 이 파격적인 논문은 당시 프랑스 교수들이 받아들이기에는 너무 앞서나갔고, 또 용납할 수 없는 것이었다. 따라서 파농은 관례적으로 통과될 수 있는 논문을 다시 써서 1951년 졸업할 수 있었고, 거부당한 논문은 다른 에세이들을 모아 다시 정리해서 한 권의 책으로 만들어 출판사에 보냈다. 그 책이 바로 『검은 피부, 하얀 가면』이었다.

이 책에서 파농은 무엇을 말하고 싶었을까? 우선 그는 왜 식민지 원주민

이 자신의 검은 피부를 받아들이지 못하고 하얀 가면을 쓰려고 하는지에 대해 분석한다. 자신의 고향 사회를 분석함으로써 프랑스의 식민 정치와 동화 교육을 통해 동경과 모방의 대상이 된 '프랑스'의 정신적 노예가 된 흑인 환자들의 모습을 적나라하게 그린다. 그리고 이들이 프랑스에 갔을 때 깨닫게 되는 자신들의 흑인성(黑人性), 즉 자신들이 경멸했던 아프리카인이 곧 자신임을 깨달았을 때 겪게 되는 정체성의 괴리와 이로 인해 그들의 뿌

▌ 1952년 프랑스판 『검은 피부, 하얀 가면(Peau noire, masques blancs)』

리인 아프리카에도, 유럽에도 속하지 못하게 되는 이중 소외의 경험을 분석한다. 이는 파농 자신의 뼈아픈 과거의, 혹은 아직도 떨쳐내지 못한 현재 자신의 자화상을 분석한 것과 같았다.

파농은 이러한 문제 해결이 어려운 것은 식민지인들이 흑백의 이분법적 차이를 초월적 운명이나 객관적 진리로 받아들이기 때문이라고 분석했다. 하지만 그는 그러한 인식이 사회·경제적 조건에서 비롯된 것이라고 보았다. 즉, 원주민들에게 종종 발견되는 백인 의존 콤플렉스나 열등의식은 (백인 지배자들이 주장하듯) 아프리카인 고유의 심리적 속성이 아니라, 유럽의 식민 지배가 초래한 사회·문화적 부산물이라는 것이다. 파농의 시각에서는 유럽의 현 사회·경제 구조 그 자체가 이미 인종주의적이었다. 자본주의 발전 과정 자체가 식민지 팽창을 통해 이루어졌고, 그 과정에서 인종 차별과 억압이 필연적으로 따랐기 때문이었다.

3. 실천하지 않는 지식은 아무것도 아니다 – 알제리 해방을 위하여

현재 파농은 그의 뛰어난 저작들 덕분에 학계에서는 물론 대중에게도 이론가이자 사상가로 알려져 있다. 하지만 그는 뛰어난 정신과 의사이기도 했으며 혹자가 체 게바라와 비교할 만큼 투쟁적인 활동가이기도 했다. 파농은 그의 사후 알제리에 매장되었다. 그런데 사실 파농은 출신이나 성장 과정에 있어 알제리와 그 어떤 관련도 없다. 그런 그가 어떻게 알제리에 묻혔을까? 그 답은 정신과 의사이자 해방 운동가로서의 그의 짧은 삶에 있다.

대학 졸업 후, 의사 면허 시험에 합격하고 그가 정착한 직장은 알제리의 블리다주앵빌 정신 병원(Blida-Joinville Psychiatric Hospital)이었다. 파농은 단지 돈을 벌거나 경력을 쌓기 위한 편한 직장을 원한 것이 아니라, 많은 환자들을 접하고 치료할 수 있는, 즉 자신의 의학을 펼칠 수 있고 필요로 하는 곳에서 일하길 원했다. 그래서 선택한 곳이 바로 이 블리다의 정신 병원이었다. 이곳에서 그는 크게 두 가지 점에서 식민지 알제리의 정신 의학을 한 단계 더 발전시켰다.

우선 비인간적이고 강압적인 치료 방식을 개선했다. 당시 정신과 환자들을 치료하는 방법은 매우 거칠고 단순했다. 격리와 감금, 약물 같은 일방적인 치료법이 대부분이었다. 거기다 치료 환경과 대우도 유럽인과 원주민으로 나뉘어서 돈 많은 유럽인들은 더 쾌적한 환경에서 자유롭게 입원 생활을 했지만, 원주민 환자들은 폐쇄 병동에 갇혀서 심하면 사슬이나 구속복에 묶여 신체의 자유가 제약되었다. 파농은 우선 이러한 환경부터 바꿔 나갔다. 환자들의 결박을 풀고 유럽인과 원주민의 공간 격리와 차별을 전면 금지시켰다. 폭력적인 행동만 하지 않는다면 어떤 환자든 자유로이 움직이고 정원과 산책로를 다닐 수 있게 했다. 파농의 치료 목적은 환자들의 상태를 양호하게 하고, 활동성을 높여 궁극적으로 퇴원하여 일상생활을 영위할 수 있게 하는 것이었다. 이러한 그의 시도는 한 번 정신 병동에 갇히면 나갈 수 없다고 생각한 병원 직원들에게는 충격적인 것이었다. 물론 모두가 찬성한 것은 아니었고 반대파도 있었지만, 파농의 노력에 동조하는 의사와 간호사들의 도움과 자신의 끊임없는 열정으로 그러한 작업을 계속해 나갔다.

의사로서 파농의 주목할 만한 또 다른 활동은 치료법의 일반화, 더 직접적으로 말해서 유럽 문화 중심의 치료법에서 탈피했다는 것이다. 예를 들

어, 그는 환자들의 치료와 여가를 위해 파티를 열고 카페를 만들어 같이 어울리도록 유도했으며, 영사기를 이용해 영화도 상영했다. 또한 병원 신문을 제작해서 모두가 읽을 수 있도록 했고, 정원 가꾸기 등의 활동을 주도했다. 하지만 여기에 문제가 있었다. 유럽 환자들은 이러한 프로그램에 잘 따르고 좋아했지만 알제리 환자들은 거의 동참하지 않았다. 파농은 그들의 참여를 독려하고 문제점을 파악하기 위해 그들에게 더 가까이 다가갔지만 그들의 반응은 냉담했고 오히려 그를 싫어하기까지 했다.

그러다 파농은 자신이 엄청난 실수를 하고 있었다는 것을 깨달았다. 유럽인들과 알제리인들의 언어와 문화가 전혀 다르다는 것을 고려하지 않았던 것이다. 프랑스어를 모르는 알제리 환자들에게 의사와의 소통과 신문 읽기는 통역을 거쳐야 하는 불편한 과정이었고, 하물며 프랑스어는 나라를 빼앗은 압제자의 언어였다. 기념일에 치르는 파티는 기독교 문화권의 경축일이지 이슬람 문화권인 알제리 환자들과는 하등 관계없는 파티였으며, 남녀가 같이 어울리는 개방된 카페는 이슬람교도인 그들에게 있을 수 없는 일이었던 것이다. 영화 또한 접한 일이 거의 없는 알제리인들에게는 아무 흥밋거리도 아니었다. 파농은 문화의 '동화' 작업에 누구보다 충격을 받고 글까지 썼던 그 자신이 환자들에게 똑같은 문화적 동화를 강요하고 있음을 깨달았다. 파농은 지체 없이 연구에 몰두하여 두 문화의 차이를 분석하고 그에 맞는 각각의 활동들을 제시함으로써 괄목할 만한 치료 효과를 얻었다. 그가 계속해 온 정체성에 대한 근본적 의문이 정신과 의사인 그에게 헛되지 않았음을 보여 주는 대목이라고 할 수 있다.

이렇듯 파농이 의사로서 활약하고 있을 때, 알제리는 프랑스에서 독립하기 위한 격렬한 저항을 하고 있었다. 당시 프랑스는 제2차 세계대전 이후 힘이 급속히 떨어져 인도차이나, 모로코, 튀니지의 독립 전쟁에서 잇따라 패배하면서 제국의 위용을 상실했고, 알제리만이 프랑스의 유일한 자존심이자 수출 시장이었다. 이러한 해방의 정세를 타고 알제리의 저항은 더욱 거세졌으며, 벼랑 끝에 몰린 프랑스의 버티기도 그만큼 강화되면서 두 세력의 충돌은 갈수록 격화되었다. 그래도 더 피해를 입은 것은 알제리였다. 프랑스는 독립군 단체인 알제리민족해방전선(FLN)을 와해시키기 위해 무고한 시민들을 학살하고 고문하는 일을 서슴지 않았으며, 알제리 내 제국주의자들은 본때를 보이기 위해 한밤중에 총을 들고 마을 사람들을 모두 학살하는 일까지 자행했다. 이는 우아한 문화 강국임을 자랑하는 프랑스의 어두운 이면이라 할 수 있다.

이 과정에서 프랑스 정부는 병원의 의약품 배급을 유럽인에 한정시켰다. 알제리인들, 더 정확하게는 자신들에게 저항하다 다친 독립군들을 치료하지 말라는 이야기였다. 파농은 이러한 명령의 비인간성에 충격을 받았고,

이런 명령을 아무렇지 않게 수행하는 동료 의사들을 보며 이중으로 회의를 느꼈다. 하지만 파농은 자신의 신념대로 행동했다. 알제리인들에게 은신처를 제공하고 의료 봉사를 했던 것이다. 그리고 1955년 파농은 알제리민족해방전선 혁명군들을 치료해 주는 일을 맡으면서 본격적으로 알제리민족해방전선 활동에 가담하게 된다. 그는 부상자들을 비밀리에 수술해 주고 은신처를 제공했다. 파농은 프랑스의 비인도적인 전쟁과 테러 행위를 직접 보면서, 알제리민족해방전선이 수행하는 폭력 투쟁의 필요성을 인정하고 찬성하게 되었다. 그는 폭력 자체를 미화하진 않았지만 필요악을 인식했고, 이에 대해 그의 또 다른 저작 『대지의 저주받은 자들(The Wretched of the Earth, 1961)』에서 "식민주의는 본성 자체가 폭력이며 더 큰 폭력에 맞닥뜨릴 때만 굴복한다"고 말했다. 그리고 부르주아들의 비폭력, 타협, 평화주의는 이러한 상황에서 무익하고 무력하며, 패배주의의 일종이라고 비판했다.

그러던 어느 날, 파농의 변호사 친구가 방문해 그날 밤 파농의 집에서 잠을 잤다. 다음 날 새벽, 병원의 알제리인 남자 간호사가 피투성이가 되어 파농의 집을 찾아왔다. 인근의 유럽 청년들이 그 간호사가 사는 동네를 습격해 알제리인 20명을 일렬로 세우고 그들이 죽을 때까지 총을 갈겼던 것이다. 그 아수라장에서 남자 간호사는 간신히 빠져나왔다. 비참한 생존자를 목도한 파농은 분노에 떨며 친구에게 소리쳤다. "이게, 프랑스인들이 이 나라에서 밥 먹듯이 저지르는 일이야! 내가 이 혁명 투쟁에, 인간애와 인간 존엄성을 위해 투신한다고 나를 몰아세우면서 휴머니스트입네 하는 내 지성인 친구들이 두둔하는 그 프랑스인들이 하는 짓이란 말이야!" 그 친구는 그때까지 프랑스와의 평화적 타협을 기대하고 있던 사람 중 하나였다.

1956년 알제리의 독립 전쟁은 전국적으로 퍼졌고, 이제 타협의 길은 없었다. 파농의 알제리민족해방전선 활동도 이제 공공연한 사실이 되었다. 하지만 어찌됐든 프랑스 국적을 가진 사람인데다, 이제는 이미 명망 있는 사상가이자 활동가로 이름난 파농을 프랑스 정부도 함부로 건드릴 수 없었다. 그러나 곧 병원은 전쟁의 위험으로 운영이 불가능하게 되었고, 파농도 신변의 위협을 느꼈다. 결국 파농은 알제리 총독에게 사표를 냈고, 당국은 이듬해 그에게 48시간 내에 알제리를 떠나라는 추방 명령서를 보냈다. 파농은 가족과 함께 프랑스 파리로 떠났다. 하지만 그는 그곳에 오래 머물지 않고 알제리민족해방전선의 본부가 있는 튀니지로 떠날 준비를 했다. 압제와 죽음의 공포에 시달리는 사람들이 있는데 자신만 안전한 곳에서 편하게 살 수 없다고 생각했기 때문이었다. 그의 안위를 걱정해 파리에서 글을 쓰며 혁명을 지원하라는 친구의 말에 파농은 다음과 같이 말했다. "프랑스에는 사르트르가 있어. 또 카뮈, 메를로 퐁티도 있지. 여기서는 나를 필요로 하지 않아. 하지만 튀니스(튀니지 수도)에서는 나를 필요로 해. 그래서 가려는 거야."

4. 백인도 흑인도 아닌, 나는 프란츠 파농이다

튀니스로 간 파농은 알제리민족해방전선의 일원으로 의사 일을 계속하며 환자들을 돌봤다. 피비린내 나는 전쟁이 계속되는 동안 파농도 암살 위기를 넘겼다. 그는 여러 지역을 돌며 의료 활동을 펼쳤다. 1960년, 파농은 아프리카의 통합과 범아프리카적 해결책을 도모하기 위한 제2차 아프리카 총인민회의에 참석했고, 알제리 임시 정부의 가나 주재 종신 대사로

임명되었다. 그리고 그해 말, 파농
의 건강에 이상이 생긴다. 급격한
체력 저하와 체중 감소로 정밀 검
사를 받은 그는 백혈병 판정을 받
았다. 지금도 그렇지만 백혈병은
고치기 힘든 난치병 중 하나로, 파
농은 자신이 몇 해를 넘기기 힘들
다는 것을 깨달았다. 1961년, 그의
나이 겨우 36세에 접어들었을 때
였다.

실존주의 철학자이자 문학가인 장 폴 사르트르
(Jean-Paul Sartre). 파농의 학문적 지지자이자 지적
동반자로, 파농과 로마에서 만났을 때 그의 부탁으
로 『대지의 저주받은 자들』의 서문을 써 주었다.

　　파농은 CIA 요원의 도움으로 치
료를 받기 위해 미국으로 갔다. 하
지만 그의 병세는 별로 나아지지 않았다. 그의 마지막 책인 『대지의 저주받
은 자들』은 그가 병마와 싸우던 1961년 봄에 혼신을 다해 쓴 것이었다. 합
병증인 류마티즘을 치료하기 위해 로마로 간 파농은 그와 지적 교감을 나
눈 친구들인 사르트르, 시몬 드 보부아르와 함께 대화하며 토론했다. 죽기
전 그의 마지막 지적 유희였을 것이다. 다시 미국으로 건너간 파농의 증세
는 더욱 심해져서, 결국 12월 6일 숨을 거두었다. 파농은 끝내 알제리가 해
방되는 것을 보지 못하고 죽은 것이다.

　　알제리 정부는 미국 워싱턴에 사절과 비행기를 보내 그의 유해를 튀니스
로 운송했다. 알제리민족해방전선과 아프리카의 지도자들 그리고 수많은
혁명 투사들이 알제리 국기가 덮인 파농의 관에 애도를 표했다. 파농은 자

▎알제리에 안치된 파농의 묘

신을 알제리에 묻어 달라고 유언을 남겼다. 그에 따라 그의 유해는 군인들의 경례와 경호 속에 알제리의 한 숲에 안치되었다. 그리고 다음해인 1962년 3월 19일, 프랑스는 알제리와 협정을 맺었고, 드디어 알제리는 해방되었다. 하지만 알제리를 비롯한 아프리카 국가들과 유럽의 구 제국들과의 문제는 산적해 있었고 현재까지도 해결되지 않고 있다. 특히 인종 차별이라는 사회적, 문화적, 관념적 차별은 우리 세계가 철폐해야 할 것으로 여전히 남아 있다.

　그렇다면 파농의 질문은 우리에게 무엇을 남겼을까? 자신의 정체성을 처절하게 고뇌한 그의 고민은 후대에 과연 무엇을 남겼을까? 인종 문제에 대한 그의 심오한 고민은 미국의 흑인 인권 운동가와 사상가들에게 일종의 '성서'로 지대한 영향을 미쳤고, 인종이나 소외, 억압의 문제에 고통받는 사람들에게 현상과 문제에 대한 심리학적, 역사적 분석을 통해 그들이 총체적 시각을 얻을 수 있게 해 주었다. 또한 지식인이자 활동가인 그의 삶은 이후의 혁명가들에게 귀감이 되고 그들의 열정에 불을 지폈다.

　인종 차별의 문제는 백인과 흑인만의 문제가 아니다. 바로 우리 사회를 돌아보게 해 주는 중요한 문제이다. 우리 또한 '백인'을 인간의 기준으로 삼고 자신을 돌아보지 못하고, 나보다 못하다고 생각되는 사람을 무시하거나 억압하고 있지는 않은지 생각해 보자. 우리 사회의 '서구의 미적 기준'에 따른 외모지상주의, 외국인 이민자 차별 문제, 장애인 차별 등 이 모든 차별의 기준은 파농의 시대 '백인'으로 치환될 수 있는 우리 사회의 또 다른 '제국주의'다.

파농이 궁극적으로 추구한 것은 개인의 자유와 해방이었다. 파농은 알제리의 해방을 위해 싸우다 죽었다. 하지만 그는 알제리인이 아니다. 그의 국적은 프랑스이지만 프랑스인도 아니다. 그는 백인도 아니고 흑인도 아니다. 그는 그저 자유와 학문을 사랑한 프란츠 파농이었다. 그는 『검은 피부, 하얀 가면』의 끝을 다음과 같이 맺고 있다.

"바로 '당신'이라는 세계를 건축하도록 나의 자유가 나에게 주어진 것은 아니었을까? 연구를 마치면서 나는 희망한다. 이 세계가 나와 더불어 활짝 열려진 모든 종류의 의식의 문을 느낄 수 있기를 말이다. 마지막으로 나는 기도한다. '오 나의 육체여, 나로 하여금 항상 물음을 던지는 인간이 되게 하소서.'"

12.
마거릿 미드

더 나은 세상을 위하여

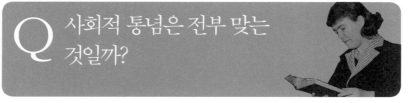

Q 사회적 통념은 전부 맞는 것일까?

0. 들어가며

마거릿 미드(1948년)

"청소년들은 누구나 사춘기를 경험한다.", "남자아이는 씩씩하게 키워야 한다.", "여성은 선천적으로 모성애를 가지고 있다." 우리는 이처럼 당연하게 받아들여지는 통념에 대해 얼마나 의문을 품고 있을까? 의문을 갖더라도 그 의문에 답하기 위해 우리는 얼마나 노력하고 있을까? 누구나 그렇다고 하는 것을 아니라고 하는 것은 부단한 용기와 더불어 그 용기를 만용으로 만들지 않기 위한 창의력과 설득력이 필요하다. 이번에 우리가 만날 인물은 모두가 '예스'라고 말할 때 '노'라고 말할 수 있는 용기와 지성을 가지고 끊임없이 샘솟는 창조력으로 더 살기 좋은 세상을 만들기 위해 노력한 인물, 바로 인류학자 마거릿 미드이다.

마거릿 미드는 문화인류학의 대모로 평가되며 특히 미국에서 대중에게 인류학을 널리 알린 일등 공신이다. 그녀의 사후인 1979년에는 지미 카터 대통령으로부터 대통령 자유훈장까지 받았다. 1976년을 기준으로 미드의 저술 목록은 책, 논문, 서평, 신문 칼럼, 의회 증언 진술서, 회의 보고서 그리고 그 외에 수많은 잡지에 실린 글을 포함해 1천4백 편이 넘는다. 한 학자의 연구 성과와 그 질과 영향력을 단순히 양적 기준으로 평가할 수는 없지만, 우리는 이제 이렇게 학문적 열정과 창의성, 인류와 사회에 대한 책임감을 갖고 행동하는 미드의 지성적인 모습을 볼 것이다. 미드의 양적 성과는 학문을 상아탑에 가두지 않고 끊임없이 지식을 전파하고 대중과 소통하려는 그녀의 신념과 노력의 증거물이었다.

미드가 그녀의 연구로 우리 사회에 미친 영향을 단적으로 살펴보자. 우선 미드의 데뷔작이자 출세작인 『사모아의 청소년(Coming of Age in Samoa, 1928)』은 출간되자마자 베스트셀러가 되어 미국에서 인류학이란 학문의 대중화를 이끌었다. 또한 이 책으로 인해 '사춘기'라는 청소년들의 '당연한' 성장 단계는 더 이상 생물학적인 단계만으로 설명할 수 없게 되었다. 또한 당시까지 미국은 육아에 있어 아기의 수유 시간이 일정하게 정해져 있다고 믿었는데, 미드는 자신의 딸을 키우면서 아기가 원할 때만 수유하는 방식을 취해 기존의 육아 방식을 바꾸었다. 따라서 이후 세대에 태어난 미국 아이들 중 미드의 육아 방식의 영향을 받지 않고 자란 아이는 없다고 할 정도로 그녀의 영향력은 크다고 할 수 있다.

▌ 1988년 미국에서 발행된 마거릿 미드 우표

　하지만 미드의 사회적 영향력을 이런 예들로는 다 표현할 수 없다. 예술가가 자신의 작품을 남긴다면, 미드는 자신의 생각과 질문을 남겼다. 미드는 그녀가 죽기 전까지 생각하기를 멈추지 않고 끊임없이 세상에 질문을 던진 인물이었다. 성별에 따른 역할 분리를 어떻게 보아야 하는가? 진정한 남녀평등이란 무엇인가? 원자로 설치는 필요한가? 세대 간 커뮤니케이션은 어떻게 가능한가? 거대한 변화에 맞선 인류의 생존을 위해 인류학자가 할 수 있는 일은 무엇인가?

　마거릿 미드의 직업은 인류학자였지만 그녀의 발자취를 따라가면 그 직함으로는 다 담을 수 없는 장대한 의지가 느껴진다. 위의 다양한 의문들에서 보이듯 그녀는 '인류학자'를 넘어 '인류를 위해 고민한 학자'였다. 이제 미드의 학문적 여정의 시작이었던 첫 연구 작, 『사모아의 청소년』을 통해 그녀가 세상에 던진 질문의 단초를 살펴보도록 하자.

1. 인간의 행동은 교육과 관습의 결과이다 – 『사모아의 청소년』

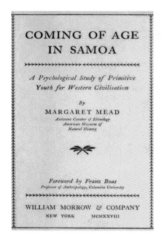

| 마거릿 미드의 데뷔작이자 출세작인 『사모아의 청소년』. 1928년 출간되었다.

"내가 사모아에 갔던 것은 그리고 그 후 다른 사회에 뛰어들었던 것도 인간에 관해 보다 많은 것을 찾아내 배우기 위해서였다. 그들도 우리와 문화가 다르다는 것 외에는 모든 점에서 우리와 같은 인간이다."

– 마거릿 미드, 『마거릿 미드 자서전』 중에서

1928년에 출판된 마거릿 미드의 첫 저서인 『사모아의 청소년』은 출간되자마자 인류학의 고전으로 평가될 만큼 큰 반향과 관심을 불러일으켰으며, 지금까지도 인류학 서적 중 최고의 베스트셀러 중 하나로 손꼽힌다. 미드의 연구 결과에 대해서는 (여느 학문적 논쟁이 그렇듯) 여전히 논쟁적이지만, 이 책을 통해 미드는 사춘기의 심리적 갈등이 특정 문화와 어떤 관계가 있으며 또 성장 단계의 생리적 현상과 어느 정도 관계가 있는지에 대한 문제를 다루었다. 그리고 여기서 그녀가 세운 주요한 견해, 즉 육아 관습이 인성을 형성하며 이것이 특정한 사회에 본질적 성격을 부여한다는 주장이 인류학의 큰 화두로 떠오르게 된다.

앞서 우리는 '사춘기'에 대해 언급하면서 과연 사춘기가 누구에게나 찾아오는 성장 단계인가에 대해 의문을 던져 보았다. 미드는 사모아에서의 현장 연구(fieldwork)를 통해 이 문제에 대해 '아니다'라는 답을 내놓는다. 사모아 사회에서는 이 '사춘기'라는 성장 시기가 청소년들에게 스트레스를 주는 시기가 아니라는 결론을 내린 것이다. 그 근거는 육아 방식과 가족 구성 그리고 성(性)에 관한 사모아 사회의 태도와 문화에서 찾아볼 수 있다.

우선 갓난아기의 육아는 전적으로 어머니에게만 맡겨지는 것이 아니라 지역 사회의 어린 소녀들이 번갈아 가면서 책임을 진다. 아이들은 이처럼 여러 사람의 손을 거치면서 크기 때문에 부모를 포함한 특정 사람과의 관계에 지나치게 의존하거나 집착하지 않는다. 가족 관계 또한 다양하다. 우리 사회를 포함한 많은 문화권이 부계를 중심으로 가족을 이루는 반면, 사모아는 양변(bilateral), 즉 어머니, 아버지 양쪽으로 계통이 추적되는 사회이기 때문에 흔히 확대가족을 이룬다. 따라서 핵가족의 형태에서부터 결혼, 혈연, 양자, 친구 등 다양한 관계로 이루어진 대가족까지 다양한 형태의 가

❙ 사모아의 한 가족. 사모아의 가족 구성원은 부계만이 아닌 모계로도 계통이 추적되는 양변 사회이다. 성 문제에 있어서도 관대하기 때문에 다양한 가족 구성원이 가능하다. 사모아의 청소년들은 어려서부터 다양한 관계를 경험하기 때문에 상황과 관계 변화에 유연하다.

족 스펙트럼을 가지고 있었다. 그 결과 사모아의 아이들은 어려서부터 관계의 융통성이 뛰어나다고 할 수 있다.

성 문제에 있어서도 매우 관대하고 자유롭다. 미드는 성인이 되기 직전의 청소년들에게 성관계가 빈번히 일어나지만 그것이 별다른 사회적 문제를 야기하지 않으며, 임신 중절 시술도 하지만 그러한 '비합법적'으로 태어난 아이를 받아들이는 경우도 사모아인들에게는 특별히 큰일이 아니라고 미드는 적고 있다. 따라서 미드는 이 같은 성장기의 순탄한 전환과 다양한 관계로 맺어진 가족 구성원과의 생활을 통한 지위 변화의 융통성이 사모아 사회의 특징이라고 주장했다. 그 결과 사모아의 아이들은 현재 우리 청소년들과 같은 '질풍노도의 시기'를 특별하게 경험하지 않는 것이다.
미드의 이 연구가 중요한 의미를 갖는 것은 사회와 개개인의 어린 시절이 서로 영향을 주고받으며 형성된다는 것을 보여 주었고, 사춘기의 동요가 인간 본연의 특성이 아니라는 것을 발견했기 때문이다. 그리고 궁극적으로 각 개인이 문화 유형과 어떤 관계를 맺고 있는가를 밝혀내고자 했고, 이러한 문제의식은 이후 미드의 인류학 연구의 근간이 되었다.

미드의 이러한 견해는 아직도 인류학의 중요한 쟁점 중 하나이다. 우리 사회를 돌아보자. '미운 일곱 살'이나 '중 2병'과 같은 특정 시기를 지칭하는 말들이 사회에 정착되었지만 이것이 생물학적 나이에 따른 일정한 단계인지 아니면 특정 사회가 만들어 내는 문화적 현상인지는 정확히 밝혀지지 않았다. 우리는 미드가 세상에 내놓은 이 문제의 의의를 여기서 찾을 수 있을지도 모른다. 미드의 문제 제기는 학술적 주장 자체의 당위성을 넘어 성장기 청소년, 더 나아가 전 생애의 전환기에 나타나는 현대 사회의 병리적 문제들을 다양한 각도에서 바라보고 해결책을 제시할 수 있는 가능성을 열어 준 것이 아닐까? 미드는 모두가 똑같아지는 정답을 알려 주기보다 여러 가능성을 통해 우리 사회의 더 많은 것을 세심히 살펴보게 하는 기회를 제공한 것이다.

그렇다면 이렇듯 미드가 가진 세상에 대한 시선과 학문적 자세 그리고 문제의식의 근원은 어디서, 어떻게 시작되었을까?

2. 별난 여대생 마거릿 미드, 차별을 경험하다

마거릿 미드는 매우 학구적인 집안에서 성장했다. 아직 여성의 교육과 직업 세계로의 진출에 대해 보수적이었던 20세기 초엽, 미드의 친할머니는 교사로서 평생 아이들을 가르쳤던 분이었고, 미드의 아버지는 경제학 교수였으며, 어머니는 사회학으로 석사 논문까지 쓴 당시로서는 드물게 학식이 높은 여성이었다. 특히 미드가 어렸을 때부터 수준 높은 교육을 받고 대학에 진학할 수 있었던 데에는 어머니의 기대와 지원이 한몫했다.

우리나라 부모들의 교육열과는 좀 다르지만, 어쨌든 자녀 교육에 대한 미드 가족들의 적극적인 자세는 마거릿을 당시의 아이들, 더 나아가 여자 아이들과는 다른 독특한 아이로 만들었다. 미드 자신도 자서전을 통해 자신이 유별나고 다른 아이들과는 다르다는 느낌을 받았다고 회고했다. 다만 그 이유는 자신의 특별한 재능이나 능력 때문이 아니라 자라난 환경과 교사였던 할머니에게 받은 교육, 그리고 부모님의 높은 학문적 관심 때문이라고 보았다. 미드는 자신의 독특함을 제어하여 주변과 어울리기 위해 노력해야 한다고 생각했지만, 동시에 안주하지 않고 외부 자극을 끊임없이 받아들여 자신만의 미래를 모색해야 한다고 생각할 만큼 자주적이고 현명한 아이였다.

그리고 드디어 그녀의 인생을 바꿀 만한 경험을 하게 될 대학에 진학한다. 아버지의 모교였던 드포 대학이었다.

대학에 진학하게 된 마거릿 미드는 무엇보다도 본격적인 학문의 세계로 들어간다는 것이 가슴 설레었다. 미드는 본격적으로 공부할 꿈에 부풀어 있었지만, 이렇듯 바람직한 미드의 자세가 여성이라는 이유로 그녀의 대학 생활에 걸림돌이 된 것은 아직 여성에게 선거권도 주어지지 않았던 1919년 여성들의 위치 때문이었을까. 드포 대학에는 지금도 전통 있는 대학들에 남아 있는 대학 내의 사교 모임이 있었는데, 남자와 여자가 나뉘어져 있었고 여대생의 사교 모임은 소로리티(sorority)라고 불렸다. 이 모임에는 나름의 기준이 있었는데, 지금으로 치면 세련되고 여성스러우며 자기를 가꾸고 좋은 신랑감을 찾는 데 노력하는 여학생들이 주류를 이루는 모임이었다. 마치 요즈음의 할리우드 하이틴 영화를 보면 나오는 주류 여학생 집단과 비슷한 성격이다. 따라서 자신을 똑바로 직시하고 학문에 열중하며 자주적인 미래를 꿈꾸는 진취적인 여성이었던 미드와 이 소로리티는 애초에 너무 다른 성격이었다.

이 모임의 일반적인 여학생들의 기준에 못 미치는 세련되지 못한 옷차림을 하고 남학생보다 공부를 잘했던 미드를 고운 눈으로 보는 학생들이 드포 대학에는 많지 않았다. 공부보다 유행과 좋은 집안의 신랑감을 좇는 데 훨씬 관심이 많았던 소로리티의 여학생들에게 미드의 사고방식과 행동, 그리고 남학생보다 뛰어난 학업 성적은 거의 이단에 가까웠다. 그 결과 미드는 태어나서 처음으로 따돌림과 차별을 경험하게 된다. 사실 성별을 떠나 대학 진학 시 학문에 대한 꿈에 부풀어 있는 신입생이 얼마나 될까 싶은 우리의 현재 상황을 봐도 당시 미드의 존재는 튀었을 것이다.

입학 초 기대에 부풀었던 미드의 대학 생활은 점점 실망으로 바뀌었고, 이 드포 대학에서의 생활은 스스로 "귀양살이하는 죄인" 같다고 표현할 정도로 미드의 인생에 가장 안 좋은 기억 중 하나로 남게 되었다. 결국 미드는 대학을 바꾸기로 결심하고 버나드 대학에 들어간다. 미드는 아버지의 모교인 드포 대학에서 최초의 차별 대우를 겪는 아픔을 겪었지만, 이 경험은 그녀가 한 문화 안에서 주류와 다른 개인의 특성은 억압받아야 하는가에 대한 문제 제기를 낳았고, 인종이나 계급 같은 모든 사회적 차별에 문제를 제기하고 인류학적 해답을 고민하는 계기가 된다.

> "나 자신이 속해 있는 사회로부터 거부당하고 아웃사이더로 취급당한 이 경험에서 나는 무엇을 배운 것일까? 지금까지의 어떠한 경험보다도 이 같은 방식은 사회를 구축하는 올바른 방식이 아니라는 사실을 나는 이 체험에서 한층 명확하게 깨달았다."
>
> – 마거릿 미드, 『마거릿 미드 자서전』 중에서

유행과는 다른 취향을 가진 여학생, 좋은 남편감 고르기에 무관심하고 남자보다 공부를 잘했기 때문에 따돌림당한 미드의 경험은 우리의 성 역할에 대한 고정관념에 시사하는 바가 크다. 여성의 학식이 높은 집안에서 자라고, 주관이 뚜렷한 할머니와 어머니에게 삶의 철학을 배워 온 미드에게 드포 대학에서의 이 경험은 아직 세상을 몰랐던 미드에게는 부조리한 세상이었다. 하지만 이 경험은 아이러니하게도 미드라는 한 여성을 뛰어난 인류학자로 만들었을 뿐 아니라, 더 나아가 우리의 삶에 근원적 질문을 던지는 세기의 학자로 만들었다.

마거릿 미드가 처음부터 인류학을 전공했던 것은 아니다. 미드는 편입한 버나드 대학에서 영문학을 전공하고 심리학을 부전공했으며, 컬럼비아 대학에서 심리학으로 석사 학위를 받았다. 원래 연극 같은 공연 예술과 창작 활동에 관심이 많았던 미드는 작가를 지망했지만, 작가로서 창작 능력에 한계를 느껴 그 꿈을 접고 자신이 잘할 수 있는 다른 분야를 고민하게 되었다. 자신의 직업으로 무언가 세상에 공헌하고 싶었던 미드는 결국 사회과학 분야를 택하게 된다. 예술과 달리 재능이 없는 사람도 이 분야에서는 지식을 위해 유익한 공헌을 할 수 있을 것이라고 생각했기 때문이었다.

▎『국화와 칼』, 『문화의 유형』 등의 저서로 유명한 인류학자 루스 베네딕트. 미드가 인류학의 길로 들어서는 데 지대한 영향을 미쳤다.

대학 4학년이 되면서 심리학에 더욱 몰두하게 된 미드는 석사 논문까지 준비하게 되었다. 그러던 중 미국 인류학의 창시자로 평가받는 프란츠 보아스(Franz Boas) 교수와 그의 조교이자 국내에서는 『국화와 칼(The Chrysanthemum and the Sword: Patterns of Japanese Culture)』로 알려진, 훗날 저명한 인류학자가 되는 루스 베네딕트(Ruth Benedict)를 만나면서 미드의 인생은 그 목표가 뚜렷해졌다. 바로 인류학자로서의 삶이었다. 미드는 사실 석사 학위를 앞두고 진로를 고민하고 있었다. 인류학에 관심이 가기는 했지만 심리학을 계속할지 아니면 다른 교수가 권하는 사회학을 전공할지를 두고 고민한 것이다. 어느 날 미드는 이 문제를 베네딕트와 상의하게 되었는데, 그때 그녀는 이렇게 말했다. "보아스 교수와 나는 당신을 위해 뭘 해 줄 수는 없지만 다만 공부할 기회를 만들어 드릴 수는 있다." 미드는 이 말에 인류학으로 마음을 결정했다고 회고했다.

당시 미드는 인류학은 점점 사라져 가는 원시 사회에 대한 연구로, 지금 당장 연구되어야 하는 학문이며 다른 학문은 나중에라도 할 수 있다고 생각했다. 이러한 생각은 그의 스승인 보아스 교수와 베네딕트가 항상 주장해 왔던 것이었다. 미드는 이렇게 말했다. "세계의 끝이 아닌가 생각되는 머나먼 곳에서마저 우리에게 아직도 알려지지 못한 인간 생활 양식이 현대 문명의 맹습으로 말미암아 소멸되어 가고 있다. (…) 다른 일이라면 기다려도 늦지 않겠지만 이 작업만은 당장 하지 않으면 안 되는 일이라고."

이렇게 미드는 인류학의 길로 본격적으로 뛰어들었다. 사라지는 문화들과 인류 생존에 대한 위기감 그리고 문화와 인간의 행동 양식 간의 관계에 대한 의문에 답하기 위한 사명감이 마거릿 미드라는 인류학자의 출발점이었다. 그녀의 개인적이지만 원대한 꿈은 약 50년 후 미래에 대한 희망과 더불어 인류학, 더 나아가 인류 문제에 대한 큰 성찰로 이어져 더 많은 사람들에게 또 다른 지적 자극을 던져 주게 된다.

이제 성 역할 문제를 다룬 미드의 또 다른 연구를 통해, 미드가 자신의 경험을 통해 구축하고자 한 바람직한 사회의 일면을 살펴보도록 하자.

3. 우리 사회의 성 역할은 어디서 비롯되는가 – 『세 부족 사회의 성과 기질』

> "이 조사 자료가 시사하는 것은 흔히 '여성적' 혹은 '남성적'이라고 말하는 인성적 특성들은 전부는 아니더라도 대부분이 본질적으로 성과 관련되어 있지 않다는 점이다."
>
> – 마거릿 미드, 『세 부족 사회의 성과 기질』 중에서

마거릿 미드의 1935년 저작인 『세 부족 사회의 성과 기질(*Sex and Temperament in Three Primitive Societies*, 1935)』은 현재까지도 우리에게 중요한 화두인 남녀의 성 역할에 대한 의문을 제기하고 있다. 이 책은 여성의 권리에 대한 논문도, 페미니즘의 근거에 대한 연구서도 아니지만 결과적으로 우리 사회의 이분법적 성 역할을 비판하고 여성운동의 새로운 방향을 제시해 준 저작이 되었다. 미드는 문명의 오지였던 뉴기니 사회의 세 부족을 관찰하면서 이 부족들이 당시의 미국 사회와는 매우 다른 성 역할에 대한 관념을 가지고 있음을 밝혀낸다. 성적 차이라는 분명한 생물학적 차이가 갖는 기질에 대해 각 원시 사회가 어떤 사회적 태도를 형성해 왔는가를 추적한 것이다.

미드의 관찰에 따르면 한 부족은 남녀 모두 매우 모성적이고 예민한, 즉 소위 '여성적'인 특성으로 간주되는 성품을 가졌고, 또 한 부족은 남녀 모두 강렬하고 진취적인 '남성적' 성향을 보였다. 그리고 마지막 세 번째 부족은 남성은 잔걱정이 많고 치장과 쇼핑을 좋아하는 '여성적' 성향을 보인 반면, 여성은 적극적이고 일을 하며 몸치장에 관심이 없는 '남성적' 기질을 보였다. 미드는 이 연구를 통해 우리 사회에 고착되어 온 남성성과 여성성의 생

물학적 기원에 의문을 제기했다. 미드는 이 책을 통해 '여성스러운' 여성과 '남성스러운' 남성을 만들어 내는 것은 생물학적 차이가 아닌 사회의 필요에 의해 임의적으로 선택된 기질들이며, 이는 문화적 차이를 반영한다고 주장했다.

이러한 미드의 주장은 여성운동가들의 환영을 받을 일이었지만, 사실 그녀는 당시 이들로부터 많은 비난을 받기도 했다. 그녀는 1949년에 출간된 자신의 저서 『남성과 여성(Male and Female)』에서 남녀의 차이가 있다는 주장을 했기 때문이었다. 당시의 여성운동은 남녀는 동등하며 여성 또한 남성과 똑같다고 주장했던 시기였다. 이 말이 남녀평등의 의미에서는 물론 맞는 이야기이긴 하지만, 미드가 보기에 이러한 움직임은 자칫 잘못하면 여성을 '남성적' 성향으로 획일화시키는 또 다른 문제점을 낳을 수 있었다. 사실 이러한 미드의 걱정은 상당 부분 핵심을 찔렀다고 볼 수 있다. 당시 미국에서 여성운동의 주를 이뤘던 사회 중심부로의 여성 편입 추진이라는 1960~1970년대의 움직임이 결과적으로 남성 중심적 사회를 바꾸는 데 그다지 큰 역할을 하지 않았다는 것을 우리는 알고 있기 때문이다. 남성 중심적 사회에서 성공한 여성은 특별한 경우일 뿐 여권 전체의 성장을 의미하거나 근본적인 차별 사회를 바꾼 것은 아니었던 것이다.

미드에게 중요했던 것은 궁극적으로 남성과 여성의 차이가 아닌, 사회가 만들어 낸 특정 문화의 성 역할 강요로 인해 개개인의 다양한 기질과 능력이 억압당하는 것이었다. 남성과 여성의 생물학적 차이와 기질의 관계는 현대의 과학으로도 밝혀지지 않았으나, 확실한 것은 모든 시대, 사회, 문화권에서 남녀의 성 역할이 동일하게 고정되지 않았다는 사실이다. 미드는 남녀의 차이를 강조하는 것도, 남녀를 획일화시키는 것도 경계했다. 미드는 사회 구성원의 단위가 성차가 아닌 개인에 있다고 여겼으며, 개인의 선택과 다양성을 존중하고 포용하는 사회를 원했다. 그리고 미드는 남녀의 문제에서 더 나아가 개개인의 성향과 자질의 존중이라는 더 근원적인 질문을 던지고 있다.

4. '살 만한 세상'을 위하여, 질문은 계속된다

> "행동과 결부된 지식 — 인간은 과거에 무엇이었고 지금은 무엇인가에 대한 지식 — 만이 미래를 지킬 수 있다. 희망은 있다고 나는 믿는다. 인간의 모험을 전체로서 바라보고 생명에 대한 외경심을 목적으로 하는 인간에 대한 지식이 세계에 생명력을 가져다준다고 믿는 것, 거기에 희망이 있음을 나는 믿는다."
>
> – 마거릿 미드, 『마거릿 미드 자서전』 중, 마지막 문장

우리는 지금까지 미드의 삶과 연구 내용의 일부를 통해 그녀가 품었던 의문들과 문제의식을 살펴보았다. 미드의 전 생애와 학문적 활동의 가장 기본적 문제의식은 '인간이라는 종(種)이 생존 위기에 처해 있는데, 인간 종을 지속시키기 위해서는 어떻게 해야 하는가'였다. 그녀는 대학원 시절 점점 사라져 가는 원시 문명에 대한 염려로 당장 해야만 하는 시급한 학문이기 때문에 인류학을 최종 전공으로 선택했다. 따라서 인류학자라는 직업 선택도 이러한 근원적 문제의식의 발로였다. 그리고 미드가 제시한 해결책은 개인에 대한 존중 및 개인과 그들이 만들어 낸 문화들의 다양성을 존중하는 것이었다. 그녀는 이 방법이야말로 우리 인류가 존속할 수 있고 더 나

은 세상을 만드는 길이라고
생각했다.

미드가 가진 사회적 의문
과 학문 연구에 있어 가장 핵
심적인 주체이자 최소 단위
는 바로 '개인'이었다. 그녀
가 가진 문제의식과 그 해결
책은 이 개인의 개성과 능력
이 존중받는 사회 구현에 그
목적이 있었다. 앞의 두 연구
를 다시 떠올려 보자. 우선
미드는 사모아 청소년들의
연구를 통해 '사춘기'는 인류

▌말년의 마거릿 미드. 미드는 죽기 전까지 더 나은 세상을
위해 질문하기를 멈추지 않았다.

공통의 생물학적 성장통이 아니라는 결론을 내렸다. 오히려 사춘기라는 불
안정하고 획일적인 경험이 아닌, 다양한 인간관계 속에서 관계의 융통성을
경험하며 자란 사모아의 청소년들은 자유롭지만 안정된 분위기 속에서 성
장한다. 세 부족의 성과 기질에 대한 연구 결과 또한 남녀의 기질과 역할이
정해진 것이 아니며, 우리 사회에 정착된 이분화된 성 역할이 생물학적으
로 결정된 것이 아니라 사회적 필요에 따른 결과라는 것을 강력히 주장하
고 있다.

이 두 가지 연구 결과를 통해 미드가 궁극적으로 말하고자 하는 것은 무
엇이었을까? 바로 개인의 특성과 능력은 사회가 정해 놓은 규칙에 억압받
거나 규정되는 것이 아니라 건강한 문화 속에서 자유롭게 길러져야 한다는

것이다. 청소년은 이래야 한다, 여성과 남성은 각각 저래야 한다는 사회적 획일화는 미드에게 있어 개인의 개성을 죽이는 억압의 일종이었다. 그리고 미드가 인생 전반에 걸쳐 개인의 개성과 존중에 대한 문제에 중점을 둔 계기는 바로 대학 시절의 경험이었다. 드포 대학에서 자신의 개성과 능력으로 인해 겪은 불합리한 차별의 경험은 미드의 학문과 가치관의 핵심이라고 할 수 있다. 한 개인에 대한 주류 집단의 차별 행위와 비주류에 대한 편견이라는 아픈 기억은 아니러니하게도 이후 미드가 모든 문제를 선입견 없이 바라볼 수 있게 만든 일등 공신이었던 것이다.

사춘기라는 '당연한' 문제를 열린 시각으로 바라보고 편견 없이 분석한 결과 인류학의 명저인 『사모아의 청소년』이 탄생했고, 성 역할에 대한 사회적 이분화의 문제를 개인과 문화라는 더 근원적이고 유기적인 차원에서 연구함으로써 남녀 차별 문제의 새로운 관점과 지향점을 제시한 『세 부족 사회의 성과 기질』이 탄생했다.

우리 사회 내부의 많은 문제들과 세계 각지에서 일어난 국제적 분쟁들의 상당수는 차이를 인정하지 않는 타 문화에 대한 몰이해와 배타주의에서 기인한다고 볼 수 있다. 이미 고전이 되어 버린, 그래서 케케묵은 듯 보이는 미드의 인류학적 가르침을 바로 지금 다시 주목해야 하는 이유가 여기에 있다. 혹자는 말한다. 과연 여러 문화들 사이의 진정한 이해와 소통이란 것이 가능할까? 인류의 긴 역사를 돌이켜 볼 때 우리는 그 가능성에 회의를 느낄 수도 있을 것이다. 하지만 미드는 인류의 미래를 긍정적으로 본 인물이었다.

다음 문장은 미드가 말년에 쓴 자서전의 마지막 부분이다. "내가 만일 스물한 살이라면, 나는 인류학자로서 우리들의 삶의 양식에 근본적인 변혁을 절실히 느끼는 젊은이들 간의 통신망을 세계적으로 연결하는 작업을 시작할 것이다." 미드의 인류 발전에 대한 긍정론이 맞았던 것일까? 그녀가 말년에 꿈꿨던 새로운 소통의 세계를 우리는 현재 경험하고 있다. 인터넷과 그것을 이용한 SNS를 통해서 말이다. 미드가 하고자 했지만 하지 못했던 새로운 통신망의 시대를 우리는 살고 있다. 하지만 도구가 존재하는 것만으로는 더 나은 세상이 오지 않음을 우리는 알고 있다. 미드가 후세대를 믿었던 만큼 그녀가 기다렸던 세상을 살아가고 있는 우리에게 새로운 임무가 부여된 것이다.

미드는 해답을 주는 학자가 아닌 질문 던지기와 숙제를 주는 데 훨씬 뛰어난 인물이었다. 미드는 알고 있었다. 자신이 사명감을 가지고 인류학자로서의 길에 뛰어들어 사람들의 삶과 인식을 바꾼 것처럼, 이제 그 일을 해야 하는 것은 후세대를 살아가는 젊은이들의 몫이라는 것을. 행동하는 지성, 행동하는 다양한 개인만이 '살 만한 세상'을 꿈꿀 수 있다는 것을.

13.
에드워드
사이드

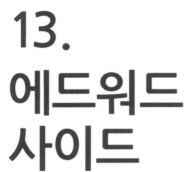

에드워드 사이드(Edward W. Said, 1935~2003, 팔레스타인 출생, 미국 거주)

『오리엔탈리즘』, 아무도 말하지 않은 것을 말하다

Q 나는 어디에 속해 있는가?

0. 들어가며

"지식인들이 정의와 진실을 대변해야 할 책임이 있는가, 거짓말을 해도 되는가.
이렇게 물어야 합니다."

– 1993년 1월 18일, 에드워드 사이드

▌에드워드 사이드

세상은 내가 있기에 존재한다. 내가 '설
정한' 혹은 '알고 있는' 나를 통해 세상을 보
고 판단한다. 그러면 우리는 '나'를 얼마나
알고 있을까? 자신의 정체성이라는 것은
매우 상대적인 것으로, 본질적으로 혹은 절
대적으로 형성될 수 없다. 철학적으로 말하
자면 네가 있기에 내가 있고, 내가 있기에

네가 있는 것이라고나 할까. 따라서 자아 찾기나 정체성의 문제는 단지 사춘기 청소년의 전유물도, 청춘의 어느 한 장일 뿐인 것도, 어른이 되기 위한 통과의례도 아니다. 사람은 그 자신이 사는 세상의 변화와 함께 그리고 관계 맺는 사람들에 따라, 나이가 들어서까지 정체성의 변화를 겪는다.

1967년 6월, 제3차 중동전쟁이 발발했다. 이 전쟁으로 이스라엘과 팔레스타인, 이집트, 시리아, 요르단, 미국 등 많은 국가들 사이의 국제 관계가 재정립되었고 전쟁으로 인한 도덕적·철학적 문제들이 양산되었다. 중동전쟁은 크게는 세계정세의 흐름을 바꾸는 현대사의 중요한 사건 중 하나였지만, 더 자세히 들여다보게 되면 이 전쟁은 국가 간의 문제만이 아니라 이와 관련된 수많은 개인들의 삶도 송두리째 바꾸었다. 이번에 이야기하고자 하는 에드워드 사이드 또한 이 전쟁으로 정체성에 큰 변화를 겪은 인물이다.

사이드가 1967년의 중동전쟁을 미국에서 경험한 지 약 10년 후인 1978년, 그는 『오리엔탈리즘(Orientalism)』을 세상에 내놓는다. 이 저서는 그의 학자 인생의 전환점인 동시에 탈식민주의(post-colonialism) 이론의 전환점이기도 했다. 왜 그리고 어떻게 이 전쟁이 사이드의 인생을 바꾸어 놓은 것일까? 그리고 『오리엔탈리즘』은 그의 삶의 전환점에서 어떠한 의미를 갖고 있을까?

1. '에드워드', '사이드'가 되다

"내 나이 열두 살이던 1948년의 비극은 나와 내 가족에게 여전히 아픔으로 남아 있다. 대부분의 팔레스타인 사람들이 집과 영토를 빼앗기고 내쫓긴 후 오랜 세월 동안 망명자로 살아야 했고, 소멸된 과거와도 단절된 채 살아가고 있다.

나는 이집트에서 보낸 나의 유년 시절과 모국어가 아닌 언어로 말하고 사고를 체

계화하는 법을 배우면서 보냈던 학생 시절, 팔레스타인 망명 1세대로 아랍 세

계 전역에 흩어져서 빌어먹을 법률 때문에 귀화도 할 수 없고 일도 할 수 없고 여

행도 할 수 없고 매달 경찰에 의무적으로 등록과 재등록을 반복해야 하고, 대량

학살의 현장으로 변한 베이루트(레바논의 수도)의 사브라와 샤틸라 같은 끔찍한

캠프에서 살아가던 우리 동포들이 겪어야 했던 것만큼 고통스러웠다고 말하지

는 않겠다. 하지만 나 역시 내 주위의 모든 사람들이 이스라엘의 승리를 축하할

땐 분노의 눈물을 삼켜야 했다."

– 에드워드 사이드, 『도전받는 오리엔탈리즘』 중에서

에드워드 사이드는 1935년 예루살렘에서 태어났다. 이때는 아직 이스라
엘에 의한 팔레스타인의 강제적 점령이 일어나기 전이었다. 사이드의 아버
지는 예루살렘에서 성장한 부유한 사업가로, 미국 군인으로 참전한 경력이
있는 미국 시민권자였다. 게다가 그의 부모님은 모두 기독교도였다. 사이
드는 어린 시절 이집트 카이로에서 성장하면서 아랍어권의 환경과 더불어
영어와 아랍어를 섞어 쓰는 부모님들의 언어 생활 덕분에 두 언어를 모두
익히게 되었다. 하지만 사이드는 어린 시절, 부모님의 복잡한 족보와 나사
렛 출신의 어머니가 왜 한 가지 언어만 사용할 줄 아는 평범한 엄마가 아닌
지에 대해 제대로 이해하지 못했다. 그는 당시 자신이 '순수한 기독교도이
거나 순전한 이슬람교도이거나 순전한 이집트인이면 얼마나 좋을까'라는
절망적인 소망을 품었다고 회고한다. 그의 어린 시절을 강하게 지배한 감
정은 자신이 제자리가 아닌 엉뚱한 장소에 잘못 서 있다는 느낌이었다. 부
모의 복잡한 국가적, 종교적 배경은 사이드라는 한 소년을 아랍 사회에서
그 어느 쪽에도 속할 수 없게 만들었다.

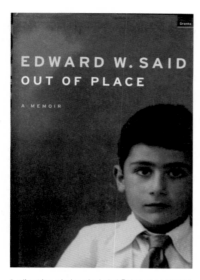

▌ 에드워드 사이드의 자서전 『아웃 오브 플레이스(Out of Place)』의 표지. 유년 시절 사이드의 모습이다. 이 책에서 사이드는 자신의 삶을 담담하지만 묵직한 어조로 전달하고 있다.

사이드의 흥미로운 다층적인 정체성은 그의 이름에도 나타난다. 사이드는 아랍계 성(姓)인 '사이드'에 영어식 이름인 '에드워드'가 짝지어진 자신의 이름에 익숙해지고, 심지어 불쾌감을 덜 느끼는 데 무려 50년의 세월이 걸렸다고 고백한다. 사이드의 어머니는 그가 태어났던 1935년 당시 시대의 총아였던 영국 왕세자(훗날 에드워드 6세)의 이름을 따서 아들의 이름을 지었고, '사이드'는 그의 삼촌이나 사촌들의 이름에서 따 왔다.1 사이드에게 자신의 이름은 문화적 뿌리도 족보도 없는 이상한 이름으로, 자신뿐 아니라 자기의 이름을 들은 다른 사람들까지도 '에드워드 사이드'라는 이름을 의아하게 생각했다.

1948년, 사이드의 고향이자 그의 가족들의 삶의 터전이었던 팔레스타인에 이스라엘이 건국되자 그의 가족은 난민이 되어 모두 이집트의 카이로로 이사했다. 그곳에서 사이드는 영국 정부가 영국인과 혈연관계에 있는 아랍

---

1 아랍식 이름은 이전 조상들(아버지, 할아버지, 증조, 고조 등)의 이름을 뒤에 길게 붙이고 맨 끝에 성의 역할을 하는 부족이나 지역 명을 붙여서 매우 길게 짓는다. 그래서 보통 이름 + 아버지(혹은 남자 친척) 또는 이름 + 아버지 + 할아버지 등으로 줄여서 쓰고, 신분증에도 그렇게 줄인 이름을 쓴다고 한다. 이와 같이 사이드도 에드워드(이름) + 사이드(삼촌이나 사촌에서 따온 것)를 정식 이름으로 쓰는 것이다.

어린이들을 교육하기 위해 세운 빅토리아 칼리지라는 공립 학교에 다니게 된다. 여기서 사이드는 영어가 모국어인 학생이 한 명도 없는 아랍계 학교에서 영어를 써야만 하고 영국식 교육을 강요받는 모순적이고 억압적인 상황에 놓이게 된다. 게다가 팔레스타인 출신에, 이집트에 있는 학교를 다니고, 영어식 이름과 미국 여권을 가지고 있던 소년 사이드는 주변 친구들에게도 그 정체가 매우 애매모호하고 수상쩍기까지 한 인물이었다. 그다지 평화로운 학교 생활을 하지 못하고 문제아로 낙인찍힌 사이드는 결국 1951년 빅토리아 칼리지에서 퇴학당한다. 그의 아버지는 사이드를 미국 매사추세츠에 있는 엄격한 청교도 학교에 입학시켰다. 그곳에서도 사이드는 역시나 이방인이었다. 미국 출신이 아닌 아랍계에, 후천적으로 습득한 영어는 어색했고, 야구와 농구, 축구를 모르고 자란 유일한 학생이었던 것이다. 그곳에서 사이드는 난생 처음으로, 앵글로색슨이 아닌 다른 민족성과 언어를 가졌다는 이유만으로 타인의 적대적인 시선과 태도를 참아내야 했다.

학업 성적이 우수했던 사이드는 교내 1, 2위를 다투었지만 그는 순수한 유럽인이나 미국인이 아니었기 때문에 수석이나 차석 졸업생 명단에서 제외되는 차별을 겪었다. 이는 이성적이고 합리적인 판단이 아닌 '그들'이 가진 일종의 도덕적 가치 판단의 결과였다. 하지만 아이러니하게도 사이드는 자신이 점점 서구화되는 것을 느꼈다.

복잡하고 불분명한 사이드의 문화적 혹은 국가적 정체성은 그가 미국에서 프린스턴 대학을 졸업하고, 서양의 문학과 철학, 클래식 음악에 심취하면서 완전히 미국인으로서 정해진 것처럼 보였다. 게다가 하버드에서 소설가 조지프 콘래드 연구로 박사 학위를 받고 명문 콜롬비아 대학의 비교문학과 교수로 자리 잡은 후부터는 더욱 그러했다. 하지만 이러한 사이드의 정체성은 언제든지 깨질 수 있는 '만들어진' 것이라는 게 1967년 중동전쟁의 발발로 갑작스럽게 드러나게 된다. '이때 중동전쟁이 일어나지 않았다면 과연 『오리엔탈리즘』이 쓰일 수 있었을까?'라는 반문은 역사의 슬픈 아이러니라고 할 수 있다.

이스라엘은 2차 세계 대전 이후 세계 최강대국으로 떠오른 미국의 지지에 힘입어 팔레스타인인들이 살던 지역에 국가의 재건을 선언한다. 생존을 걸고 그에 맞선 팔레스타인 및 아랍권 국가들과 이스라엘 사이의 갈등은 제국주의 시대부터 영국과 같은 유럽 열강들의 개입으로 이미 동등하지 못한 역학 관계에서 시작했으며, 미국의 지원을 받는 이스라엘에 아랍 연합국들이 열세를 면치 못하고 있는 것은 어찌 보면 당연한 결과였다. 그리고 공식적인 제국의 시대는 끝났지만 '제국주의'라는 불합리하고 불평등한 이데올로기는 여전히 국제 관계에서 사라지지 않고 있으며, 서구 세계에서 '동양'으로 인식되는 아랍 문화권의 팔레스타인은 전쟁 유발국이자 테러리스트들의 나라로 인식되기 시작했다. 그리고 이민 2세로서 성공적이고 평온한 삶을 살고 있던 '에드워드'였던 그에게 새삼 쓰인 아랍인의 굴레는 순식간에 그를 다른 사람으로 만들었다. 팔레스타인인 '사이드'에게 가해진 미국 사회의 차별적이고 냉랭한 시선은 사이드의 역사적이고 문화적인 정체성을 다시 만들게 되는 계기가 되었다.

> "영화에서 아랍인들은 아무것도 아닌 일에 목숨을 겁니다. 그러다가 꼭 못된 일을 터뜨리곤 하죠. 여기서(영화 「블랙 선데이」)는 미국 문화의 성지인 슈퍼볼에서 폭탄을 터뜨리려 합니다. 이와 비슷한 부류의 영화들이 있습니다. 테러리스트들은 공교롭게도 다들 엄청나게 무능합니다. 총도 제대로 못 씁니다. 장비를

작동할 줄도 모르고요. 미국인이나 이스라엘인 한 명이 아랍 테러리스트 백 명을 상대합니다. (…) 무슬림과 아랍인 테러리스트들은 대개 이스라엘인이 연기합니다. 꽤 놀라운 일입니다. 그들은 절대로 아랍인 배우를 쓰지 않습니다. 아마도 이런 배역을 연기할 아랍인 배우를 찾지 못했을 겁니다. 이스라엘에는 총에 맞아 죽는 아랍인을 연기할 엑스트라와 대역 배우를 양성하는 산업이 작지만, 번성하고 있습니다. 두세 명의 미국인에 의해 제압되는, 아무것도 제대로 하지 못하는 수백 혹은 수천 명의 아랍인들을 훈련시킵니다.”

– 에드워드 사이드 인터뷰, 대담집 『펜과 칼』 중에서

2. 『오리엔탈리즘』 – 동양과 서양 사이에서

“그러므로 오리엔탈리즘은 유럽과 아시아라고 하는 세계의 두 부분의 차이에 관한 감각을 더욱 경직시키는 방향으로 문화 일반의 압력을 증대시키게 되고, 거꾸로 또한 그러한 문화적인 압력에 의해 오리엔탈리즘은 더욱 강화되어 왔다. 오리엔탈리즘이란 동양이 서양보다 약했기 때문에 동양 위를 억누른, 본질적으로 정치적인 교의이고, 그것은 동양이 갖는 이질성을 그 약함에 관련시켜 무시하고자 하는 것이었다. 이상이 나의 주장의 요점이다.”

– 에드워드 사이드, 『오리엔탈리즘』 중에서

『오리엔탈리즘』은 크게 세 부분으로 나뉜다. 1부는 「오리엔탈리즘의 범위」로 사이드는 이 담론의 광범위하고 무정형적인 범위를 보여 준다. 하지만 오리엔탈리즘의 시작점을 18세기 후반으로 잡고, 동양이라는 타자의 범위를 아랍 세계로 한정한 점은 연구의 한계와 비판의 근거를 제공한다. 2부

▌『오리엔탈리즘』의 표지에 사용된 그림인 프랑스 화가 장 레옹 제롬(Jean Leon Jerome, 1824~1904)의 「뱀
부리는 사람」은 전통 의상을 입은 터키 군인이 할 일 없이 묘기를 구경하고 있는 게으른 모습으로 묘사된
다. 더 나아가 벌거벗은 어린 소년과 가무잡잡한 아랍 남자 사이에는 동성애적 환상이 교묘히 내재되어 있
다. 작품에 나타난 아랍 세계에 대한 이러한 시선은 사이드가 책 속에서 언급한 서양인의 눈에 비친 왜곡
된 동양의 나태함, 수동성, 성적 문란함 등을 고스란히 보여 준다.

▌마리아노 포르투니의 「오달리스크」(1861년). 19세기 이후 서구 미술의 주요 흐름 중 하나였던 오리엔탈
리즘 작품들에는 나체의 여성이 무기력하게 누워 누군가를 기다리는 하렘2의 모습이나 여러 여자들이 벗
고 있는 공중목욕탕, 동방의 노예, 동방에 대한 전쟁의 승리와 같은 왜곡된 동양의 모습들이 그려졌다.

는 「오리엔탈리즘의 구성과 재구성」으로, 사이드는 19세기의 중요한 문헌학자, 역사가, 작가들이 텍스트 안에서 동양을 어떻게 묘사하고 분석했는지를 보여 주면서, 이러한 작업들이 어떻게 동양을 재구성하고 시각화했으며 그것이 결과적으로 식민지 경영에 어떻게 활용되었는지를 분석한다. 3부는 「오늘의 오리엔탈리즘」으로, 영국과 프랑스의 오리엔탈리즘이 어떻게 채택되고 변용되었는지를 분석한다. 그리고 궁극적으로 이것이 현재 미국의 외교 정책에 선명하게 드러난다고 주장하고 있다.

그렇다면 '오리엔탈리즘'이란 과연 무엇일까? 간단히 말하자면 '서양'이 '동양'을 바라보는 시선이자 관점이다. 그리고 이 시선의 흐름은 수평이 아닌 수직적 흐름으로 우월한 서양이 열등한 동양을 바라보는 관점이다. 사이드는 중동전쟁 직후 이러한 과거의 시선을 20세기 미국에서 다시 경험한다. 이스라엘과의 관계로 인해 갑자기 미국의 적이 된 아랍인들은 미국인의 눈에 하루아침에 위험 분자로 낙인 찍혔다. 사이드는 고민하게 된다. 나는 누구인가? 왜 나는 더 이상 훌륭한 미국 시민으로 인식될 수 없는가? 무엇이 이러한 변화를 만들었는가? 그리고 십 년의 학문적 고민 끝에 그러한 인식의 문화적·역사적 메커니즘을 추적한 것이 바로 『오리엔탈리즘』이었다. 이 책은 어린 시절부터 있었던 그의 고민과 성인이 된 이후에도 겪게 된 정체성의 변화에 대한 답을 구하고자 한 여정의 시작이자 종착점이라고 할 수 있다. 이후 그의 모든 논의는 바로 이러한 문제점에서 출발하기 때문이다.

---

2 harem. 이슬람 국가에서 부인들이 거처하는 방. 이곳은 가까운 친척 이외의 일반 남자들의 출입이 금지된 장소이다.

사이드는 이 책을 통해 적어도 18세기부터 시작되어 19세기 유럽 제국주의가 심화되는 과정에서 동양에 대해 연구한다는 것, 즉 동양을 측량하고 분류하며 기록한다는 것 자체가 하나의 권력이고 지배의 상징이라는 것을 보여 주고 있다. 그리고 궁극적으로 권력이 지식 안에서 작동하는 방식을 '오리엔탈리즘'이라는 서양이 동양을 바라보는 시각과 담론의 형성과 재현이라는 측면에서 설명하고자 했다. 이 담론은 문학이나 학문을 통해 실재로는 존재하지 않는 대타적 상상물인 '동양'을 만들어 냈다. 오리엔탈리즘적 시각은 서양을 '남성적, 이성적, 강인함, 능동적'인 것으로, 동양을 '여성적, 감정적, 나약함, 수동적'인 것으로 구분했다. 사이드는 20세기에도 변치 않는 이 담론의 실체를 몸소 체험했으며, 이것은 21세기를 살아가고 있는 우리도 마찬가지다. 특히나 9.11 사태를 겪은 이후에는 말이다.

삼십 대 초반에야 자신의 문화적 기원을 인식한 사이드는 이제 자신의 정체성을 다시 정립했다. 그것은 바로 정체성을 갖지 않는 것이었다. 그는 미국인도 팔레스타인인도 아닌 팔레스타인 출신의 미국 시민권을 가진 망명객이었다. 그는 동양도 서양도 아닌 곳에 자신을 위치시켰다.

3. '에드워드 사이드'로 거듭나다

사이드는 『오리엔탈리즘』의 성공으로 세계적인 명성을 얻어, 탈식민주의 이론의 권위자가 되었지만, 아이러니하게도 그는 권위와는 거리가 먼 사람이었다. 그는 스스로를 불명확한 정체성을 가진 인물로 보았으며, 망명자로서의 자신의 위치와 역할을 더 좋아했다. 권위는 안주와 정착, 확고함에서 나오는 것으로, 이 모든 것과 반대편에 서 있던 사이드에게 권위는 오히려 거추장스러운 짐이었을 것이다. 그는 권위를 지닐 자격을 갖추고 있었지만 그것 또한 만들어진 것일 뿐, 집착하지 않았다.

하지만 그의 불명확함으로 인한 아이러니는 여기서도 나타난다. '불확실한 정체성'을 정체성으로 가진 사이드의 그 비확정성이 오히려 그에게 명성과 권위를 가져다주었기 때문이다. 하지만 동시에 그의 논지에 대한 비판 또한 여기서 나타난다. 왜냐하면 그가 비판하고 있는 세계가 그를 학문의 권위자로 만들어 주었기 때문이다. 예를 들어 그가 하버드 출신이 아니고 컬럼비아 대학 교수가 아니며 영어가 아닌 아랍어로 글을 썼다면 이러한 전 세계적인 명성을 얻을 수 있었을까?

하지만 사이드는 이러한 비판점들까지도 자신만의 강점으로 승화시킨다. 즉, 팔레스타인의 아랍인으로서 문제 핵심의 외부에서 싸우는 것이 아닌, 미국의 팔레스타인인으로서 내부에서 핵심을 건드리는 위치에 있는 것이 바로 자신이라는 것이다. 이것은 '에드워드'도 '사이드'도 할 수 없는 '에드워드 사이드'만이 할 수 있는 작업이라는 뜻이다. 이에 대해 사이드 연구의 권위자인 빌 애쉬크로프트와 팔 알루와리아는 다음과 같이 분석한다.

> "이 팔레스타인 출신 '희생자'는, 그러나 제국의 중심부에서 추앙받는 탁월한 지식인으로 살아가며, 탈식민적인 문화적 정체성을 복합적으로 만드는 혼종성과 발전, 의지의 역설 자체를 자신의 세계성 안에 구현했다."
> – 빌 애쉬크로프트, 팔 알루와리아, 『다시 에드워드 사이드를 위하여』 중에서

사이드는 팔레스타인 출신으로 이스라엘의 팔레스타인 점령과 중동전쟁의 결과에 분노했지만 민족주의자는 아니었다. 그는 자신을 끊임없이 경계에 서 있는 자로, 정해진 위치가 없는 망명객으로서의 위치를 유지했다. 미국과 이스라엘에 의해 침묵당한 팔레스타인인 본인들의 말할 권리를 주장하면서도 어떠한 정치적 노선도 따르지 않음으로써 서구와 아랍 세계 양쪽에서 확고한 정치적 입지를 갖지 않고 여전히 '불명확한 정체성'을 정체성으로 가진 인물이었다. 사이드가 원한 것은 소통과 연결 그리고 평화였다. 그는 민족과 나라를 가르는 어느 쪽의 민족주의도 편들지 않았으며, 팔레스타인의 정부 기구라 할지라도 무능이나 부패, 정치적 안이함에 대해서는 끊임없이 비판을 가했다. 그의 책이 한때 팔레스타인에서 금서였던 것을 상기해 보면 그는 누구도 말하고 싶어 하지 않는 것 그리고 듣고 싶어 하지 않는 것을 말하는 이 시대의 진정한 행동하는 지식인이었다는 것을 알 수 있다.

▌이스라엘 초소에 돌을 던지는 에드워드 사이드. 당시 사이드의 이 행위는 이스라엘은 물론 아랍권 일부에서도 많은 비판을 받았고, 학계에서도 사이드의 사후 처분에 대해 많은 논란이 있었다.

2000년의 사건은 이러한 사이드의 면면을 단적으로 보여 준다. 2000년 레바논을 여행하던 중 사이드는 레바논 남부를 무력 지배하고 있는 이스라엘에 대한 항의

의 표시로 이스라엘 초소를 향해 돌을 던졌다. 이러한 직접적이고도 폭력적일 수 있는 행위는 학계에 논란을 불러일으켰지만, 그가 몸담고 있던 컬럼비아 대학은 결국 사이드에게 어떠한 징계도 내리지 않았다. 비록 작은 돌팔매질이었고, 문제에 대해 아무런 해결책도 제시하지 못했지만 그의 작은 돌은 그의 펜만큼이나 강한 여운을 남기며 지식인의 역할에 대해 다시 생각해 보는 기회를 주었다.

4. 끝나지 않은 오리엔탈리즘

1978년에 출간된 에드워드 사이드의 『오리엔탈리즘』은 그야말로 학계에 엄청난 파장을 불러일으키며 이제는 명실 공히 '고전'의 반열에 올랐다. 사이드가 제기한 서양이 동양을 바라보는 왜곡된 시선이라는 'orientalism (오리엔탈리즘)'이라는 단어의 부정적 함축성은 기존 학문 분야의 명칭으로 사용된 'oriental studies(동양학)'나 그것을 연구하는 학자를 가리키는 'orientalist(동양학자)'라는 단어들에 새로운 의미를 부여함으로써 서구의 오리엔탈리스트들, 즉 동방을 연구하는 전문가들인 동양학자들의 심기를 불편하게 만들었다. 심지어 'oriental(오리엔탈)'이라는 단어를 포함한 미국의 학과들은 과의 이름을 바꾸는 것에 대해 심각하게 고민해야 했다.

우리는 흔히 탈식민주의 비평의 3대 이론가를 꼽을 때, 사이드와 호미 바바(Homi Jehangir Bhabha), 가야트리 스피박(Gayatri Chakravorty Spivak)을 든다. 하지만 이들 중에서도 역시 독보적인 위치를 차지하는 것은 사이드라고 할 수 있다. 포스트식민주의 비평의 역사는 사이드 이전과 이후로 분리해도

▎ 샌프란시스코 주립대학의 학생회관에 설치된 에드워드 사이드의 삶과 업적에 경의를 표하기 위해 만든
벽화. 이 대학의 팔레스타인 학생들과 그들이 운영하는 커뮤니티, 그리고 이들의 지지자들의 노력과 후원
끝에 팔레스타인 문화와 사이드의 업적을 조화롭게 배치시킨 이 벽화가 탄생했다. 이 벽화의 완성과 설치
에 이르기까지 인종 차별주의적 시온주의자3들의 반대가 학교 안팎에서 크게 일어나 작업에 걸림돌이 되
었다. 하지만 수많은 사람들의 노력으로 2007년 11월 2일, 수백 명이 참석한 가운데 무사히 첫 공개 행사
가 치러졌다. 이 벽화는 팔레스타인 사회의 다양한 모습들과 사이드의 삶을 상징하는 열일곱 개의 이미지
들을 담고 있다.

부족함이 없다. 사실 탈식민주의 비평의 역사가 사이드로부터 시작된 것은
결코 아니다. 그 이전에도 수많은 학자들이 이 분야에 중요한 업적을 쌓아
왔다. 하지만 탈식민주의 이론이라는 것이 비교문학 분야를 넘어 이토록 광
범위하게 다양한 학문 분야에서 연구되는 것은 사이드의 『오리엔탈리즘』이
갖는 파급력과 이후의 학문적 논의의 확장성에서 찾아볼 수 있다. 그리고 '에
드워드 사이드'라는 지성인의 명성과 '오리엔탈리즘'이라는 단어의 (무)의식
적인 대중적 소비의 현상까지 본다면 그 학문적, 문화적 영향력은 어마어마

---

3 zionist. 팔레스타인에 유대인 국가를 세우고자 하는 운동인 시온주의를 지지하는 유대인들을
일컬음.

하다고 할 수 있다. 많은 비평가들이 사이드의 논의를 비판하고 틈새를 공략해 왔지만 그 누구도 사이드의 『오리엔탈리즘』 그 자체를 무시하거나 폐기하지 못했으며 앞으로도 그럴 것이다.

사이드는 그야말로 학자이자 글쟁이였지만 동시에 그의 학문적 문제의식을 자신이 사는 현실의 문제와 끊임없이 연관시켰다. 불합리한 차별과 폭력, 강제적인 권력 행사와 그것을 통한 지배적 담론 체제의 형성을 날카롭게 비판하였고, 그로 인해 신변의 위협까지 느꼈던 현실 참여적인 지식인이었다. 그렇기에 그의 오리엔탈리즘은 아직도 진행 중이며 진화하고 있다. 그의 문제의식은 필연적으로 현재 진행형인 중동 문제를 비롯하여 이 세상의 모든 차별과 구별 짓기 문제와 마주치기 때문이다.

나와 다른 것에 대한 인간의 원천적 불안감이나 배타성은 서구 제국주의를 만나 더 강력하고 억압적이며 인종적인 위계질서로 나타났다. 하지만 이것이 비단 서구만의 문제일까? 낯선 사람, 즉 타자에 대한 두려움은 당연한 것일 수 있지만, 경멸과 차별은 또 다른 문제이며 극복해야 할 우리의 과제이다. 왜냐하면 그러한 제국의 논리가 일제 강점기를 경험하기까지 한 우리의 내면에 고스란히 투영되고 있기 때문이다. 사회적 약자와 외국인 노동자 그리고 다문화 가정 문제가 큰 사회적 이슈로 대두되어 인간의 평등성과 존엄성에 대해 다시금 생각해야 하는 우리의 현실을 되돌아보자. 사이드의 문제의식은 우리 안에서부터 다시 풀어 나가야 할 것이다. 그렇기에 『오리엔탈리즘』은 책장 속의 고전이 아닌 시대를 초월한 '화제의 신간'이라 할 수 있지 않을까?

"다시 찾을 수 있다는 일말의 희망도 없이 조국을 잃었다. 아무리 내가 새로운 정원을 가꾸거나 몸을 담을 만한 다른 공동체를 찾는다 해도 큰 위안을 받을 수는 없다. (…) 솔직히, 나는 정복한 것보다는 패배한 것이 낫고, 영구적 소유의 독점적 고형성보다는 임시성과 불확정성의 느낌이 좋다."

– 에드워드 사이드, 『도전받는 오리엔탈리즘』 중에서

14.
크레이그
벤터

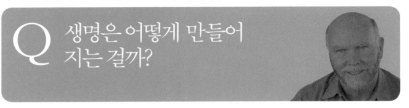

크레이그 벤터(Craig Venter, 1946 ~ , 미국)

인간 게놈 지도의 완성, 생명공학의 새 시대를 열다

Q 생명은 어떻게 만들어
지는 걸까?

0. 들어가며

▌크레이그 벤터

19세기 이래 유전학과 생명공학의 역사를 바꾼 몇 번의 결정적인 발견들이 있었다. 1859년 찰스 다윈의 『종의 기원』 발표, 1856년 그레고어 멘델의 유전 법칙의 발견(다윈의 발견보다 앞섰지만, 발표 당시에는 별로 관심을 받지 못하다가 20세기가 되어서야 중요성을 인정받았다), 그리고 1953년 프랜시스 크릭과 제임스 왓슨의 DNA 분자의 이중나선 구조 발견까지. 과학자들은 생명의 기원과 진화 그리고 그 원인과 과정에 대한 비밀을 풀기 위해 부단한 노력을 해 왔다. 이러한 발견들을 바탕으로 생명과학과 의학은 지난 1세기 동안 눈부신 발전을 해 왔다. 불과 1백 년 전에는 이유를 알 수 없어 수천, 수만 명의 사람들을 죽게 만든 여러 질병들이 정복되었고, 과학 기술의 발달로 인간의 몸을 해부하지 않아도 속을 들여다 볼 수 있게 되었다. 심지어 사람의 눈으로는 확인할 수 없는 나노 단위의 작은 분자까지도 현미경을 통해 볼 수 있는 시대가 되었다.

20세기 후반에 들어서는 유전자 구조가 확인되고 그 역할에 대한 비밀이 풀리기 시작하면서 생명공학과 의학에 엄청난 변화를 가져다줄 것으로 기대되고 있으며, 유전자와 관련된 연구가 전 세계적으로 활발하게 이루어지고 있다. 소위 '분자생물학'이라고 하는 분야는 우리나라는 물론 많은 국가들이 차세대 연구 산업으로 선정해 우위를 점하기 위한 국가 간 경쟁이 치열하다. 하지만 여전히 질병과 사람의 생명에 대한 풀리지 않는 의문들이 산적해 있다. 여전히 수많은 불치병이 존재하며, 사람은 어떻게 만들어지고 죽는지에 대한 구체적인 문제들이 풀리지 않았다.

2000년, 이러한 생명공학 분야의 연구 경쟁에 결정적인 영향을 주는 발견이 공표된다. 미국에서 인간 유전체의 전체 서열이 해독되었다고 발표된 것이다. 32억 개에 달하는 인간 유전체의 염기 정보가 해독된 이 발견의 중요성은 마치 눈과 손으로만 어림짐작으로 몸 내부를 진찰하다가, 엑스레이(X-Ray)나 MRI(자기공명영상) 기술이 생겨 몸속을 정확히 살펴볼 수 있게 된 것과 같이 획기적인 것이었다. 약 반세기 전, 크릭과 왓슨의 발견으로 DNA의 이중 나선 구조는 밝혀졌지만, 그 구조를 이루고 있는 인간의 유전 정보, 즉 염기서열이 완전히 해독되지 않았기 때문에 인간의 몸에 생기는 질병이나 장애와 같은 현상의 유전적 원인과 정보를 파악하지 못하고 있었다. 하지만 인간 유전자의 완전한 해독으로 인간은 생명의 비밀에 한 발 더 다가가게 된 것이다.

그리고 이러한 획기적인 발견을 최소 3~5년 더 앞당긴 인물이 있었으니, 그가 바로 이번 이야기의 주인공 크레이그 벤터다. 그의 질문은 간단하지만 가장 난해하고 근원적인 것이었다. 생명은 어떻게 만들어지는 걸까? 왜 어떤 사람은 병에 걸려도 살아나고 어떤 사람은 쉽게 죽는 것일까? 과연 생명이란 무엇일까?

생명과 죽음에 대한 경외심과 호기심, 그것이 역사에 남을 위대한 과학자를 만든 시작점이었다.

1. 베트남 전쟁, 생명을 다시 생각하다

많은 역사 속 훌륭한 인물들의 어린 시절을 보면 크게 세 가지 타입으로 나눌 수 있다. 첫째, 천재처럼 원래 똑똑하거나 어렸을 때부터 우수했던 경우. 둘째, 공부를 못했거나 문제아였던 경우. 셋째, 지극히 평범했던 경우. 벤터는 이 세 가지 면을 조금씩 가지고 있는 특이한 인물이다. 그는 지능 지수(IQ)가 142일 정도로 머리가 좋았으나 공부에 관심이 없었고, 고등학교를 중퇴했다. 그렇다고 엄청난 문제아는 아니었고, 여자와 서핑을 좋아하는 평범한 남학생이었다. 그런 그가 어떻게 생명공학의 한 획을 긋는 업적을 이루게 되었을까? 스스로가 밝혔듯이 그의 인생의 전환점은 바로 베트남 전쟁 참전이었다.

1964년 미국은 베트남 전쟁이 한창이던 시절로, 지금과 달리 징병제를 실시하고 있었기 때문에 18세의 벤터에게도 영장이 날아왔다. 수영 실력이 뛰어났던 그는 해군에 입대했다. 벤터는 어쩔 수 없는 입대였고 전쟁에도 반대했지만, 나라를 위해 봉사하고는 싶었다고 훗날 이야기했다. 그리고 다음해 베트남전에 필요한 미군의 수가 급격히 늘어나 결국 참전 군인으로 뽑히게 되었다. 그나마 다행이었던 것은 지능 지수 검사에서 높은 점수(142는 이때 받은 점수였다)를 받았기 때문에 원하는 보직을 고를 수 있었고, 빨리 돌아가고 싶은 마음에 복무 기간이 연장되지 않는 의무병에 지원했다. 벤터는 자신의 자서전에서 다음과 같이 회상한다. "의무병의 복무 기간을 늘이지 않는 것은 사망률이 높기 때문이었다. 하지만 당시에는 아무도 내게 그런 사실을 알려 주지 않았다." 당연한 이야기지만 부상병 치료 때문에 의무병은 대개 전장에서 복무했고, 죽는 일이 부지기수였다. 파견되기 전 짧은 병원 수련과 군사 훈련을 받고 1967년 8월, 벤터는 드디어 베트남에 파견된다.

중환자 병동의 선임 의무병으로 근무하게 된 벤터는 전쟁의 한복판에서 끔찍한 부상자들과 매일 죽어 나가는 시체들을 경험하게 된다.

> "환자들이 검사받는 장면은 아주 끔찍했다. 사지를 절단한 환자도 흔했다. 지뢰의 희생자였다. (…) 그들은 대부분 자신에게 어떤 일이 벌어졌는지 똑똑히 알고 있었다. 두 다리와 두 팔이 사라졌다는 사실을 깨달은 순간 고통과 두려움에 비명을 지르는 이들도 많았다. 뇌 수술 환자, 이른바 '식물인간'은 자신이 누구인지 무엇을 잃었는지 알지 못했다. 두 끔찍한 극단 사이에는 가슴과 배에 부상을 입은 환자들이 있었다."
>
> — 크레이그 벤터, 자서전 『게놈의 기적』 중에서

벤터는 또한 다양한 죽음들과 환자들을 경험하면서 생명의 덧없음과 위대함을 동시에 느끼게 되었다. 예를 들어 겉으로 보기에 큰 부상이 없어 당연히 살 거라고 생각했던 젊은 군인이 머리의 미세한 상처로 죽는 것을 보고, 뇌의 1퍼센트도 되지 않는 부분만 손상되었을 뿐 멀쩡한 심장을 가진 그 사람이 어떻게 죽게 됐는지 그는 이해할 수 없었다. 반대로 장기가 모조리 찢어지고 구멍이 난 병사는 엄청난 통증을 참아 내야 했지만 수술을 받고 살아났다. 어떤 환자는 가망 없는 큰 부상을 입고도 삶의 의지가 강한 반면, 어떤 환자는 회복 가능성이 큰데도 죽음을 기다리고 있었다. 이 모든 경험들은 벤터가 생명에 대한 호기심과 경외심을 갖는 데 중요한 계기가 되었다.

얼마 후 벤터는 의무병으로서 환자 치료를 돕는 과정에서 상관과 문제를 일으켜 보직 해임되었다. 하지만 그를 맘에 들어 한 한 의사 장교가 진료소 의무병으로 그를 데려왔다. 로널드 네이덜이라는 이 의사는 벤터를 데리고 있으면서 많은 것을 가르쳤다. 심지어 벤터는 간단한 수술까지 하기도 했다. 이곳에서 그는 다양한 전염병과 질병을 가진 수백 명의 환자들을 매일같이 진료했고, 일주일에 한 번은 베트남 고아원들을 방문해 진료했다. 벤터는 이 고아원에서 의술을 펼치던 시절이 베트남 복무 기간 중 가장 빛났던 시절이었다고 회상한다. 그리고 죽음과 고통이 일상이 된 환경에서 자신이 가진 지식(심지어 생명과 관련된)으로 남을 돕는 기쁨과 보람을 느끼면서 자신이 앞으로 가야 할 길을 정하게 되었다. 바로 의사였다. 그는 이때 미국으로 돌아가면 의대에 들어가 가난한 나라에서 의술을 펼치고 싶다는 생각을 하게 되었다. 하지만 난제가 산적해 있었다. 우선 여기서 살아남는 것이 최우선 과제였다. 게다가 살아 돌아간다 해도 저조한 성적으로 겨우 고등학교 졸업장을 딴 그에게 의대에 가기 위한 명문대 입학은 불가능했다.[1]

---

1 미국에서는 우리나라와 달리 고등학교 졸업 후, 의과대학에 바로 입학할 수 없다. 다른 전공으로 대학을 졸업한 후 의대에 진학해야 한다.

하지만 그는 살아남았고, 새로운 인생을 시작한다. 놀기 좋아하고 공부를 싫어했던 그가 전쟁의 참상을 경험하고 자신이 하고 싶은 일과 해야만 할 일에 눈을 뜬 것이다. 생사의 경계에서 삶의 이중성을 본 그에게 의대 입학을 위한 어려움은 큰 장애물이 아니었을 것이다. 베트남에서 돌아와 전문대학을 졸업한 그는 캘리포니아 대학에 편입했다. 그리고 그가 학사 학위부터 박사 학위까지 취득한 데 걸린 시간은 단 5년이었다. 그 사이 벤터는 의과대학에 들어가기 위해 부단히 노력했지만, 그는 결국 자신의 적성이 임상보다 연구에 있다는 것을 깨달았다. 박사 학위를 받은 후, 그는 버펄로에 있는 뉴욕주립대학 의학부의 최연소 교수로 임용되었다. 바다에서 수영과 서핑을 즐기던 한량, 학창 시절 제대로 공부하지 않아 영어 철자법도 다시 배워야 할 정도였던 벤터는 이렇게 과학계의 신성이 될 준비를 마쳤다.

벤터는 1984년에는 뉴욕주립대를 떠나 더 좋은 조건을 제시한 국립보건원에서 신경 및 뇌졸중 분야의 연구자로 새 둥지를 차린다. 그의 뛰어난 연구 실적과 실력을 높이 평가한 국립보건원이 그를 스카우트한 것이었다. 이곳은 미국 의학 연구의 정상을 차지하고 있는 곳으로, 이곳에서의 일은 그의 삶과 연구 방향을 송두리째 바꾸는 계기가 되었다. 그의 인간 DNA 해독 작업이 이곳에서 시작되었기 때문이다. 그는 생명에 관한 자신의 의문에 대한 해답의 실마리를 과학의 최첨단 분야에서 찾고자 했다.

2. 벤터와 셀레라 지노믹스 – "속도야말로 중요한 것이다. 발견은 기다리지 않는다."

"적당한 효소를 이용해 큰 분자를 잘게 쪼개다. 그 다음, 이들을 다시 분리해

염기서열을 알아냈다. 결과를 충분히 얻은 후, 전체 염기서열을 얻기 위해 이들을 공제(deduction) 과정을 통해 끼워 맞췄다. 이 방법은 느리고 지루할 수밖에 없었다. 소화와 분획(fractionation)을 끊임없이 되풀이하기도 했다. 커다란 DNA 분자에 이 방법을 적용하는 것은 쉬운 일이 아니었다. (…) 유전 물질의 염기서열을 밝혀내려면 새로운 방법이 필요할 것 같았다."

— 프레더릭 생어(Frederick Sanger), 노벨상 수상(1980년) 연설 중에서

DNA 분자는 염기쌍 간의 상보(相補)적인 결합을 통해 이어져 있는 나선형 사슬로 이루어져 있다. 이 DNA가 가진 유전 정보는 아데닌(A), 티민(T), 구아닌(G), 시토닌(C)이라는 네 가지 염기로 이루어져 있어서, 유전 정보는 이 ATGC라는 네 개의 기호로 기록되어 있다. 우리 몸속의 세포는 DNA의 이 선형 메시지를 전사하여 RNA 텍스트로 편집하고, 이를 가지고 3차원의 단백질 분자를 형성한다. 이 분자들이 세포를 이루는데, 이 세포가 우리 몸을 구성하는 가장 기본적인 단위라고 할 수 있다. 따라서 우리의 몸을 이루는 세포를 만들어 내는 기본 정보인 유전 정보를 읽어 내는 일은 유전학자들과 의사들이 맞닥뜨리고 있는 많은 문제들을 해결해 줄 수 있는 중요한 열쇠였다.

사실 지금이야 인간 유전체 연구가 생명의 비밀을 풀고 온갖 질병을 치유할 수 있는 '만능열쇠'로 인식되어 생명공학 연구의 주류를 이루고 있지만, 1980년대 초만 해

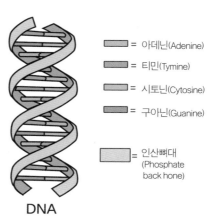

= 아데닌(Adenine)

= 티민(Tymine)

= 시토닌(Cytosine)

= 구아닌(Guanine)

= 인산뼈대 (Phosphate back hone)

DNA

▌DNA의 이중나선 구조와 유전 정보인 네 가지 염기서열의 관계를 보여 주는 그림

도 그런 분위기가 형성되지 않았다. 물론 이 연구의 중요성을 인식하고는 있었으나, 이 연구가 얼마나 유효한 결과를 얻어 낼지도 의문이었고, 당면한 다른 중요한 연구(당장 결과를 낼 수 있는 연구라는 의미이기도 하다)를 제쳐 두고 막대한 비용이 드는 이 연구에 투자하기를 망설이는 분위기였다. 당시 최고의 연구소에서도 하루에 확인할 수 있는 DNA의 염기서열이 5백 개를 넘지 못했다. 따라서 엄청난 기술의 진보 없이는 30억 개의 인간 유전체 염기서열을 해독하기 위해서는 1백 곳의 연구소가 6백 년간 작업해야 한다는 계산이 나온다. 하지만 선구적 과학자들의 연구 열정 덕분에 80년대 중반이 넘어가면서 미국 내 유전체 연구 계획이 서서히 가시화되기 시작했다.

1987년, 드디어 미국 에너지부 산하의 한 연구소가 정부로부터 인간 유전체 산업에 대한 자금 530만 달러를 지원받게 된다. 같은 해 벤터가 일하고 있던 국립보건원도 첨단 연구에 뒤처지지 않기 위해 이 사업에 자금을 지원했고, 미 의회는 두 기구가 협의를 통해 연구 작업을 통합하도록 의결했다. 그리고 이 국가 프로젝트의 총책임자로는 DNA 이중나선 구조 발견으로 노벨상을 수상한 학계의 거물 제임스 왓슨이 선정되었다. 이 프로젝트는 국제적 협력 사업으로 확장되어 1990년부터는 여섯 개 국가의 20개 연구소에서 2천 명 이상의 과학자들이 연구에 참여했다. 이 연구 집단의 계획은 15년 내에, 즉 늦어도 2005년까지 인간 유전체 전체를 해독하고 염기서열을 확인하는 것이었다.

벤터도 이 프로젝트에 뛰어들어 작업을 시작하게 되는데, 그 과정은 초반부터 순탄치 못했다. 유전체 해독 방식에 있어 학계의 거두(巨頭) 왓슨 박사와 젊은 벤터가 정반대의 방식을 내세웠기 때문이었다. 우선 왓슨을 필두로 한 대부분의 유전학자들이 동의한 방식은 인간의 23개 염색체의 물리

지도2와 연쇄지도3를 만드는 것으로, 이 방식은 작업이 완료되면 유전자의 위치뿐 아니라 잘하면 그 기능까지 알 수 있는 방식이었다. 하지만 이 방법은 너무 많은 시간이 소요되었다. 이 방식은 큰 그림에서부터 작은 것을 찾아가는 일종의 하향식이었다.

하지만 벤터에게 이 방식은 속 터지게 느린 방식이었다. 그는 다른 길을 생각했다.

> "(예를 들어) 사람의 뇌에서 분리한 연약한 mRNA를 cDNA로 만들어 여기에서 연쇄를 얻었다면, 이는 이 연쇄가 발현된 실제 유전자의 일부이며, 이 유전자가 뇌 기능에 필수적이라는 결론을 내릴 수 있다. 반면 게놈에서 얻은 연쇄를 비교해 봐야 알 수 있는 건 거의 없다. 무작위로 선택한 cDNA 클론 1천 개를 분석하는 쪽으로 방향을 튼다면, 기존 게놈 분석 방법에서 유전자를 한 개 발견할 때마다 나는 수백 개씩 발견할 수도 있는 것이다. 흥분을 참을 수 없었다. 얼른 돌아가 내 아이디어를 실험으로 확인하고 싶었다."
>
> – 크레이그 벤터, 자서전 『게놈의 기적』 중에서

자동화된 유전자 서열 분석기를 이용해 지도화되지 않은 유전자 서열들을 대량으로 뽑아내는 것이었다. 왓슨과는 반대인 상향식이다. 일명 조직별 발현유전자(Expressed sequence tag), 즉 EST 방식에 대해 왓슨은 즉각 비판했다. 그는 기계를 돌리는 것은 원숭이도 할 수 있으며, 전체 맥락과 상관없이 잘게 부서뜨려 생산해 낸 유전자 서열들은 무의미하다고 주장했다.

---

2 유전자의 위치를 실제 DNA의 염기배열의 수로 나타낸 것
3 각 유전자의 위치 관계를 상대적으로 나타낸 것

▌ 1956년에 DNA의 이중나선 구조 발견으로 노벨상을 수상하고, 1990년대에는 인간 게놈 프로젝트를 이끈 제임스 왓슨. 게놈 프로젝트 수행 과정에서 분석 방식과 유전 정보에 대한 가치관의 차이로 크레이그 벤터와의 사이가 크게 악화되어 결국 둘 다 연구소에서 물러났다. 벤터와는 현재까지도 관계가 좋지 않다.

또 다른 문제는 유전 정보의 특허권에 관한 것이었다. 인간의 유전 정보를 공개하여 자유롭게 이용하게 할 것인가, 아니면 특허를 내서 영리를 추구할 것인가에 대한 논란은 연구 초반부터 불거졌다. 그러던 중 1991년, 국립보건원은 벤터가 추출한 1천 개 이상의 유전자 절편에 대해 특허를 냈다. 왓슨은 상원 청문회에서 아직 특정 기능이 밝혀지지 않은 유전자 서열을 특허 출원하는 것의 비윤리성을 강하게 비난했고, 벤터가 채택한 상향식 EST 연구 방법도 비판했다. 그는 유전 정보 특허 출원을 용납할 수 없었고, 벤터의 분석 방식에 자금을 대는 것에도 반대했다. 결국 연구 방식의 차이와 특허권 논쟁에 따라 연구소가 분열되자 1992년 왓슨은 이 프로젝트의 총책임자 자리에서 물러났다.

한편 벤터의 연구팀은 그의 EST 방식으로 인간의 조직별 발현 유전자를 1천 개 단위로 쏟아 냈다. 게다가 이 작업은 왓슨이 주장한 대로 아주 의미가 없는 것도 아니었다. 얼마 지나지 않아 매사추세츠종합병원의 연구자들이 벤터의 유전자들 중 알츠하이머병의 주요 유전자를 찾아냈고, 이를 계기로 점점 많은 연구자들이 벤터의 자료를 잠깐만 참조해도 자신들이 몇 개월, 길게는 몇 년이 걸렸을지도 모르는 유전자들을 쉽게 찾을 수 있다는 것을 깨닫게 되었다. 벤터는 또한 존스홉킨스에 있는 노벨상 수상자인 해밀턴 스미스와 공동 연구를 진행하여 헤모필루스 인플루엔자4의 유전체 서열을 완전히 해독함으로써 바이러스가 아닌 살아 있는 생물의 유전체 서열을 최초로 확인하게 된다. 이는 엄청난 성과로, 벤터의 상향식 무작위 배열법이 인간 게놈 해독 작업에 유효하다는 것이 증명된 것이었다.

하지만 그렇다고 해서 벤터가 맘 편히 연구소에 있었던 것은 아니었다. 벤터는 왓슨의 발언에 의해 상원에서 공개적인 모욕과 비난을 받았다. 또한 국립보건원의 제한된 연구 환경과 자금으로는 벤터가 원하는 연구를 마음껏 할 수 없었다. 결국 벤터는 인간 게놈 지도 완성이라는 자신의 길을 가기 위해 국제 공조 프로젝트를 진행하고 있던 국립보건원을 나오게 된다.

이제 벤터는 자신과 뜻이 맞는 인재들을 모아 새로운 연구 조직을 만들고 몇몇 벤처 기업으로부터 투자를 받아 새로운 회사를 세운다. 이 회사가 바로 과학사에 한 획을 그은 셀레라 지노믹스(Celara Genomics)다. 1998년 5월 10일, 「뉴욕타임스」에 다음과 같은 기사가 실린다. "유전자 염기서열 분석의 선구자와 민간 기업이 3년 안에 인간의 전체 DNA, 즉 게놈을 해독하려는 목표로 손을 잡았다. 이것은 연방 정부의 계획보다 훨씬 빠르고 비용도 적게 드는 것이다." 벤터는 자신의 방식으로 원래 계획했던 것보다 4년

---

4 Hemophilus influenzae. 귀 염증, 기관지염, 수막염, 소아 폐렴을 일으키는 미생물.

앞서 2001년에 게놈 지도를 완성시킬 계획이었다. 벤터가 지은 새 회사명 '셀레라'는 '빠르다'를 뜻하는 라틴어 'celer'에서 나온 것으로, 이것만 봐도 벤터가 이 프로젝트에 갖는 열정과 목표를 알 수 있다. "속도야 말로 중요한 것이다. 발견은 기다리지 않는다." 그의 회사 모토였다.

이제 거대한 정부 산하 연구 기관과 작은 벤처 기업인 벤터의 셀레라 지노믹스 간의 게놈 지도 완성을 향한 속도 전쟁이 시작되었다.

3. 게놈 지도의 완성, 생명공학의 혁명이 시작되다

벤터는 자신이 발견한 유전 정보의 데이터베이스를 세 달마다 공개하기로 했고, 단 몇 백 개의 인간 유전자만 특허를 내겠다고 약속했다. 학자와 투자를 받는 기업가 사이에 있는 자신의 위치에 대한 고심 끝에 내놓은 절충안이었다. 물론 이러한 그의 제안은 돈을 투자했거나 혹은 돈을 내고 셀레라의 데이터베이스를 이용하는 회사들에게도 독점적 이용에 대한 제한에 불만을 가져왔고, 왓슨을 필두로 한 그의 반대자들로부터는 인류의 공공 재산과 마찬가지인 유전 정보를 사유화하고 돈 버는 도구로 이용한다는 비난을 받았다.

하지만 결과적으로 벤터의 방식은 그동안 느리게 나만의 길을 가고 있던 정부 연구소들을 어쩔 수 없이 속도 경쟁에 뛰어들게 했고, 그 결과 인류의 생명과 건강에 직결되는 대발견이 그만큼 앞당겨질 수 있었다. 세계에서 가장 돈이 많은 의학 지원 재단인 웰컴트러스트는 국제 연구단의 지원금을 두 배로 올리면서, 유전자 특허 출원에 대한 반대 의사를 분명히 했다. 미국의 국립보건원도 자국의 지원금을 늘리면서 속도 경쟁에 박차를 가했다.

▎한 행사장에서 질문에 답변하고 있는 크레이그 벤터

아이러니한 것은 벤터의 정반대 노선에 있는 정부 측 연구 기관도 속도를 높이기 위해 벤터가 도입한 헝카필러의 최신 서열분석기를 이용했다는 것이다. 벤터는 이 기계를 2백 대 이상 돌리고 있었는데, 한 대가 하루에 1백만 개의 염기를 쏟아냈고, 그만큼 사람의 노동력도 덜게 되었다.

두 집단의 경쟁적 연구로 연구 성과는 하루가 다르게 쌓여 갔다. 이제 끝이 보이고 있었다. 하지만 경쟁이 과열되고 상대방에 대한 불신과 불만이 점점 커지자 이 상황을 정리하기 위해 2000년 6월 26일, 백악관 회합을 열어 두 집단의 화합을 유도했다. 벤터와 왓슨의 뒤를 이어 유전체 연구단의 책임자가 된 콜린스는 이 날 기자들과 과학자들 앞에서 경쟁은 무승부이며, 정보를 서로 공유하겠다고 선언하게 된다. 사실상의 인간 게놈 해독 작업의 완성을 고한 날이었다. 이 날 백악관 연설에서 벤터는 다음과 같이 말했다. "2000년 6월 26일 오늘은 10만 년 인류사에서 역사적인 순간입니다. 우리는 오늘, 처음으로 인간이라는 종이 자신의 유전 부호를 이루고 있는 화학적 문자를 읽을 수 있게 되었음을 선언합니다." 그에게, 그리고 모든 과학자들에게 이 날은 과학과 의학의 새로운 출발점이었다.

이 프로젝트는 유전체를 구성하는 약 32억 개의 염기를 일곱 차례 해독했고, 3만 8천 개의 인간 유전자를 확인했다. 셀레라사의 슈퍼컴퓨터는 염기 조립을 위해 역사상 가장 큰 규모의 계산을 수행하며 수백만 개의 유전자 절편을 분석했다. 32억 개에 달하는 인간 유전체의 염기 정보를 모두 기록하려면 3백 쪽짜리 책이 5천 권 필요하다고 한다. 이 업적의 중요성과 위대함은 다음과 같은 벤터의 말에서 단적으로 찾을 수 있다.

> "내가 이 일을 시작할 무렵엔 단백질 한 개나 유전자 한 개를 찾기 위해 10년 동안 노력해야 했습니다. 하지만 지금은 학생들도 컴퓨터만 있으면 쉽게 찾아냅니다. 그리고 우리가 최근에 발표한 논문을 참조할 수도 있습니다. 사람들은 혁명이 일어났다는 사실조차 눈치채지 못했지만, 이는 정말 혁명에 비유할 수 있는 대단한 일입니다. 발현유전자 단편 기술(EST)과 함께 시작된 게놈학이 과학의 전체 패러다임을 변화시켰습니다. 하지만 그 변화가 워낙 실시간으로 일어나고 있기 때문에 대부분의 사람들이 그 변화를 눈치챌 사이도 없이 지나가 버리는 겁니다. 역사가들도 시간이 지난 후에야 그 변화를 인지하게 되겠죠."

하지만 그에게 이것은 끝이 아니었다. 게놈 지도의 완성은 단지 더 중요한 과학적 발견을 앞당길 정보의 역할을 할 것이다. 그리고 그것을 앞당기고 실현시킨 것은 벤터의 열정이었다.

4. 끝나지 않은 도전-생명의 창조를 꿈꾸다

"유전체 서열은 단지 시작일 뿐이다."

– 크레이그 벤터

벤터는 2002년 셀레라 지노믹스를 나와 또 다른 연구 활동을 시작했다. 현재 그는 J. 크레이그벤터 연구소를 설립해 여전히 연구에 매진하고 있다. 벤터는 앞에 소개한 인물들과 달리 현재까지 생존해 있는 인물로, 그의 삶과 업적에 대해 결론을 내리는 것은 섣부른 행동일 것이다. 그의 현재 목표는 인공 생명체를 만들고 지구상 모든 생물의 유전 정보를 작성하는 것이다. 이 얼마나 담대하고 멋진 꿈인가?

생명과 진화에 대한 인간의 정보는 아직 걸음마 단계에 불과하다. 인간 게놈 지도는 완성되었지만 그것은 단지 유전 정보의 실체를 확인한 것에

▌ 메릴랜드 주 록빌에 있는 J. 크레이그벤터 연구소. 이곳에서 그는 여전히 생명의 창조라는 새로운 연구에 매진하고 있다.

▌더 획기적인 방식으로 게놈 지도를 분석하고, 한 사람의 유전자 분석 비용을 1백 달러보다 낮은 가격으로 가능하게 하기 위한 새로운 기술과 시스템을 둘러보고 있는 크레이그 벤터(중앙)와 그의 동료들(2013년)

불과하다. 고고학에 비유하자면 말로만 전해지던 비문을 고생 끝에 발견하여 거기에 적힌 글자는 찾았지만, 해독할 수 없어서 그 비문이 어떤 내용인지, 누가, 왜, 어떻게 새겼는지는 아직 밝혀지지 않은 것과 같다. 아직까지 인간 유전체의 정보에서 유래한 획기적인 치료법은 단 하나도 나오지 않았다. 우리는 DNA의 구조와 정보를 읽을 수는 있지만, 그 기능을 알아내지 못했다. 유전 분자가 어떻게 열 달 만에 사람이 되고, 그 사람이 어떻게 걷고 말을 하게 되는지 알지 못하는 것이다.

벤터는 자신의 목표가 생명이 근본적으로 어떻게 작동하는지 이해하는 것이라고 말한다. "생명은 어떻게 만들어지는 걸까?", "생명이 가능하려면 유전자가 최소한 몇 개 있어야 할까?" 그는 이 질문의 답을 찾고 있다. 그의 인공 생명체 연구는 그 답을 찾기 위함이다. 벤터는 여전히 학계의 이단아이며, 기성 연구자들에게 과학을 돈 버는 수단으로 이용한다는 비난을 받고 있다. 그를 좀 더 우아하게 비판하는 사람은 그가 악마와 계약한 파우스트 박사 같다고 말한다. 하지만 그것이 정말 나쁘기만 한 것일까? 벤터는 베트남 전쟁의 의무병으로 근무하면서 인간의 목숨이 얼마나 연약한지를 몸소 체험하고, 그 경험을 계기로 인체의 세포와 유전자가 생명 창조와 인간의 질병과 죽음에 어떠한 영향을 미치는가에 지대한 관심을 갖게 되었다. 전쟁이라는 경험을 통한 생명에 대한 경외, 더 많은 사람을 구하고자 하는 그의 열망을 위해 설사 악마와 계약했다 한들 누가 그를 비난할 수 있을까?

벤터가 파우스트 박사인지, 아니면 인류를 구원할 '황금 열쇠'를 쥐어 줄 구원자인지는 좀 더 지켜봐야 할 것 같다. 하지만 분명한 것은 그가 무엇이든 간에 우리에게 생명의 비밀을 풀기 위한 엄청난 힌트를 준 것은 분명하다. 게다가 그의 연구는 아직 끝나지 않았다.

15.
일론 머스크

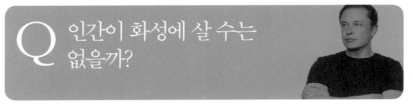

일론 머스크(Elon Musk, 1971 ~ , 남아프리카 출생, 미국 거주)

질문을 현실로 바꾸는 21세기 모험가

Q 인간이 화성에 살 수는
없을까?

0. 들어가며

"정말 중요하다고 생각하는 어떤 일이 있다면 그것을 계속 밀고 나가야 한다.
난 돈을 더 많이 벌기 위해 이 일을 하는 것이 아니다. 인류의 미래를 위해 정말
중요하다고 생각하기 때문에 하는 것이다."

– 일론 머스크

많은 사람이 부자가 되기를 원하고, 그 목적 또한 다양하다. 돈이 많으면
확실히 많은 것을 할 수 있는 기회를 가질 수 있다. 하지만 많은 돈을 가지
고 있다고 해서 하는 일이 다 성공하는 것은 아니다. 먼 과거나 전 세계를
돌아볼 필요 없이 우리 주변에도 심심찮게 사업이나 주식 투자에 실패해서
어마어마한 재산을 다 날려 버린 사람들의 이야기를 들을 수 있다. 반면 거
의 무일푼으로 시작해 어마어마한 재산을 쌓은 사람들도 많다. 이처럼 실

┃ 일론 머스크

패한 사람들의 이야기나 성공한 사람들의 이야기는 제각각 우리에게 나름의 교훈을 준다. 하지만 가만히 생각해 보자. 전자의 경우 부자로 시작해서 실패의 이야기로 끝나고, 후자의 경우 무일푼에서 부자가 되어 성공 스토리는 끝이 난다. 이런 이야기들에서 우리가 주목하고 있는 것은 무엇일까? 돈을 잃은 것? 부자가 된 것? 그렇다면 전자의 주인공은 돈을 잃어서 실패한 것이고, 후자의 주인공은 많은 재산을 모았기 때문에 성공했다고 말할 수 있는 것일까?

많은 경우 재산의 정도로 성공과 실패의 척도를 잰다. 하지만 파산한 사람 혹은 부자가 된 사람의 그 이후 인생 이야기에 귀를 기울여 보자. 진정한 교훈은 거기에 있다. 돈을 잃은 사람이 그 후에 어떻게 하는지, 부자가 된 사람이 그 돈으로 무엇을 하는지가 더 중요하기 때문이다. 물론 그만한 돈을 벌기 위해 그 사람이 보여 준 역경을 극복하는 사업적 수단 또한 중요하고 배울 만한 것이지만, 이제는 동화 속 이야기 같이 느껴지는 '세상은 돈이 전부가 아니야'라는 꿈같은 말을 조금이라도 믿고 싶다면 돈을 잃은 이후 혹은 돈을 번 이후의 삶에 더 주목해 보자. 그러면 우리는 멀리 가지 않아도 동시대에 그 동화 같은 말을 현실로 만들고 있는 한 인물을 만날 수 있을 것이다. 바로 인류와 지구 환경을 위해 전기 자동차를 만들고 인류를 화성에 이주시키기 위해 우주선을 만드는, 상상을 현실로 만드는 경영자 일론 머스크의 삶이다.

머스크는 미국의 전기 자동차 회사인 '테슬라 모터스(Tesla Motors)'와 우주선 제조 회사인 '스페이스엑스(SpaceX)'의 창업자이자 경영자이다. 전기 자동차까지는 현실적인 사업이라고 쳐도, 화성 이주를 위한 우주선이라니? 마치 SF영화에서나 나올 법한 이야기다. 하지만 머스크에게 화성 이주는 실현되어야만 하는 현실이었다. 70억이 넘는 세계 인구와 언젠가는 고갈될 화석 연료는 미래의 인류에게 치명적이었고, 머스크는 인류의 미래를 위해 무언가를 하고 싶었다. '인간이 화성에 살 수는 없을까?'라는 그의 질문은 이렇게 시작되었다. 그리고 그의 시작은 사람들의 비웃음을 샀다. 사람들도 언젠가는 인류가 다른 행성에서도 살 수 있다는 상상을 하지만, 그것은 먼 미래의 일이고 우리 시대에는 말 그대로 '상상'에 불과하다고 생각했다. 하지만 머스크는 화성에서 살다 죽기로 결심했다. 인류의 미래를 위해 그 방법이 가장 효과적이고 중요한 일이라고 생각했기 때문이다.

"무엇을 질문할지가 가장 생각해 내기 어렵다. 하지만 핵심을 찌르는 질문만 생각해 낸다면 나머지는 의외로 간단하다."

– 일론 머스크

그는 무일푼에서 억만장자가 되었고, 그 돈을 전기 자동차와 우주선 로켓을 만드는 데 아낌없이 투자했다. 그리고 곧 망할 거라는 소문이 돌 정도로 실패를 겪고 엄청난 경제적 손실을 맛보았다. 하지만 그는 그러한 난관을 극복하고, 여전히 많은 돈을 벌고 있으며 또 그만큼 많은 돈을 기술 개발에 쏟아붓고 있다. 그는 사업가로서 아직 젊고, 자신의 목적 또한 아직 이루지 못했다. 따라서 언제 또 위기가 닥칠지 모르며, 최악의 경우 그의 사업은 정말 '망할지도' 모른다. 하지만 현재까지의 그의 짧은 삶을 돌아보면, 그의 미래가 성공이 아닌 실패일지라도 가치 있는 삶이라는 것을 알 수 있다.

1. 지구를 구하려는 청년

일론 머스크는 1971년 남아프리카공화국의 비교적 유복한 집안에서 태어났다. 머스크는 다른 아이들이 장난감을 가지고 놀 때 독서를 했다. 초등학생일 때도 하루에 열 시간을 책을 읽는 데 보냈다고 하니, 어렸을 때부터 이미 어마어마한 독서량을 가지고 있었다고 할 수 있다. 그리고 열 살이 되던 해, 아버지의 도움을 받아 그동안 모아 둔 용돈으로 오랫동안 갖고 싶었던 컴퓨터를 구입해 독학으로 컴퓨터 프로그램에 통달했다. 어릴 때부터 수학과 그림에 큰 관심을 보였던 머스크는 열두 살 때에는 게임 소프트웨어를 개발해 한 업체에 5백 달러에 팔기도 했다. 공동 창업한 인터넷 결제 서비스 회사인 '페이팔(PayPal)'의 매각으로 31세에 이미 억만장자가 된 머스크의 신화는 이미 이때부터 싹트고 있었다.

남아프리카공화국에서 태어나 그곳에서 청소년 시절을 보낸 머스크는 더 큰 세상으로 나아가고 싶었다. 그에게 더 큰 세상은 드넓고 다양한 기회가 있는 미국이었다. 부모의 반대에도 불구하고 머스크는 학비를 스스로 해결하겠다는 약속을 하고 캐나다의 퀸스 대학교에 입학했다. 하루에 1달러로 생활하는 일이 부지기수였고, 고된 농장 청소 아르바이트를 하면서도 열심히 공부한 덕분에 미국 펜실베니아 주립대의 와튼 스쿨 학부 과정에 장학생으로 편입하면서 드디어 그는 꿈꾸던 큰 세상인 미국에 입성하게 된다. 이곳에서 그는 경영학을 전공함과 동시에 물리학에도 열중했다. 특히 이 물리학 공부는 훗날 그가 말한 것처럼 자신의 체계적인 사고와 논리 세우기의 기본이 되었다.

그리고 그가 24세였던 1995년, 머스크는 응용물리학과 재료공학을 배우기 위해 스탠퍼드 대학 박사 과정에 입학한다. 당시 스탠퍼드 대학은 '실리콘밸리의 중심'으로 불리며 인터넷 시대의 본격적인 시작을 알린 차세대 사업의 발원지였다. 빌 게이츠의 마이크로소프트가 윈도95를 발매했고, 스탠퍼드에서 대학원을 다니던 세르게이 브린과 래리 페이지가 1998년 '구글(Google)'을 만들면서 1990년 후반기의 미국 실리콘 밸리는 인터넷이라는 새로운 사업 영역과 함께 창업 열기에 휩싸여 있었다. 이런 분위기 속에서 머스크는 느긋하게 박사 과정을 하는 것이 자신과 맞지 않다고 생각했다. 그는 하루라도 빨리 자신만의 회사를 만들어 무언가를 이루는 것이 더 낫다고 판단했고, 결국 대학원에 들어간 지 이틀 만에 학교를 그만두었다. 그야말로 전광석화 같은 결정이었다. 선택의 기로에서 대담하고 빠른 판단을 하는 것은 많은 성공한 경영자들의 특징으로, 이것은 머스크도 마찬가지였다. 학교를 그만 둔 후, 머스크는 동생과 함께 인터넷 지도 및 주소 등에 관한 소프트웨어 회사인 '집투(Zip2)'를 창업했다. 자금 부족으로 초반엔 고생했지만, 점점 호평을 받은 그의 회사는 4년 후 PC 업계의 선두주자였던 컴팩(Compaq)에 3억 7천만 달러(약 4000억 원)에 매각되었다. 28세의 머스크는 그렇게 억만장자가 되었다.

다음에 머스크가 뛰어든 사업은 인터넷 전자상거래 서비스였다. 그는 '엑스닷컴(X.com)'이라는 회사를 만들었고, 2000년에는 비슷한 서비스 회사인 '컨피니티(Confinity)'와 합병하여 '페이팔(PayPal)'의 CEO로 취임한다. 당시 실리콘밸리의 성공 공식 중 하나는 자신이 창업한 벤처 회사의 성공

전망을 어필해 더 큰 기업에 높은 가격으로 매각하는 것이었다. 페이팔도 이러한 공식을 따라 2002년 인터넷 최대 경매 사이트인 이베이(eBay)에 15억 달러에 매각되었다. 한화로 약 1조 6천억 원에 달하는 금액이었다. 내부 갈등으로 이미 CEO자리에서 경질된 머스크였지만 12퍼센트의 주식을 보유하고 있던 그는 페이팔 매각으로 1억 7천만 달러(약 1800억 원)를 손에 쥐었다. 그의 나이 31세였다.

사실 여기까지만 해도 그는 젊은 나이에 벤처로 억만장자가 된 성공 사례로 충분히 책 한 권이 나올 만한 인물이었다. 하지만 인터넷 업계에서의 성공은 그의 삶에서 매우 중요한 발판이었지만, 이후의 행보를 살펴보면 '미미한' 시작이었다. 사실 시작이 미미했던 것은 아니지만 '시작은 미미하나 그 끝은 창대하리라'라는 말은 머스크의 행보에 딱 어울리는 표현이라고 할 수 있다. 왜냐하면 그의 다음 사업 분야는 바로 '우주'였기 때문이다. 우주 사업이라니, 그게 개인 사업가에게 가능한 것인가 의아한 사람들이 대부분일 것이다. 하물며 머스크는 우주 사업과 관계된 어떠한 중공업 분야의 일도 해 보지 않았으며, 그는 인터넷 업계에서 성공한 사업가였다. 하지만 컴퓨터 안의 가상 세계에서 저 드넓은 우주라는 현실 세계로의 급격한 업종 전환은 어찌 보면 그다웠다. 혈혈단신 미국으로의 유학 결정, 이틀 만의 대학원 자퇴 그리고 인터넷 사업에서 우주까지, 그의 삶은 사실 언제나 대담한 결정의 연속이었다.

페이팔 매각으로 다시금 거액을 손에 쥔 머스크는 이제 무엇을 할 거냐는 친구의 말에 다음과 같이 대답한다. "오래전부터 우주에 흥미가 있긴 했는데……." 우주 산업은 국가적 차원의 규모가 아니면 사실상 매우 힘든 분야다. 말 그대로 천문학적인 자금이 필요하기 때문이다. 이는 미국 항공 우주국인 나사(NASA)만 봐도 알 수 있고, 그 나사조차 국민의 세금을 엉뚱한 곳에, 그것도 어마어마하게 쓴다는 비판을 면치 못하고 있다. 하지만 국가적 차원에서만 가능하다는 이러한 '상식'은 머스크로 인해 깨졌다. 그는 우주 산업의 새로운 방식과 가능성을 자신이 세운 새로운 회사 '스페이스엑스'를 통해 증명해 보였다.

인터넷 관련 사업은 밑천 없이도 성공할 수 있는 몇 안 되는 분야 중 하나다. 구글과 페이스북의 성공이 가장 대표적인 예다. 하지만 우주 산업은 전혀 다른 양상을 띤다. 이 분야는 돈을 빨아들이는 블랙홀이며, 우리 식으로 표현하면 '밑 빠진 독에 물 붓기' 같다. 물론 머스크가 자신의 사업 성공과 회사 매각으로 억만장자가 됐지만, 우주 산업에 들어가는 돈은 억만 단위가 아닌 천문학적 수준이다. 하지만 그는 발상 자체가 달랐다. 머스크의 성격적 특징인 긍정적인 태도와 더불어 언젠가 인간은 반드시 화성에서 살게 될 것이라는 확신이 그에게는 있었다. 그리고 일종의 계시 같은 질문이 떠올랐다고 한다. '왜 아직까지 인간을 화성에 보내지 못한 걸까?' 그는 나사의 웹사이트에 들어가 화성 관련 정보나 활동을 찾아보았지만 어떤 정보도 찾을 수 없었다. 사실 나사가 화성 연구나 화성 이주 문제를 생각하지 않은 것은 아니었고, 기술적 문제로 포기한 것도 아니었다. 문제는 돈이었다. 기술을 개발하고 화성으로 보낼 유인선을 제작하여 운용하는 과정에 어마어마한 돈이 들어가기 때문에 포기한 것이었다. 머스크는 생각했다. '그렇다면 내가 직접 화성행 로켓을 만들어 보면 어떨까?' 마치 어린아이의 비현실적인 꿈같은 그의 생각은 곧바로 그의 삶의 목표가 되었다.

이러한 그의 꿈은 단순히 로켓을 만들어 보고 싶다는 호기심이나 사업적 목적 때문이 아니었다. 머스크는 진지하게 인류의 미래를 고민하고 있었다. 그가 보기에 70억 명을 돌파한 인류의 숫자와 그로 인한 지구의 심각한 환경 오염은 인류의 생존을 위협하는 요소로, 이 문제가 해결되지 않는다면 인류의 조속한 멸종을 막을 수 없다고 생각했다. '식량난과 물 부족 사태를 겪고 있는 지구에서 몇 십억 명이나 되는 인구가 지속적으로 살 수 있을까?' 인간을 화성으로 이주시키고자 하는 그의 신념은 바로 이러한 의문의 답이었다. 그가 영화 「아이언맨」의 실제 모델로 평가받고 있는 것도 지구 멸망을 막고 인류를 살리고자 하는 영웅적인 목표를 갖고 있기 때문이다. 하물며 그의 발상은 영화가 아닌 현실의 비즈니스였다.

페이팔을 매각하고 몇 달 후, 머스크는 '스페이스엑스'라는 항공 우주 벤처 회사를 설립한다. 항공 우주 산업을 하는 '벤처' 회사라니! 머스크 이전에는 그 누구도 상상할 수 없었을 것이다.

2. 대담한 시작과 실패의 여정들 – '스페이스엑스'와 '테슬라 모터스'

"문제가 무엇인지는 개의치 않는다. 우리에게 필요한 것은 그 문제의 해결이다."

– 일론 머스크

머스크가 스페이스엑스를 세우기 전 가장 주목했던 문제는 우주 산업에 왜 그렇게 많은 돈이 들어가느냐 하는 것이었다. 나사가 1989년 화성으로 가는 유인 비행 시뮬레이션을 했는데, 그 결과 5천억 달러, 한화로 약 5백조 원이 드는 것으로 나왔다. 5백조라니, 어느 정도 부풀려진 금액이긴 하지만 사실 이 금액은 한 국가의 예산에서도 쉽게 찾아볼 수 없는 규모의 액수다.

나사가 화성 연구를 포기한 것은 어찌 보면 현실적으로 당연했다. 머스크는 여기서 기죽지 않고 더 생각했다. 그는 원점으로 돌아갔다. '왜 그렇게 많은 돈이 들어가는 것일까?' 머스크는 조사 결과 로켓 제작에 필요한 재료비는 전체 개발비의 단 2퍼센트에 불과하다는 것을 알게 된다. PC의 제작비 중 재료비가 95퍼센트 정도 들어가고, 후에 그가 만들 전기 자동차의 재료비 비율이 20~25퍼센트라는 사실과 비교하면 로켓의 재료비 비중은 매우 낮았다. 직접 시장 조사를 하며 재료비 분석에 들어간 머스크는 이 '충격적인' 결과에 자신감을 얻었다. 재료비 비중이 낮다면 총비용을 크게 낮출 수 있는 가능성이 매우 높다고 생각했기 때문이다. 사실 나사와 같은 국가 기관의 우주 산업에 그렇게 많은 비용이 들어가는 것은 재료비보다는 거대한 조직의 폐해인 비효율적인 관료제적 업무 방식과 너무 거대한 조직 구조가 가장 컸다. 그는 기존의 10분의 1 비용으로 로켓을 쏘아 올리겠다는 목표를 가지고 스페이스엑스를 시작했다.

▌ 스페이스엑스 공장을 둘러보고 있는 일론 머스크

이러한 비용 절감은 오히려 벤처 회사이기 때문에 가능한 것이었지만, 남들이 보기에는 머스크의 이 목표가 너무 비현실적이었다. 우주 산업이란 어마어마한 자금과 장기간의 개발 기간, 그리고 정부의 전폭적인 지원이 없으면 불가능한 일이라는 것이 기존의 상식이었던 것이다. 당연히 머스크의 새 벤처 회사는 세간의 관심을 받았지만, 그것은 부정적인 시선이었다. 아마 '저 억만장자가 어쩌려고 저러나' 하는 생각을 거의 모든 사람들이 했을 것이다. 하지만 머스크 자신은 그런 세상의 편견과 시선에 전혀 아랑곳하지 않았다. 그는 기본적으로 낙천가였고, 자신의 목표가 실질적 근거에 의해 성공 가능성이 크다고 생각했기 때문이다. 그는 스페이스엑스의 첫 번째 로켓인 '팰컨 1호(Falcon 1)' 개발에 착수했다.

머스크의 도전은 여기서 끝이 아니었다. 그가 보기에 화성으로 인간이 이주할 때까지 지구 환경을 최소한 현 상태로 유지하기 위해서는 화석 연료의 사용을 크게 줄여야 했고, 그는 그것의 한 방책으로 환경오염의 주원인인 가솔린 자동차를 전기 자동차로 바꿔야 한다고 보았다. 그래서 스페이스엑스를 세운 지 2년 후인 2004년, 그는 전기 자동차를 생산하는 벤처 회사인 '테슬라 모터스'를 세운다. 여기서도 그는 남들과는 다른 전략으로 전기 자동차 개발과 생산에 착수했다. 많은 자동차 회사들이 전기 자동차에 관심을 보이기는 하지만, 아직 대중화될 수 있을 정도로 가격대를 낮춘 전기 자동차를 개발하지는 못했다. 즉, 기술적으로 전기 자동차는 가능하지만, 매우 고가의 가격대와 주유소가 아닌 전기충전소가 필요하다는 불편함을 가지고 있었다. 그렇기 때문에 전기 자동차는 많은 소비자들에게 팔아서 이윤을 남길 수 있을 만큼의 수요를 창출할 수 없었다. 따라서 차세대 자동차 개발에 본격적으로 뛰어든 회사는 거의 없었다. 하지만 머스크의 생각은 달랐다. 그는 다른 회사들과는 달리 부유층을 겨냥한 고급 스포츠카를 먼저 개발하고자 했다. 고급차를 먼저 만들고, 그 다음 가격대를 낮춘 대중적인 차종으로 시장을 확대하고자 하는 전략이었다. 테슬라가 첫 번째로 기획한 차는 10만 달러(약 1억 원)에 달하는 2인승 스포츠카인 로드스터(Roadster)였다.

머스크는 2500만 달러의 개발비를 투자해 2년 내에 로드스터를 만들어 낸다는 계획을 세웠고, 이 매력적인 사업 계획과 머스크가 보여 준 자신감과 대범함 그리고 그에 따른 계획의 신뢰성이 투자자들을 매료시켰다. 그 결과 테슬라는 많은 투자금을 확보할 수 있었다. 고급 전기 자동차의 수요가 있을 것이라고 예상한 그의 전략은 맞아떨어졌다. 10만 9천 달러에 달하는 로드스터의 책정 가격에도 불구하고 예약 판매를 시작하자 레오나르도 디카프리오, 브래드 피트, 조지 클루니 같은 할리우드 스타들과 각계의 유명 인사가 명단에 이름을 올리면서 테슬라의 성공에 대한 기대는 한껏 높아졌다.

하지만 머스크가 계획한 2년이 지난 후에도 로드스터는 완성되지 않았다. 사정은 스페이스엑스의 팰컨 1호도 마찬가지였다. 머스크의 이 두 가지 사업의 초반 성적은 그다지 좋지 않았다. 특히 팰컨 1호의 연속된 발사 실패는 뼈아픈 것이었다. 전기 자동차는 비싼 가격이지만 기술력이 실패를 좌우할 정도로 떨어지는 것이 아닌 만큼 다소 늦어지더라도 충분히 제작에 성공할 수 있었다. 하지만 로켓 발사는 자동차 제작과는 차원이 다른 이야기다. 성공해도 엄청난 돈이 들고 이후의 연구 과제가 많으며, 실패하면 더 엄청난 손실을 입는다. 게다가 벤처 기업이라는 일종의 태생적 한계를 안고 시작한 우주 사업이니 만큼 주변의 우려와 불신은 스페이스엑스의 또 다른 장애물이었다.

'실패는 성공의 어머니'라는 말이 있지만, 머스크의 우주 산업이라는 대담한 도전은 프로그램 오류나 구조적 결함 등으로 인한 세 번의 발사 실패(2006, 2007, 2008년)로 그 말이 무색할 정도로 뼈아팠다. 여론의 시선은 날이 갈수록 싸늘해졌고, 언론 역시 앞 다투어 부정적인 전망을 내놓았다. 전문가들도 '역시나 그럼 그렇지' 하는 시선으로 팰컨 1호의 실패를 당연한 결과인 듯 평가했다. 특히 2008년은 머스크에게 있어 안팎으로 매우 힘든 시기였다. 로켓 발사의 실패와 늦어지는 로드스터의 출시와 더불어 오랜 연애 끝에 결혼한 아내와 이혼까지 했던 것이다. 2008년 9월, 1천2백 대의 예약을 받아 놓은 상태였지만 출시된 로드스터는 고작 27대에 불과했고, '테슬라 모터스의 은행 잔고가 900만 달러도 되지 않는다'는 소문이 퍼지면서 도산설이 나돌았다. 그 무렵 테슬라 모터스의 CEO로 취임한 머스크는 모든 논란을 불식시키기 위해, "로드스터의 출하 약속도, 예약금도 모두 내가 100퍼센트 보장한다!"고 자신했다. 어려운 상황에서도 사장 개인이 회사의 부채를 보장하는 파격적인 자신감을 보인 머스크는 여전히 아무것도 포기하지 않았던 것이다.

그리고 드디어 2008년 9월 28일, 남태평양 웨이크 섬에서 팰컨 1호의 네 번째 발사가 행해졌다. 로켓이 발사되고 10분 후, 팰컨 1호가 예정된 궤도 진입에 성공하면서 6년에 걸친 첫 번째 도전이 드디어 성공하게 된다. 그는 발사를 성공적으로 마친 후 다음과 같이 말한다. "오늘은 내 인생 최고의 날입니다. 그동안 우리가 해 온 노력들이 옳았음이 증명되었습니다." 사실 그는 한 번도 실패를 예감한 적이 없었을 것이다. 팰컨 1호 발사가 성공하기까지 들어간 자금은(세 번의 실패도 포함해서) 1억 달러(약 1100억)에 달했다. 하지만 이것은 헛된 돈이 아니었다. 그에게는 더 큰 꿈이 있었다. 화성에 물자와 사람을 나르는 유인 선과 재활용 가능한 로 켓을 개발하여 우주 개 발 비용을 현저히 줄이 는 것이 그의 다음 목표 였다. 다음 해인 2009년 에는 로드스터도 320대 를 출하해 테슬라 모터 스도 본격적인 사업 궤 도에 오르기 시작했다.

▌ 2008년 9월 28일, 세 번의 실패 끝에 발사에 성공한 팰컨 1호

수많은 문제들이 산적했던 2008년은 머스크의 용기와 끈기, 그리고 그의 대담한 행보로 인해 해결 양상을 보이며 무사히 지나갔다. 이제 그는 더이상 실패의 과정을 두려워하지 않았다. 실패 자체가 문제가 아니라, 그 실패를 어떻게 극복하느냐가 그에게는 중요한 것이었기 때문이다.

3. 지구를 지키는 전기 자동차와 우주로 나는 꿈의 로켓

"우주 산업과 전기차 개발이야말로 벤처 기업이 해야 할 일이다. 두 가지 모두
신기술 개발이 필요하고 또 비용을 절감해야 하는 산업이다. 기존 산업계에서
이를 진행하기란 무척이나 어렵다. 그러니 벤처에서 시작해야 한다."

– 일론 머스크

❚ 테슬라 모터스의 첫 번째 자동차인 로드스터

　머스크가 지향한 로드스타의 이미지는 누구나 갖고 싶어 하고 부러워
하는 최고급 스포츠 전기 자동차였다. 가격이 1억 원이 넘는 만큼 부유층
과 각계의 명사, 할리우드의 대스타들이 구입 명단에 이름을 올리면서
언론과 세간의 관심은 더욱 커졌다. 100퍼센트 전기화를 실현시킨 이 고
급 스포츠카는 길이 3,946밀리미터, 폭 1,851밀리미터, 높이 1,126밀리미
터로, 동력 모터로 공랭식의 삼상교류1와 후륜구동 방식을 채택했다. 최
대 출력은 215킬로와트, 최대 토크(가장 큰 비틀림 압력)는 370뉴런미터(N,m)
로 4,000시시(cc)가솔린 자동차에 필적하는 고성능 스펙을 자랑한다.

　여기서 짚고 넘어갈 것은 머스크가 추구하는 테슬라 모터스의 전기 자동
차는 소위 '에코(eco)'라고 하는 친환경적 가치에 호소하지 않는다는 점이
다. 테슬라 모터스의 설명이나 광고 문구 어디에도 '에코'라는 말은 등장하
지 않는다. 머스크와 테슬라 모터스의 개발자들이 내세우는 것은 자동차로

1　three-phase current. 전압 및 전류의 주파수와 진폭이 같고 서로 120도씩 위상이 다른 세 개
의 전선을 이용해 송전하는 방식.

서의 '성능과 기능'이다. 머스크에게 있어 전기 자동차는 환경을 위한 이동 수단의 대책인 것은 맞지만, 마치 사람들이 가끔씩 혹은 생각날 때 친환경적 행위와 기부 같은 행동으로 이용하기 위한 자동차가 아니다. 예를 들어, 사람들은 평소 일반 세제를 쓰다가 조금 비싸도 환경을 생각해서 어쩌다 친환경 세제를 쓰곤 한다. 즉, 기능이 좀 떨어지거나 불편해도 환경을 생각해서 '써 주는' 소비 패턴에 기대지 않겠다는 뜻이다. 머스크는 단발의 혹은 화제성 있는 전기 자동차를 목표로 한 것이 아니라 가솔린차를 전기차로 완전히 교체하려는 목표를 가지고 있다. 따라서 로드스터의 경쟁자는 환경을 생각하는 소비자의 일시적 양심이 아니라 바로 페라리와 같은 최고의 가솔린 스포츠카다. 실제로 한 미디어의 실험을 통해 로드스터와 페라리의 시합이 벌어졌는데 0~400미터의 결과는 로드스터의 압승이었다.

로드스터에서 드러난 머스크의 대담한 결정은 배터리 선택에서도 드러난다. 이전까지 전기 자동차를 생산한 업체들은 각 차에 적합한 전용 배터리팩을 따로 개발했다. 하지만 로드스터의 배터리는 노트북에서 사용하는 것과 같은 리튬이온 전지를 연결한 것이었다. 머스크가 이 같은 범용 전지를 사용한 이유는 다소 차의 무게가 나가도 비용을 절감할 수 있기 때문에 전기 자동차를 상용화하는 데 용이하다고 생각했기 때문이다. 그는 개발비용이 많이 드는 전용 배터리보다 대량 생산이 가능하고 품질도 안정적인 리튬이온 전지만으로도 충분히 가솔린차에 대응할 수 있다고 확신했다. 로드스터는 한 번 충전으로 운행 가능한 주행거리가 약 394킬로미터나 되기 때문에 그의 선택은 틀리지 않았다. 물론 전기 자동차의 가장 큰 약점인 긴 충전 시간과 충전소 부족의 문제가 아직 남아 있지만, 전자의 문제는 이미 개선되고 있는 기술로 인해 상당한 정도로 실용적 수준에 도달했고 후자는 앞으로 전기차 대중화에 따라 얼마든지 늘릴 수 있는 문제였다. 현재 미국 곳곳에 충전소가 설치되어 미국 내에서 방전되어 못 갈 곳은 없다고 한다. 그리고 계속해서 충전소를 늘리고 있는데, 유럽에는 이미 충전소가 많이 설치되어 있는 상태이고, 중국과 일본에도 상당수의 충전소가 설치되어 있다. 충전 시간 또한 많이 개선되어 30분에 50퍼센트 정도가 충전되는데, 그 정도면 150킬로미터 이상 갈 수 있다. 일론 머스크는 이렇게 말했다. "테슬라의 역할은 어둠 속을 비추는 한 줄기 빛과 같다. 앞으로 테슬라로 인해 전기 자동차 도입이 5년에서 10년은 빨라질 것이다. 전기 자동차를 조금이라도 일찍 보급해 배기가스를 줄일 수 있다면, 그것은 인류의 생명을 늘리는데 있어 가장 소중한 시간이 될 것이다."

한편 스페이스엑스의 로켓도 발전에 발전을 거듭하고 있었다. 이미 2006년에 나사 주도의 '상업용 궤도 운송 서비스' 프로젝트에 참여할 민간 기업으로 선정되어 2억 7800만 달러 규모의 계약을 체결했다. 머스크 자신도 2002년부터 2006년까지 1억 달러에 달하는 개인 자본을 회사에 투자했으나, 아무리 그가 저렴한 비용을 추구한다고 해도 다른 산업보다 많은 비용이 들어가는 것은 사실이기 때문에 정부의 이 같은 지원은 머스크의 사업에 매우 큰 도움이 되었다. 이후에도 스페이스엑스는 나사와 '상업용 재보급 서비스'를 체약해 거대한 계약을 따냈다. 저번 계약이 유·무인 우주선 개발과 관련된 것이라면 이 계약은 우주 정거장으로 물자를 보급하는 사업에 속한다. 스페이스엑스는 열두 번 발사하는 조건으로 16억 달러(약 1조 7000억)에 이르는 계약을 따내, 다른 우주 산업 기업들이 도산하거나 휘청거릴 때 그의 회사는 승승장구했다. 2012년에는 우주 정거장에 인원을 수송하는 프로젝트를 수주하는 데 성공하여 4억 4000만 달러의 예산을 따냈

▌팰컨 9호가 발사된 장소를 둘러보는 미국의 버락 오바마 대통령과 일론 머스크(2010년)

다. 유인 우주 비행 사업을 민간 기업에 맡기겠다는 오바마 정부의 결정은
머스크에게 아주 유리하게 작용했다.

2012년 5월 22일, 플로리다 케이프커내버럴 공군 기지에서 팰컨 9호(Fal-
con9)가 힘차게 발사되었다. 팰컨 9호에서 분리된 우주 화물선 드래곤
(Dragon)은 예정대로 지구를 돌다 5월 26일 우주 정거장 도킹에 성공했다.
세계 최초로 민간 기업이 우주 정거장 도킹에 성공한 감격스런 순간이었
다. 드래곤은 국제우주 정거장에서 사용한 의복과 자료 등 5백 킬로그램이
넘는 물자를 탑재한 뒤, 5월 31일 도킹을 해제하고 지구에 무사 귀환했다.
처음으로 민간 기업이 우주 정거장 도킹에 이어 지구 귀환까지 성공한 쾌
거를 거둔 것이다.

▌민간 기업 최초로 우주 정거장 도킹과 지구로의 귀환에 성공한 팰컨 9호

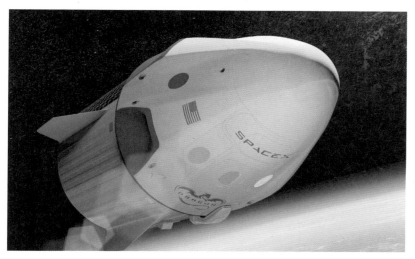

▌우주 화물선 드래곤

▌2012년 귀환에 성공한 우주 화물선 드래곤 앞에서 악수하고 있는 나사 국장 찰스 볼든과 일론 머스크. 발사와 도킹 그리고 귀환 성공을 자축하고 있다.

4. 화성에서 죽고 싶은 남자, 일론 머스크

"근거 없는 두려움은 무시해야 한다. 반면에 그 두려움이 합리적이고, 냉정히 생각했을 때 실패할 가능성이 높더라도 도전할 가치가 있다면 그 두려움을 무시하고 전진해야 한다. 설사 실패하더라도 도전할 가치가 있기 때문이다."

– 일론 머스크

머스크는 이미 인생 초반에 어마어마한 재산을 손에 쥐었다. 하지만 그는 그 많은 재산을 인터넷 분야나 부동산이 아닌 우주 산업에 쏟아 부으며 일반적인 생각과 반대되는 길을 걷고 있다. 일명 '페이팔 마피아'2들은 여전히 인터넷 업계에서 사투를 벌이고 있다. 그의 동기생들이 자신의 주력 분야에서 성공하고 있을 때, 그는 아무도 가지 않는 어려운 길을 나섰다. 무일푼에서 억만장자라는, 누군가에게는 일생일대의 꿈을 이미 이루고 진짜 자신의 꿈을 위해 나아갔던 것이다. 서른 넘은 어른의 '화성에서 살고 싶다'는 말이 농담이 아닐 줄 누가 알았겠는가? "내게 가장 중요한 것은 많은 사람과 화물을 화성으로 나르는 기술을 개발하는 일입니다. 그것은 정말 최고로 멋진 일이죠. 나는 화성에서 8만 명이 살아가는 미래를 상상합니다."

이제 우리나라도 머스크와 같은 어른이 '터무니없는' 꿈을 말해도 아무도 비웃지 않는 사회가 되어야 하지 않을까? 우리에게는 왜 스티브 잡스나 일론 머스크 같은 인물이 나오지 않는가에 대해서 진지한 고민을 해야 할

---

2 Paypal Mafia. 머스크가 공동 창업하고 CEO로 있었던 페이팔을 거쳐 간 창업자들이나 투자자들을 지칭하는 말로, 이후 실리콘밸리의 창업 생태계에서 막강한 영향력을 행사하고 있다는 데에서 생겨난 용어이다.

때이다. 그 첫걸음은 머스크처럼 실패를 두려워하지 않는 용기와 가치 있는 질문을 만들어 내는 사고와 상상력을 가진 인재를 키워 내는 것이다. 상상을 현실로 '만드는 데'에는 돈이 든다. 하지만 상상을 현실로 만드는 '사람이 되는 데'에는 돈이 들지 않는다. 이는 '교육은 백년지대계(百年之大計)'라는 말과 일맥상통한다. 돈을 모으는 것보다 그 돈을 모을 인재를 키우는 것이 장기적으로 더 중요하며 궁극적으로 더 가치 있기 때문이다.

청색 LED 개발로 2014년 노벨물리학상을 공동 수상한 일본의 나카무라 슈지[中村修二, 캘리포니아 주립대학 교수]는 1993년 청색 LED 개발에 성공했음에도, 근무하고 있던 회사로부터 20만 원밖에 받지 못했다. 자신의 노력에 정당한 대가를 받지 못한 데다 새로운 발상이 굳어 버린 일본 사회에 진력이 난 그는 미국으로 가서 회사를 상대로 소송을 벌여 84억 원을 배상받았고, 국적도 미국 국적으로 바꾸어 버렸다. 얼마 전 인터뷰에서 그는 "좋은 대학에 들어가는 것이 목적인 일본, 한국, 중국의 교육 시스템은 시간 낭비다."라고 독설을 날리며 우리 사회의 잘못된 학벌주의와 천재나 벤처 기업이 살아남지 못하는 교육과 사회 제도에 일침을 날렸다. 나카무라의 미국 국적 취득은 그가 몸담고 있던 회사는 물론이고 일본 또한 뛰어난 인재를 다른 나라에 빼앗겼다는 것을 의미한다. 근시안적 자세로 '인재'가 아닌 '기술'이나 '돈'에 얽매인 결과다. 우리 사회도 상황은 마찬가지다.

기술이 세상을 변화시키는 것은 분명하다. 하지만 더 정확히 이야기하면 그 기술을 활용하는 '사람들'에 의해 세상은 변화한다. 머스크가 단지 뛰어난 기술력만으로 전기 자동차를 만들고 로켓을 만들었다면 그가 이토록 유명한 인물이 될 수 있었을까? 그에게는 자신만의 철학과 인류·지구를 위한 비전과 뚜렷한 목표가 있었다. 그 바탕 위에 만들어지고 활용된 기술이야말로 진짜 '세상을 바꾸는' 기술이기 때문에 지금의 일론 머스크가 탄생할 수 있었던 것이다.

지난 해 국내에서 개봉한 영화 「인터스텔라」는 쉽지 않은 내용임에도 불구하고 엄청난 흥행 성적을 거두었다. 이 영화의 마지막은 시간 여행을 한 주인공이 알려 준 공식 덕분에 인간의 타 행성 거주가 실현되어 있는 미래 세계를 보여 준다. 과학이라는 매우 현실적인 학문을 소재로 다소 비현실적이라고도 생각되는 결론을 보여 준 이 영화를 보고 사람들은 무슨 생각을 했을까? 아마 대부분이 '언젠가는 저런 세상이 올지도 모르지만 우리가 사는 세대에 과연 저런 일이 가능할까?'라는 의구심을 품었을 것이다. 하지만 이 세상 어딘가에서 일론 머스크라는 한 인물이 '우리 세대의 화성 이주'를 꿈꾸고 있다. 실제로 「인터스텔라」의 감독인 크리스토퍼 놀란(Christopher Nolan)은 영화 제작을 준비하면서 머스크로부터 많은 영감을 얻었다고 밝혔다.

얼마 전인 2015년 1월 10일 오전 4시 47분, 팰컨 9호(Falcon9)가 우주 화물선 드래곤을 싣고 미국 플로리다 주 케이프커내버럴 공군 기지에서 발사됐다. 이 발사는 성공적으로 이루어져 드래곤은 무사히 우주로 날아갔다. 여기서 주목해야 할 것은 이 발사의 궁극적 목적이 나중에 분리되어 지구로 떨어지는 로켓의 재활용에 있다는 것이다. 스페이스엑스는 드래곤 발사에 이용됐던 팰컨 9호 로켓을 미리 준비된 배에 연착륙(Soft Landing)시키기로 했다. 이는 그 누구도 시도해 본 적 없는 것으로, 경비 절감을 통한 화성 이주와 우주여행의 상용화를 꿈꾸는 머스크와 스페이스엑스의 최대 목표라고 할 수 있다. 안타깝게도 이 재활용 실험은 실패했지만, 그것이 남긴 데이터는 성공의 열쇠가 될 것이다.

또한 머스크는 지금까지의 로켓보다 규모가 훨씬 큰 초대형 중량 로켓인 '팰컨 헤비(Falcon Heavy)'를 제작·발사한다는 목표를 갖고 있다. 이 거대한 로켓은 그의 화성 이주 계획을 위한 중요한 첫걸음으로, 팰컨 헤비의 발사가 성공한다면 세계 그 어느 나라도 보유하지 못한 대형 발사 로켓을 미국이, 그것도 민간 기업이 보유하는 유례없는 성공이 될 것이다.

테슬라 모터스 또한 후속 모델들을 속속 출시하며 좋은 반응을 얻고 있다. 머스크의 거침없는 행보와 성공은 이대로 가면 배기가스 없는 지구와 화성 이주가 우리 세대에 가능할지도 모른다는 꿈을 갖게 한다. 누군가에

▌ 로드스터의 후속 모델인 '모델S'와 일론 머스크(2011년)

게는 터무니없는 꿈도 그에게는 실현 가능한 꿈이기 때문이다. 유수의 언론과 관계자들은 스페이스엑스와 테슬라 모터스를 이만큼이나 성장시킨 것도 기술력보다는 '일론 머스크'라는 한 인물의 힘이 크게 작용했다고 평가하고 있다. 테슬라 모터스의 부사장이자 전 애플 임원인 조지 블랭켄십(George Blanken-ship)은 머스크에 대해 다음과 같이 말한다. "일론 머스크는 남들이 20년 후에야 생각할 수 있는 것들을 지금 구상하고 있습니다. 이 점이 그를 특별하게 만들지요."

머스크가 그의 목표를 계속 이어나간다면 어쩌면 우리도 마음의 준비를 하고 있어야 할지도 모르겠다. 왜냐하면 화성에서 죽고 싶다는 그의 바람대로 우리가 숨을 거둘 때인 먼 훗날 우리는 지구가 아닌 화성에 있을지도 모르니까 말이다. 혹 그가 실패해도 그것은 진정한 의미의 실패가 아닐 것이다. 머스크의 대담한 도전 정신은 또 다른 '일론 머스크'를 낳을 것이고, 그것이 또 다른 기술 개발로 이어질 것이기 때문이다. 인류는 그렇게 발전해 오지 않았던가.

도판 출처

174쪽 ⓒ Faces of Ancient Europe

182쪽 DieBuche/Wikimedia Commons.

190쪽 Bgabel/Wikimedia Commons.

215쪽 ⓒ Famous Fashionistas(First)

217쪽 ⓒ Fatma Al−malki

219쪽 MOSSOT/Wikimedia Commons.

227쪽 ⓒ dopplermagazine

232쪽 ⓒ The Coincidental Dandy

233쪽 Liu Wen Cheng 我希望成為/Wikimedia Commons.

235쪽 ⓒ yasmin klein

236쪽 ⓒ Keystone Prints

241쪽, 248쪽 ⓒ Harald Haefker

261쪽 Pacha J. Willka/Wikimedia Commons.

271쪽 ⓒ ChicharitoBlida

275쪽 ⓒ Sobibor

276쪽 anonymous/Wikimedia Commons.

281쪽 ⓒ Smithsonian Institution

283쪽 ⓒ John Curran

285쪽 Plenz/Wikimedia Commons.

295쪽 ⓒ luckyds

314쪽 Briantrejo/Wikimedia Commons.

319쪽 Liza Gross/Wikimedia Commons.

331쪽 ⓒ The Nantucket Project 2011

333쪽 Volkan Yuksel/Wikimedia Commons.

334쪽 Steve Jurvetson/Wikimedia Commons.

340쪽 Heisenberg Media/Wikimedia Commons.

347쪽, 351쪽 SpaceX/Wikimedia Commons.

352쪽 Overlaet/Wikimedia Commons.

357쪽 위 SpaceX/Wikimedia Commons.

361쪽 Maurizio Pesce/Wikimedia Commons.

* 일부 저작권자가 불분명한 도판의 경우, 저작권자가 확인되는 대로 별도의 허락을 받
도록 하겠습니다.